Fundamentals of Entrepreneurship

创业基础

——精益创业方法概论（第二版）

主　编　王呈斌

副主编　刘慧星　沈璟璟　辛世伟

中国教育出版传媒集团

高等教育出版社·北京

内容简介

　　本书根据教育部发布的本科"创业基础"教学大纲编写,以精益创业理论为基础,与"进阶式"创业教育体系相融合,遵循理论教学、能力培养及实践演练的渐进式编写体例。本书以第一版为基础,将创新创业相结合,指导创业者运用商业画布、客户画布、价值主张画布等工具将创业机会可视化转化为创业计划。通过建立"开发—测量—认知"循环科学试错,获得认知,推进创业实践。

　　本书共分认知、验知、执行三个部分。认知篇包括:认知创业、认知创新、认知环境和认知自我。验知篇包括:创业机会、创业思维、商业画布、模式创新、客户探索、价值主张和客户测试。执行篇包括:成长探索、团队运营、资源整合、风险管理和创业计划。

　　本书适用于高等院校在校大学生的创业基础教育,适用于孵化器、科技园、创业园等孵化教练培训,也适合社会创业者的启蒙教育。

图书在版编目(C I P)数据

　　创业基础:精益创业方法概论/王呈斌主编;刘慧星,沈璟璟,辛世伟副主编. --2版. --北京:高等教育出版社,2023.6

　　ISBN 978－7－04－060030－8

　　Ⅰ.①创… Ⅱ.①王… ②刘… ③沈… ④辛… Ⅲ.①大学生-职业选择 Ⅳ.①G647.38

　　中国国家版本馆 CIP 数据核字(2023)第 036807 号

Chuangye Jichu

策划编辑	韦寅蕾	责任编辑	韦寅蕾	封面设计	张 志	版式设计 徐艳妮
责任绘图	邓 超	责任校对	商红彦 刘娟娟	责任印制	朱 琦	

出版发行	高等教育出版社	网　址	http://www.hep.edu.cn
社　址	北京市西城区德外大街4号		http://www.hep.com.cn
邮政编码	100120	网上订购	http://www.hepmall.com.cn
印　刷	大厂益利印刷有限公司		http://www.hepmall.com
开　本	787mm×1092mm　1/16		http://www.hepmall.cn
印　张	15.75	版　次	2019年12月第1版
字　数	370 千字		2023 年 6 月第 2 版
购书热线	010-58581118	印　次	2023 年 6 月第 1 次印刷
咨询电话	400-810-0598	定　价	42.00 元

本书如有缺页、倒页、脱页等质量问题,请到所购图书销售部门联系调换

物　料　号　60030-00

序言

一

王呈斌老师编写的《创业基础》由高等教育出版社出版发行，我阅读书稿后甚感欣慰，有以下体会：

（1）在大众创业、万众创新、全民提升创新创业质量的形势下，该书遵循精益创业理念，立足于为创业者提供"不确定性环境下从创业机会到创业计划探索的一整套理念、思路和方法"。这具有重要的现实意义，也符合教育部《普通本科学校创业教育教学基本要求（试行）》的基本精神。

（2）该书编著者颇具匠心，合理搭建全书内容和结构，全书包含 3 篇，即认知篇、验知篇、执行篇，共 16 章；知识体系相对完整，循序渐进展开。其中，认知篇包括认知创业、认知创新、认知环境和认知自我；验知篇包括创业机会、创业思维、商业画布、模式创新、客户探索、价值主张和客户测试；执行篇包括成长探索、团队运营、资源整合、风险管理、创业计划。阅读并理解相关篇章的知识，读者即可较为系统、完整、深入地掌握创业相关问题。

（3）该书在培养学生创新创业能力上遵循"理论教学、能力培养、实践演练"的渐进逻辑，与高校和培训机构开展的"进阶式"创业教育相得益彰。这使得该书既可适用于创新创业课程教学，也便于读者自主学习和系统掌握创新创业相关知识。

二

创新是民族兴盛的灵魂，创业是民族脱贫致富的出路。我国处于改革开放的大时代，创业在经济社会发展中已经并将持续发挥重要的作用。就创业者个体而言，能否抓住"时代之机"而更为有效地创业，与他们对创业相关知识的了解和掌握程度有很大关系。

（1）创业之前学习创业相关课程、阅读创业相关书籍是创业者应做的功课。前些年我曾对某个高科技创业园区的创业者做过一项调查，发现企业存活 3 年以上的创业者中，1/3 的创业者行动之前即系统地学过系列创业课程；1/3 的创业者行动之前即系统地阅读过创新创业的系列书籍；1/3 的创业者行动之后边干边读书，同时坚持与成功的创业者经常交流。这一定程度上说明了"学习创业"的重要性。

（2）随着第四次产业革命的发生和展开，人类社会正发生一系列巨变，特别是人类必须面对自己的主观世界、物质的客观世界以及互联网引发的虚拟世界三者。这就使得人类的创业活动必然处于"三个世界的交集"之中。这既方便并丰富了人类的创业,也增加了创业的多维性和复杂性。相应要求创业者学习更多的知识。在相当程度上,创业者既应学好本书相关知识,也需要更多涉猎创新及科技相关知识。

(3)学习是永无止境的,创业者需要把学习作为创业中的常态。随着大众创业、万众创新进一步深入发展,先行的创业者必然在实践中创造更多的经验性新知识。学术界的研究者必然将这些知识提升为学理性的创业知识。相应地,后来的创业者和关心创业的其他读者,也需要在搞懂本书所传授的相关知识的基础上,尽可能地涉猎学术界关于创业的新认知。

三

20世纪90年代初期,中央提出"依靠科技进步与创新来提高增长的质量与效益"。21世纪以来,中央先后提出"走中国特色的自主创新道路""建设创新型国家""实施创新驱动发展战略""大众创业、万众创新"等。从学理上讲,创新是构建新的生产函数;创业仅仅是在创新的生产函数中,增加了一个创业组织的变量(如创业团队或创业企业)。由此可见,各个阶段中央对创新的重视,也隐含了对创业的重视。

从学理上讲,创业的本质是创新;创业不少情况下是创新的实现方式之一;创业也必须有创新。基于此,创业者要想搞懂创业,应先搞懂创新。创业者在学习创业相关知识之前甚至同时,也需要学习创新相关知识。相应地,有两点值得关注。一是当下国内外各类创新层出不穷,创业者必须在了解创业动态的同时,了解创新动态。二是市面上关于创业的书籍层出不穷,但这类书籍中涉及的创新知识都很粗浅,故创业者也需要阅读一些创新方面的专业性书籍。这才能够为创业准备最基本的创新方面的知识储备。

四

在中国,随着"大众创业、万众创新"的提出,我们正处于优越的创业环境之中。创业者绝不能辜负这个时代,而应以积极、理性、有效的行动来适应这个时代,以有效的创业活动及其成效来回报这个时代。

与之同时,随着第四次产业革命的全面展开,各类新科技层出不穷,技术性创新创业成为主流。创业者在掌握创新创业相关知识的同时,也需要了解现代科技相关知识。一是科普性知识;二是基础性知识;三是前沿性知识。这样做的目的,一是创业越来越成为科技的竞争、商业模式的竞争。创业者要想做出具有竞争力的创业项目,就必须提高项目的科技含量。二是先行的创业者诸如任正非等已经进入现代科技创新的"无人区",后来的创业者需要向他们看齐。

时代在进步,越来越多的创业者在努力。创业者只有在掌握好创业、创新、现代科技相关知识的基础上,再加上卓有成效的实践层面的努力,才可能创大业、成大器、展宏图!

雷家骕

于清华园

2023 年 5 月

第二版
前言

    2018 年，应台州学院创新创业教育的需求，我开始步入创业教育领域的理论与教学实践，在高等教育出版社的支持下，2019 年基于精益创业理论的本书初版面世，得到诸多院校的支持和应用。我们将台州作为商业实验室，广泛开展精益创业实践探索，本次修订进一步完善精益创业理论体系，重点吸收国内精益创业实践经典案例。

    关于精益创业理论。埃里克·莱斯（Eric Ries）2011 年出版的《精益创业》被国内外大多数学者认为是精益创业理论的基础，我们在第一版中基于该书介绍了精益创业思维。莱斯提出构建"开发—测量—认知"反馈循环，实质上属于敏捷开发方法。史蒂夫·布兰克（Steve Blank）在客户发展方法基础上，提出了精益创业理论，该理论由客户开发方法、敏捷开发方法和商业模式画布有机构成。本次修订突出精益创业理论的完整性和逻辑性，核心理论知识见第六章至第八章，第九章至第十一章围绕客户和产品展开创业探索和测试以实现二者契合，第十二章至第十六章从执行视角分模块给出创业实践方法。

    关于精益创业实践。2012 年美国国家科学基金会推动"精益运动"，改变了企业界对创业活动的认知，精益创业理论应用于科技企业孵化器、加速器、科技园、众创空间和生活实验室等孵化平台，指导创业者运用最小可行产品快速开展"从 0 到 1"的探索，成为最广泛、最务实的创业方法。基于实践认知，精益创业理论可以有效提升组织应对高度不确定性环境的能力，我们在台州广泛助推精益创业实践：与台州市经济和信息化局合作创建"台州好项目赋能中心"赋能新创企业，与台州市工商业联合会合作探索"高质量转型"和"高质量接班"，提升企业人员商业洞察力，并取得预期成效。本次修订加强了创业基础的实践性，倡导增加案例教学的比重，特别是大幅度增加了新经济领域的经典创业案例。

    关于精益创业教学。国家"十四五"规划强调推进创新创业创造向纵深发展，对创业教育提出更高要求。2020 年教育部增设创业管理专业。创业管理并非理论研究，"从 0 到 1"创业探索知识体系应纳入人才培养计划。为此高等院校需要构建"进阶式"创业教育体系，涵盖"创业基础""创业实训""创业实战"三个环节。"创业基础"聚焦"从 0 到 1"的创业过程构建科学的知识体系。"创业实训"鼓励学生基于专业基础挖掘实训项目，探索"专创融合"。"创业实战"需要与创业园的孵化功能相结合，让学生通过边学边做，完成创业机会向创业计划质的飞跃。

    关于课程思政落实。充分吸收党的二十大精神，在教学过程中应鼓励学生践行企业家精神,"从 0 到 1"科学开展创业探索;秉承实事求是精神,走出教室、走近客户,从现实场景中获得商业洞察力;发挥团队精神,精诚协作,达成创业团队的高效运转。

精益创业理论属于实践科学,其推广普及需要人们保持创业激情开展创业教学、创业研究和创业服务,我们期待更多的国内创业教育同行加盟精益创业行列之中。快速迭代是精益创业理论的灵魂,创业教育应当与真正的创业者形成闭环,激发精益创业的活力。

本次修订分工如下:王呈斌负责梳理每章内容及细化提纲,刘慧星参与书稿撰写和案例开发,沈璟璟承担教学资源收集和积累,辛世伟负责线上配套资源开发,陈力扬负责题库开发和部分案例开发,方永艳负责部分案例开发,王华荣负责漫画设计和提升。

受时间和能力所限,书中难免存在不足之处,我们真诚地希望得到广大读者的批评和建议。

王呈斌
于台州学院
2023 年 5 月

第一版
前言

2003 年,笔者从台州市上市办调入台州学院,走上大学讲台。在十余年的教书育人过程中,笔者深切感受到我国的创新创业活动正向纵深推进。受实践指导拉动和教学需求推动,笔者的讲授重心逐步由管理学向创业学转型。

实践指导拉动转型。2007 年,笔者受聘为台州市首届创新创业导师,之后便一直从事社会创业和校园创业的项目评审和指导工作。创业小伙伴们鲜活的创业案例和故事,拓展和丰富了笔者的创业认知和知识。创业项目的评价和指导分为三个阶段:第一阶段,运用战略管理思维评价创业项目;第二阶段,运用蒂蒙斯过程模型,从机会、资源、团队三个维度指导创业活动;第三阶段,运用精益创业理念辅导创业实践。此外,在教材开发过程中,笔者更深刻理解了成熟企业与新创企业在理念、运营、管理上存在的显著差异。

教学需求推动转型。台州学院商学院创业教育相对滞后,2016 年才首次倡导并开设创业模拟实训这门课程。学院老师一直希望能够找到合适的教材和教辅软件,训练学生如何把握创业机会,并把创业机会转化为创业计划。但是,现有的创业实训软件重在模拟公司注册、开户,以及创业企业管理等环节,我们依然需要自主开发相应的讲义开展实训。2017 年,在承担台州学院"创业班"的教学任务时,我们进一步优化"创业模拟实训"讲义,采用小组互动讨论等方式,深化创业团队对创业项目的探索与认知。2018 年,根据浙江省教育厅的要求,台州学院需要开设全校性必选课"创业基础",我们团队承接了该课程的开发任务。其间,我们得到赛云九洲公司辛世伟先生的鼎力支持,他的加入提升了团队对创新创业的认知。长风教育王华荣先生加盟团队后,开发和设计了原创漫画,创新了知识的表达方式。

我们遵循"精益创业"的理念和方法来开发本教材。一是移情思考。从创业者视角思考创业启蒙教育的内容和要求,沉浸其中,拟出初步框架和方案。二是客户探索。通过与校外创业团队多次沟通交流,不断完善"创业基础"框架,细化具体内容。三是降维处理。由于创业基础涉及知识跨度较大,需对内容进行降维处理,通过图文并茂、案例阐述等方式,降低学习难度。四是迭代开发,通过试讲、研讨等方式,逐步迭代、优化讲义,并通过开放课堂,邀请创业者走进教室,提升迭代效果。

本教材分为认知篇、验知篇和执行篇三个部分。认知篇是基础部分,创业者基于创新创业认知,结合环境变化和个人特质,把握创业机会。验知篇是核心部分,"验知"源于"经证实的认知"的提炼,创业者借助商业画布、客户画布和价值主张画布等工具,将创业机会可视化,建立"开发—测量—认知"的验知循环,获取客户反馈,测试假设,获得认知。执行篇是讲述由探索阶段转入实践阶段,创业者需要从成长、团队、资源、风险等维度深化创业活动,形成创业计划。

本教材具有以下特点:一是创新创业融合。创新是创业的灵魂和核心,创业是创新活动的延伸和升华。将创新创业融合,有助于提高教材的适用性。二是体现精益创业的理念。本教材将创业定义为"在不确定性环境下,开创事业的实践活动"。创业者通过探索客户概况,认知客户工作、痛点和收益,设计价值主张,通过科学验知,达成契合。三是运用画布工具。创业实践要求创业者熟练运用商业画布、客户画布和价值主张画布等工具,将创业机会可视化。四是校内校外融合。本教材的开发既考虑在校大学生对创新创业的需求,也考虑让社会创业者受益,从而有效指导社会创新创业活动的开展。

本教材既适用于本科院校大学生创新创业的启蒙教育,也可作为社会创业者的入门读物。创业小伙伴们在深入开展创业实践活动时,需要精读《精益创业》,仔细对照《创业者手册》《商业模式新生代》和《价值主张设计》等经典著作,思考和细化创业项目每个环节假设,设计实验,积极探索,获得认知,开启高效的创业之旅。如果没有创业探索经验,就难以拿捏创业实践的精髓,开发团队将持续深化校内校外合作,通过搭建"精益创业"研习交流平台,以期弥补教材中的不足。

本团队采用流水作业方式来编制教材,王呈斌负责梳理每讲内容及细化提纲,刘慧星参与书稿撰写和案例开发,沈璟璟承担教学资源收集和积累,辛世伟负责线上配套资源开发,阮爱君负责标准题库开发,陈力扬负责部分案例开发和书稿核对,王华荣负责漫画设计和提升,缪鸣安参与部分案例开发。

教材开发过程得到台州创业小伙伴们的积极参与和支持,感谢朱懿、徐洲铭、华宏建、王建平等为课程开发提出的许多宝贵意见,感谢丁伟萍、陈佳慧老师的细致校对。课程开发过程得到台州学院教务处、创业学院、商学院相关领导的大力支持,感谢他们对开发团队的充分信任,并提供全方位的支持。最后,我要感谢爱妻陈敏菊教授的悉心照顾和理解支持,让我有充裕的时间沉浸在课程开发之中。

王呈斌
2019 年 7 月

目录

第一篇 认 知 篇

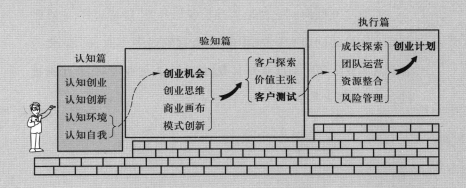

篇序

本篇包括:认知创业、认知创新、认知环境和认知自我四章,是全书的基础部分。

创业是指创业者面对高度不确定的环境,开创事业的实践活动,目的是寻找可升级、可重复和可盈利的商业模式。创新是生产要素和生产条件新的组合。创新是创业的基础,创业推动并深化了创新活动,破坏性创新往往颠覆了原有的商业模式。

当前,"互联网+"已经融入社会各行各业,这意味着,它在带来商业环境的剧烈变化的同时,也蕴含着诸多创业机会。创业者要从职业生涯的高度认知自我,结合个人创业潜质,善于把握机会,开启创业人生。

第一章 认 知 创 业

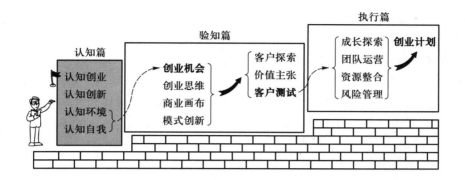

学习目标:

1. 了解创业概念、要素和类型。

2. 认知创业过程及创业特征。

3. 掌握创业过程模型。

核心观点

1. 寻求机会是创业活动的基础。

2. 价值创造是创业活动的核心。

3. 突破资源束缚是创业的必要条件。

4. 创业关键要素:机会、团队和资源。

导入案例:扎克伯格谈创业

2017 年 10 月 24 日,Facebook① 公司创始人兼首席执行官马克·扎克伯格(Mark Zuckerberg)走进清华大学经管课堂,以清华大学经管学院顾问委员会委员的身份,与同学们分享了"为什么创业"的三个小故事。

一、相信"使命"

相信你的使命,做你觉得重要的事情,它会让你更专注。

2004 年,我创立 Facebook,当时想要解决一个非常重要的问题,就是把人们连接在一起,

---

① 2021 年公司更名为 Meta。

因为每个人都想跟他们的朋友和家人联系。当我们分享和联系时，我们可以和家人、朋友有更好的关系；当我们可以分享和联系时，生活会变得更美好；当我们和客户有更好的沟通时，我们的企业会更强大；当我们知道的更多时，社会也会变得更强大。

二、必须"用心"

推出了 Facebook 第一个版本的时候，我们非常高兴自己的产品连接了学生。当时，我们没想到会建立这个连接世界的产品，这些国际社交网络应该由像微软或谷歌等大公司来开发的，但是，它们没做。

作为大学生，我们没有计划、没有资源，怎么创造出世界上最大的互联网社区？我们只是更用心。我们面对好多问题，需要改变好多次。我们从小产品开始，服务对象从美国学生到美国社会，再到世界其他国家。

中间有很多质疑和非议，可是我们还是继续用心。我们相信，社交媒体和连接世界是重要的活动，我们还可以继续帮助人们，连接人们。我们只是多用心了一点，建立了一个强大的业务，现在 15 亿人在用 Facebook。

三、需要"向前看"

10 年前，我们的目标是连接 10 亿人。因为以前没有互联网企业做过，所以我们觉得这是一个很大的目标。在达到了这个目标之后，最终的目标是连接世界上的每一个人。世界上差不多三分之二的人没有互联网。我们必须扩大整个互联网，需要创造和利用新的技术，像卫星和飞机，把他们连接起来。

"向前看"就是：每走一步，你都可以做新的东西。学习对创新最重要。你多学习，会在生活里创新，也会在企业里创新。你应该相信你的使命，非常用心，不要放弃，一直向前看。

本案例根据猎云网资料整理。

第一节　关于创业

一、什么是创业

（一）创业定义

"创业"一词最早出现于《孟子·梁惠王下》："君子创业垂统，为可继也。"《辞海（第六版）》将创业解释为"创立基业"；《现代汉语词典（第七版）》将创业解释为"创办事业"。现今创业可以理解为不拘泥于当前资源约束，寻求机会进行价值创造的行为过程。

1. 商学院定义

（1）哈佛商学院：创业是不拘泥于当前所控制的资源而探寻机会并创造价值的过程。它强调了创业的本质。

（2）百森商学院：创业是一种思考、推理和行动的方法，它不仅受机会制约，还要求创业者有缜密的实施方法和包含高效平衡技巧的领导艺术。

2. 学者定义
学术界从能力、价值、过程和结果等视角分别给出创业的定义。

（1）能力视角。创业是正确预测下一个不完全市场和不均衡现象在何处发生的套利行为与能力（Kirzner，1972）；创业是创业家辨识合适投入的能力（Conner，1991）。

（2）价值视角。创业是发现和捕捉机会并由此创造出新颖的产品、服务或实现其潜在价值的过程（郁义鸿，2000）；创业是创办新企业，提供工作岗位，创造商业价值的行为（Low，1988）。

（3）过程视角。创业是创业者积极探寻机会，积极整合资源，充分利用机会，实现价值创造的过程（梅强，2011）；创业是发现和利用有利可图的机会（Shane，2000）。

（4）结果视角。创业是进行新的整合（Schumpeter，1934）；创业应该开展独立的新业务（Vesper，1983）。

3. 创业者探索

埃里克·莱斯（Eric Ries，2012）认为，创业活动是在极端不确定的情况下，开发新产品或新服务。它是一种在创新创业精神驱动下，对创业机会进行识别和开发的创建过程，是创业者主导下的高度综合的不确定的管理活动。创业活动既要求创造力，更要求行动力。

4. 本书定义

综上所述，从狭义来看，创业就是创建新企业；从广义来看，创业是指所有创建活动。

本书偏向于广义定义，将创业定义为：在不确定的情况下，创建企业开创事业的实践活动。新创企业是由创业者组成的一个团队，既可以是新建的创业团队，也可以是成熟公司内部的创业团队。无论是创建新企业、企业内部创业，都可以称为创业活动。

新创企业是指一个寻找可升级、可重复和可盈利商业模式的临时组织，绝不是大型公司的缩小版。

（二）创业内涵与外延

1. 创业内涵

创业内涵包括三方面（见图1-1）：

（1）创业是机会识别和开发的过程。

（2）创业需要创业精神驱动。

（3）创业是复杂的、不确定性的管理活动。

图1-1　创业内涵

2. 创业外延

本书有关创业的定义没有涉及具体的组织形式、身份、行业或经济领域，具有一定的广泛性。

（1）对象方面。新创企业既可以由新建的创业团队创业，也可以由成熟公司内部的创业团队建立。

（2）内容方面。无论是创建新企业、企业内部创业，都可以称为创业。

（3）身份方面。新创企业的发起人可以是社会创业者、法人主体，也可以是行政、事业单位的工作人员。

二、创业学什么

创业者需要遵循精益创业的规律，从认知、验知和执行三个阶段学习创业基础知识，提高驾驭"不确定性"的能力和水平。

（一）认知阶段

创业者在开启创业之旅前，需要熟悉创新创业的基本规律，认知创业环境变化及其特征，认知自身潜力和特质。

认知阶段包括认知创业、认知创新、认知环境和认知自我。创业是指在高度不确定的环境下，开创事业，并为个人和社会创造价值的活动。创新是生产要素和生产条件新的组合。创新是创业的基础，创业推动并深化了创新。当前，"互联网+"时代蕴含着诸多创业机会，推动传统产业转型升级。创业者应从职业生涯视角认知自我，把创业作为思维、行为和生活方式，谋划创业人生。

（二）验知阶段

在创业之前，创业者要充分意识到，他们的企业愿景只是一系列未经测试的假设和猜测，需要通过"客户检验"来验证其可行性。验知阶段包括创业机会、创业思维、商业画布、模式创新、客户探索、价值主张和客户测试，该阶段以基础理论为支撑。

1. 基础理论

基础理论包括：创业机会、创业思维、商业画布和模式创新。

验知源于精益创业强调的"经证实的认知"的提炼。创业活动始于机会分析，创业机会产生于环境变化与创业者特质的叠加与互动之中。外部环境的变化打开机会窗口，创业者凭借着个人特质把握住机会，形成信念飞跃，其中包含两个创业基本假设——价值假设和成长假设。

传统创业基于产品开发思维，通过"伟大的创意+大容量市场"寻求快速发展，由于没有很好地重视客户、市场、营销和财务，存在致命的缺陷。客户发展思维把创业初期划分为客户探索、客户检验、客户生成和企业建设四个阶段，构建了科学试错、节约成本的创业模式。精益创业进而构建了"开发—测量—认知"学习方法，始终以用户为中心，利用最小可行产品来获取用户反馈、测试假设、快速迭代，逐步达成创业目标。

商业画布可以从资源驱动、产品/服务驱动、客户驱动、财务驱动、多中心驱动来优化。

商业模式是新创企业创造价值和获取收入的基本逻辑，价值发现是创业机会识别的延伸，价值分享是商业模式可持续的关键。商业画布是描述、可视化、评估、改变商业模式的通用语言，包含客户细分、价值主张、渠道通路、客户关系、收入来源、核心资源、关键任务、重要合作和成本结构九大板块。

商业模式创新体现在价值发现、价值创造、价值分享等关键环节。现代商业模式主要包括非捆绑式、长尾式、多边式、免费式和开放式五种基本式样。

2. 实践探索

实践探索包括：客户探索、价值主张和客户测试。该部分内容需要结合创业实践活动才能理解掌握。

客户探索源于天使客户的搜寻与积累，从工作、痛点和收益三个维度深入了解客户，进而从产品和服务、痛点缓释方案和收益创造方案来设计价值主张。创业者通过开发最小可行产品开展客户测试，检验问题与方案是否契合、产品与市场是否契合和商业模式是否契合。

（三）执行阶段

创业者在推进创业活动中，需要坚持不懈地测试自己的观点，长年累月地调整方向，保存现金等，避免不必要的资源浪费。

执行阶段包括成长探索、团队运营、资源整合、风险管理和创业计划。

1. 成长探索

根据市场类型和发展阶段，新创企业需要从黏着式、付费式和病毒式等增长引擎中选择恰当的增长引擎，构建科学的创新核算体系，客观评估创新创业绩效。

2. 团队运营

创业者需要基于共同价值观，构建信任、协作、互补、高效的创业团队。

3. 资源整合

创业资源是企业活动的必要条件，新创企业需要遵循低成本原则，通过创造性拼凑整合资源，降低对外部资源的依赖性。

4. 风险管理

创业风险主要来自创业活动面对的不确定性，新创企业要保持高度敏感性，及时预测、主动防范风险。

5. 创业计划

创业计划是新创企业从调查阶段转向执行阶段纲领性文件，是吸引投资、组织创业资源的依据，新创企业需要动态地优化创业计划。

三、为何要创业

创新创业是经济的活力来源，也是社会进步的主要动力，对社会经济发展起着重要的推动作用。我国的创新创业活动正处于活跃阶段，社会环境不断优化和完善。创业的主要功能体现在以下层面：

（一）社会层面

从社会层面来看，创业是经济增长的内在动力。

1. 创业促进科技进步

创业通常伴随着新技术、新产品、新工艺、新方法进入市场，诞生了一大批科研成果转化型企业。比如，部分消费者购买书籍的途径从原来的实体书店转移到亚马逊、当当网等电商平台，智能手机的出现让消费者拍照成为日常行为，滴滴出行改变了消费者对出行的态度，这些都是互联网以及科学技术进步带来的改变。

2. 创业创造就业机会

营造良好的创业氛围，有助于激发民众的创业热情，建设创业型社会。创业可以缓解不同地区、不同行业劳动力供求不平衡的矛盾。同时，大学生自主创业，可以缓解大学毕业生的就业压力。在美国，小企业和创业者提供了 70% 的就业岗位，而中国 60% 的 GDP 由中小企业创造。

3. 创业推动创新活动

中国的创新能力排名已从 2013 年的全球第 35 名快速提升到 2018 年的第 17 名，首次跻身全球创新指数20强。值得关注的是,中国在"创新质量"的排名中已经成为中等收入经济体的领头羊。

> **延伸阅读1**:为什么97%的人都需要了解创业?

(二)个人层面

从个人层面来看,创业是影响人生的重大决策。

1. 实现自我价值

创业者能够通过自主创业发挥资源优势,在实现自我价值的同时完成社会价值的传递。

2. 实现财富积累

财富积累是人们赖以生存的基础,成功创业,有助于创业者积累个人财富。

3. 提高社会地位

创业者在创业过程通过不断学习与磨炼,增进了知识与能力,提升了自我的发展空间,提高了社会地位。

> **延伸阅读2**:为什么打工也要有创业心态?

四、怎么学创业

(一)学科基础

"创业基础"课程的学科基础包括创业学、社会学、心理学、管理学(包含创新管理、战略管理、营销管理和人力资源管理等)。

> **延伸阅读3**:创业者值得一看的书

创业教育与传统工商管理教育在培养目标、教学内容、教学模式和师资要求等方面存在明显差别(见表1-1)。

表1-1　创业教育与传统工商管理教育的比较

类别	传统工商管理教育	创业教育
培养目标	以就业为前提,守业型人才	以创业为前提,创新型、复合型人才
教学内容	偏重理论知识	理论和实践相结合
教学模式	课堂讲授为主	多样性、参与式、教学互动
师资要求	专业性、学术水平	知识综合性、实践经验

（二）学习方法

学习创业需将理论与实践相结合,勤实践、多思考,将创业教育与创业活动有机结合起来。

1. 理论学习

随着互联网创业实践向纵深推进,创业活动的经验与教训不断被总结与提炼,已经形成较为成熟的知识体系。系统学习现有的创新创业基本知识、基本技能和基本方法,有助于提升创业者的创业技能。

2. 案例分析

结合教材相关知识点,剖析国内外经典的创业实践案例的成败、得失,有助于创业者理解创新创业的内涵和外延,学会认知和分析创业环境、创业特质、创业机会。

3. 实践探索

创业者要善于捕捉身边的创业机会,并付诸实践。熟练运用商业画布、客户画布和价值主张画布等工具,将创业机会可视化,进而设计商业模式。遵循精益创业理念,可以设计最小可行产品进行客户检验,验证创业基本假设,获得认知。特别是在模式创新、客户探索、价值主张、客户测试和成长管理等部分,只有通过深入的实践探索才能加深对知识的理解和掌握。

▶ **测试:** 创业者素质测试

第二节　创业分类

创业活动涉及各行各业,创业者的创业动机也多种多样,创业项目的内容和领域涉及面广泛。创业呈现类型多样化的特点,可以从不同角度进行分类。

一、按照创业特点划分

根据创业的不同特点,创业可以划分为生存型创业、知识型创业、关系型创业和机会型创业。

1. 生存型创业

生存型创业又称被动型创业,是创业者为了自己的生存而进行的创业活动。有关报告显示,这部分创业者人数最多,占中国创业者总数的90%以上。

（1）基本特点。创业者的创业起点较低,选择余地较少,创业条件较艰苦,一般涉足小商业、小餐饮等领域,也有小型加工业。

（2）创业背景。创业者由于经济条件不好,或者找不到理想工作,或者缺乏创业资金,通过生存型创业完成原始资源积累。

> **延伸阅读 4**：任正非创业前的艰难岁月

2. 知识型创业

知识型创业又称智慧型创业，是与智慧、知识相关联的创业活动。

知识型创业是大学生创业最具优势的地方。高等院校鼓励在校大学生创业，重点引导学生结合专业优势开展创业活动。创业学生不仅可以获得创业园提供的免费办公场所，还可以获得专业导师的创业指导和诸多政策支持。

> **延伸阅读 5**：怎样利用自己的知识特长开始创业？

3. 关系型创业

关系型创业是创业者利用积累的人脉资源，开展的创业活动。

大学生人脉资源相对匮乏，需要通过自己的亲朋好友获取资源。大学生应积极融入属地创业环境之中，通过与社会创业者的对接和融合，拓展人脉资源。

4. 机会型创业

机会型创业是创业者发现了适合创业的机会，主动把握机会所开展的创业活动。机会无处不在，成功创业的关键在于创业者有发现机会、判断机会和把握机会的能力。

比如，2007 年，在韩国工作的赵迎光参观了一家韩国知名网店，其日销售额高达 100 多万元，赵迎光深受启发后，果断辞职回国创业，创办"韩都衣舍"。

▲ 二、按照创业性质划分

按照创业性质划分，创业可以分为生产型创业、管理型创业、商业型创业、科技型创业、金融型创业、服务型创业、网络型创业和公益型创业。

1. 生产型创业

生产型创业是创业者通过制造产品开展的创业活动。这类创业活动需要掌握或了解产品生产的基本技术和管理方法，但是，产品必须具有市场性。

它要求创业团队既要掌握生产技术，又要熟悉现场管理，还要懂得市场运作。

2. 管理型创业

管理型创业是创业者创办管理类的企业，如咨询公司、人力资源服务公司等。

创业者需要具备工商管理、人力资源管理等相关专业背景，具有一定的社会阅历和丰富的经验，能够为企业提供更为专业的服务，解决特定企业存在的管理痛点。比如，刘总有 10 多年中小企业一线管理经验，从办事员成长为公司高层，离职创办专注服务中小企业的咨询公司。

3. 商业型创业

商业型创业是创业者以营销为核心，为创办某品牌或推广新产品所开展的活动。

商业型创业相对比较简单。比如，某位企业负责人在德国实习，正好遇到某公司研发的新产品"赤脚鞋"上市，他及时把握商机，签订了中国的独家代理权。

4. 科技型创业

科技型创业是创业者以科技创新为基础,开展的创业活动。

创业者基于自己的专利、专有技术等知识产权研发出新产品,或者大幅度提升现有市场的产品性能和功能。

5. 金融型创业

金融型创业是创业者创办金融公司,如证券公司、基金公司、典当行、投资公司等。

此类创业门槛比较高,创业者既要熟悉金融行业监管政策,又要具备一定的资本实力,更需要有经营风险的经验、能力和水平。

6. 服务型创业

服务型创业是创业者创办教育、翻译、培训、家政、文化、演艺、旅游等服务机构。

这是现代服务业的发展趋势。创业者结合自身的一技之长,找到恰当的切入点,围绕目标客户提供专业服务。创业者要恪守“轻资产”创业原则。

7. 网络型创业

网络型创业是创业者创办网站、网点、微商等电子商务网络平台。

创业者需要具备电子商务、信息服务等相关专业背景。随着互联网技术快速发展,创业门槛大幅度降低,该领域竞争越来越激烈,引流成本、获客成本越来越高。

8. 公益型创业

公益型创业是创业者运用创新的理念承担社会责任,在创业过程中兼顾社会效益和自身价值的实现。此类创业活动是一种“双赢”的新型创业模式。

公益型创业有两个主要特点:一是强调创新的理念和方法。二是体现公益性。比如,临海剪纸的第二十二代传承人杨雨潇用“剪纸+”打造临海府城非遗文化短旅,将非遗项目的公益性与旅游、培训等项目的营利性进行了有机结合。

■ 三、按照创业创新性划分

按照创业的创新性程度,创业可以划分为复制型创业、跟随型创业、内部型创业和冒险型创业。

1. 复制型创业

复制型创业是指创业者复制国外企业或原有企业的成熟商业模式,开展创业活动。

这类创业活动成功率较高,商业模式已经经过检验,创业者只需重点探索在当下社会环境中的适用性问题。复制型创业科技创新贡献较低,缺乏创新精神。严格意义上讲,离职创业者需要遵循“竞业禁止”的商业规则和职业道德。

2. 跟随型创业

跟随型创业是指创业者模仿某领域领先者,实施创业活动。

跟随型创业虽然创新成分很低,但不同于复制型创业,创业过程仍然存在较高的不确定性。创业者需要通过“模仿+创新”,建立比较优势。

3. 内部型创业

内部型创业是指成熟企业在内部进行创新创业活动,如企业流程再造。创业者通过二次、三次乃至连续不断的创新创业,不断激发企业内部创新活力,延长企业生命周期。

内部型创业比较适合传统企业的转型升级。但是,内部型创业往往会给现有企业管理带来一定的困难,企业要给创业者开辟"管理特区",允许区别对待。

4. 冒险型创业

冒险型创业是指一种难度很高,有较高的失败率,但成功所得报酬也很惊人的创业活动。

创业者需要在创业能力、创业时机、创业精神、创业管理、创业模式和创业策略等方面有较强的组织决断能力。这也是创业管理类课程研究的主要对象。

第三节 创 业 过 程

创业过程是从产生创意到创建新企业或开创新事业并获得回报的一系列流程。它涉及机会识别、构建团队、寻求融资等一系列活动。

一、蒂蒙斯创业过程模型

蒂蒙斯创业过程模型是一种通过对创业过程进行总结,提炼创业活动的共性的模型(见图1-2)。

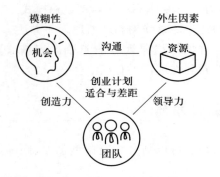

图 1-2 蒂蒙斯创业过程模型

(一)基本框架

创始人或创业团队在推进业务的过程中,面对模糊和不确定的动态的创业环境,不仅要具有创造性地捕捉机会、整合资源和构建战略、解决问题的能力,还要勤奋工作、具有牺牲精神。

(二)主要机理

1. 创业活动由机会、资源、团队三要素有机构成

(1)创业过程始于创业机会。机会比资源、团队更重要。

(2)在创业过程中,资源与机会之间经历着一个"适应→差距→适应"的动态过程。

(3)创业计划提供了平衡团队、机会和资源三要素的规则。

2. 创业过程是机会、资源和团队三要素匹配和平衡的结果

创始人或创业团队要善于配置和平衡三要素,推进创业过程,核心过程如下:

(1) 对机会的理性分析和把握。

(2) 对风险的认识和规避。

(3) 对资源最合理的利用和配置。

(4) 对创业团队适应性的分析和认识。

3. 创业过程是一个连续不断地寻求平衡的行为组合

创业过程在于追求三要素之间的动态平衡:

(1) 目前的团队是否能领导公司未来的成长。

(2) 资源状况能否匹配。

(3) 下一阶段发展面临的陷阱。

二、创业基本过程

创业基本过程包括产生创业动机、澄清创业机会、启动商业实验、迭代商业模式、创建新企业和创造市场价值。

1. 产生创业动机

创业动机是创业的原动力。创业动机的影响因素有以下三点:

(1) 个人特质。每个人创业意愿强弱,虽含遗传作用,但更受环境因素的影响。如温州人、台州人的创业意愿较为强烈,环境起到很大作用。

(2) 创业机会。社会经济转型、技术进步降低了创业门槛,带来更多创业机会,掀起创业热潮。

(3) 机会成本。创业者若有一份稳定、丰厚的工作,就会减少冒险创业的意愿。

2. 澄清创业机会

澄清创业机会是创业过程的核心环节。

(1) 创意可视化。运用商业模式画布,将创意可视化。

(2) 创业基本假设。围绕创意,提出价值假设和成长假设,评估创意的可行性。

3. 启动商业实验

(1) 识别天使用户。结合创意,创业者识别、寻找和积累天使用户。

(2) 运行商业实验。针对每个创业假设,创业者设计并运行相应的商业实验,提取实验数据。

4. 迭代商业模式

(1) 获得新的证据。通过商业实验,创业者获得新的认知和见解;根据可靠性,创业者需要及时验证、修正创业基本假设。部分重要假设可能需要多次商业实验,创业团队达成一致共识。

(2) 调整商业模式。创业者通过持续的商业实验,积累足够的证据,重新优化商业模式。如果证据并不支持创业基本假设,创业者面临着坚持还是转向的艰难选择。

创业者需要不断重复第 2 至第 4 步,当寻找到可持续、可复制的商业模式,才进入下一步骤。这个创业探索过程是创业实训、创业实战、项目孵化的核心。

5. 创建新企业

创建新企业是创业行为最为重要的标志。基于前期客户、产品服务、市场和商业模式的有效探索，创业者从调查阶段进入执行阶段。

创建新企业包括制定公司愿景宗旨、章程制度等层面，创业者要高度重视植入成长发展的基因，需关注识别增长引擎和植入创业文化。

6. 创造市场价值

创造市场价值是创业活动的核心，关系创业企业成长与发展的空间，主要关注以下价值：

（1）为客户创造盈余价值。

（2）为供应商和合作伙伴带来合作价值。

（3）为员工创造事业发展机会。

（4）为股东带来投资价值。

本章小结

创业是指在不确定环境下，创建新企业开创事业的实践活动。创业按照特点划分为生存型、知识型、关系型和机会型；按照性质划分为生产型、管理型、商业型、科技型、金融型、服务型、网络型和公益型；按照创新性划分为复制型、跟随型、内部型和冒险型。蒂蒙斯创业过程模型要求创业者在不确定环境中，创造性地捕捉商机、整合资源和构建团队，寻求三者之间的动态平衡。

创建新企业绝不是大型企业的缩小版，它是一个寻找可升级、可重复和可盈利商业模式的临时组织。成熟企业执行商业模式，前提是客户群体、问题和产品特征都是"已知"的。新创企业经营是"摸着石子过河"，其首要目的是找到可重复、可盈利的商业模式。成功的创业者要善于抛弃大企业应用的传统产品管理和开发流程，面对高度不确定的环境，探索客户、快速迭代，建立、测试和寻找商业模式，从而实现由"未知"到"已知"、由"不确定"到"确定"的转变。

复习思考

1. 简答题

（1）什么是创业？

（2）按照创业性质划分，创业分为哪些类型？

（3）简述蒂蒙斯创业过程模型的主要机理。

2. 自测题

请扫描二维码，进入本章知识点的测试。

3. 案例题

马斯克的创业之路

提到埃隆·马斯克，人们最先想到的身份是特斯拉和 SpaceX 两家顶尖科技公司的总裁，熟悉他的人会把他比作《复仇者联盟》电影人物钢铁侠的原型。在他的历次创业过程中，创新理念和开拓意识贯穿始终。马斯克的成功离不开他的创业历程，下面简要回顾马斯克的创业之路。

一、初次创业：Zip2

1995 年，马斯克与弟弟靠硅谷一个小集团的随机天使投资创办了 Zip2，这是一家为新闻机构开发在线内容出版软件的公司，当时《纽约时报》和《芝加哥论坛报》都成了马斯克兄弟的客户。1996 年一家风投公司决定向 Zip2 注资 300 万美元，Zip2 将之前的零售营销策略改为将大型新闻媒体机构变成自己分销商，这一模式大获成功。

在互联网泡沫到来之前，马斯克兄弟二人成功地将 Zip2 以 3.07 亿美元的价格出售给了康柏，马斯克也从这笔交易中赚到了人生中的第一桶金，整整 2 200 万美元，而当时的马斯克只有 27 岁。

二、再次创业：PayPal

Zip2 成功变现后，马斯克决定出资成立自己第二家公司。马斯克投资 1 000 万美元，与两位来自硅谷的合伙人创办了一家在线金融服务和电子邮件支付业务公司 X. com。这也是互联网的首个电子支付平台。

2000 年，马斯克为解决在网上快捷转账业务上的竞争，将 X. com 与彼得·蒂尔和麦克斯·拉夫琴创办的公司 Confinity 合并，这家新公司于次年更名为 PayPal。

2002 年，eBay 以 15 亿美元的价格收购了 PayPal，作为该公司的最大股东，马斯克直接从这笔交易中赚到了 1.8 亿美元现金，31 岁就已经连续两次大获成功的马斯克瞬间成为硅谷炙手可热的创业明星。

三、为梦想创业：SpaceX 和特斯拉

2002 年 6 月，马斯特的第三次创业正式开始。他投资 1 亿美元创立了太空探索技术公司 SpaceX，出任首席执行官兼首席技术官，开始研究如何降低火箭发射成本，并计划在未来实现火星移民，打造人类真正的太空文明。

SpaceX 从 2007 年开始盈利，2010 年 SpaceX 研发的货运飞船成功试飞，2020 年 SpaceX 完成全球首次纯商业载人太空飞行任务。自美国航天飞机 2011 年退役后，美国国家航空航天局（NASA）向国际空间站运送人员和货物一度需要依靠俄罗斯，SpaceX 的成功改变了这一状况。

在 SpaceX 刚刚成立一年，还处于产品研发阶段的时候，一位名叫杰弗里·斯特劳贝尔的锂离子电池专家和一家名叫特斯拉的初创公司先后找到了马斯克，希望他投资研发能够改变汽车工业的电动汽车。基于对电动汽车的热爱以及对这个市场的良好预期，马斯克在很短的时间里就决定接受这两拨创业者的要求，并将他们组成一支团队，然后向特斯拉注资 650 万美元，成为特斯拉的最大股东及董事长。2010 年 6 月，特斯拉在纳斯达克上市，是仅有的一家在美国上市的纯电动汽车制造商。现在，特斯拉已成为全球家喻户晓的汽车品牌。

从太阳能发电、纯电动汽车、真空胶囊高铁到猎鹰火箭、龙飞船、星舰、星链,马斯克为了实现火星移民的梦想逐步实施计划,相关技术创新和商业模式创新已经产生了巨大的商业利益和技术突破。马斯克的一次次疯狂探索、一次次想法的实践让世界开始发生变化。一个人有着怎样的兴趣,也许是驱动成功的原动力。但是专注力强、不放弃和砥砺前行的精神才是他真正通向成功的法宝。

本案例根据网络资源整理而成。

结合案例,请分析:

（1）结合马斯克的创业历程,谈谈你对创业的理解。

（2）马斯克的第三次创业属于什么类型?

第二章 认知创新

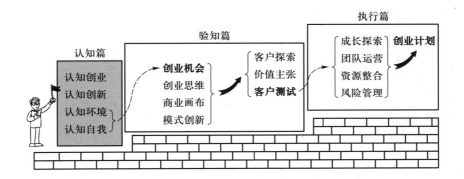

学习目标:

1. 了解创新定义、特征和类型。

2. 掌握创新思维。

3. 熟悉创新思维方法。

核心观点

1. 创新是生产要素和生产条件的新组合。

2. 创新是创业的基础。

3. 创业推动并深化创新。

导入案例:贝利的"历史报纸档案公司"

一、贝利的爱好

贝利是一位集报迷,家里收集了许多旧报纸。有一天,一位朋友来访,在他的报纸堆里随便翻翻。突然,他的朋友大叫一声:"哟,那天正是我女儿出生的日子。"贝利看到朋友手上的报纸才知道,那张报纸是朋友女儿出生那天出版的。那位朋友最后要走了那份报纸,满脸都是惊喜,临出门还忙不迭地说:"贝利,真是谢谢你,我把这份和我女儿同日诞生的报纸送给我女儿作为生日礼物,她一定会非常高兴的。"

二、创业灵感

通过这件事,贝利突然来了灵感:何不卖"日子"赚钱? 也就是把家里的旧报纸当作礼品,卖给跟报纸出版日期同一天出生的人。想到做到,贝利把家里的旧报纸一一整理好,成立了"历史报纸档案公司",专营"生日礼品报纸"。贝利的奇特礼品一推出,就受到顾客的青睐,不出几日,贝利的报纸销售一空。

三、商业模式

贝利积极挖掘旧报纸的来源。经多方探寻和努力,贝利和法国国家图书馆、报纸馆等馆藏单位签约,答应一旦图书馆把旧报纸制成显微胶片后,贝利可优先拥有购买权。

有了丰富的报源之后,贝利就花大力气扩大销售。他在报纸、杂志、广播里大做广告,塑造新型"生日礼品"的形象,并且在礼品店、文具店建立销售点。他凭借自己的经验,训练店员,教他们如何向顾客推荐这种礼品,提高销量。

如今,贝利的"历史报纸档案公司"每年可卖出 25 万份旧报纸,平均每天能销售近 700 份。历史上一个个泛黄的"日子",在他的经营之下都变成了可观的利润。

本案例根据豆丁网资料整理。

第一节   创 新 概 述

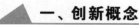
一、创新概念

(一)定义

"创新"一词起源于拉丁语,包括三层含义:一是更新,革新、除旧布新;二是创造,创造新的东西;三是改变,使事物变得和原来不一样。

1. 狭义理解

创新是指从新思想产生到新产品的设计、试制、生产、销售和市场化的一系列活动。

2. 广义理解

创新是指一切创造新的商业价值或社会价值的活动。创新不一定是技术上的变化,创新行为可以表现在技术、制度或管理等不同层面。

(二)内涵

创新可以从社会学、经济学和管理学角度来分析。

1. 社会学角度

创新是指人们运用已知信息,不断突破常规,发现或产生新颖、独特、有价值的新事物、新思想的活动。

2. 经济学角度

熊彼特在《经济发展理论》(1911)中提出:创新是指把生产要素和生产条件的一种"新结合"引入生产体系。它包括五种情形:引入新产品、采用新方法、开辟新市场、获得新资源、组建新组织。

3. 管理学角度

德鲁克将创新引入管理,明确提出创新是每一位管理者和知识工作者的日常工作和基本责任。创新是组织的一项基本功能,是管理者的一项重要职责。

（三）特征

创新具有以下特征：

1. 突破性

创新的关键是突破,突破思维定式,打破思维常规。创新是继承中的升华,是突破性的发展、根本性的变革、综合性的创造。

2. 新颖性

创新核心是"新"。创新或者是产品的结构、性能和外部特征的变革,或者是造型设计、内容的表现形式和手段的创造,或者是内容的丰富和完善。

3. 规律性

创新是以扎实的专业知识为基础,以艰苦卓绝的精神劳动为途径,以敏锐的观察力、丰富的想象力和深刻的洞察力为导向,有规律的创造活动。

4. 目的性

明确的创新目标,始终贯穿于创新过程。

5. 超前性

创新是超越当前正常条件的行为或思想。

6. 价值性

创新具有明显、具体的价值,能够带来经济效益和社会效益。

（四）创新与创业的关系

创新与创业具有密不可分的关系。

1. 创新是创业的基础

创新是创业的源泉,创新的价值在于创业。比如,微信改变了社交网络。

2. 创业推动并深化创新

创业者推动新产品、新服务的开发,创造新的市场需求。比如,阿里巴巴集团业务从电子商务发展到跨境电商、菜鸟网络、阿里云等,不断深化互联网应用领域。正如德鲁克所说：创新是企业家的特殊工具,通过应用创新,企业家把变化作为不同业务与服务的机遇。

3. 创新与创业一样具有不确定性

（1）技术可行性的不确定性。一种创新在技术上是否行得通,事前是不清楚的。比如,100 多年前,莱特兄弟提出要造飞机。在当时的知识背景下,大家普遍认为比空气重的东西要飘在空气中几乎不可能。

（2）商业运作的不确定性。一个东西即便在技术上证明是可行的,但在商业运作上能否成功仍然是不确定的。比如,空客公司生产的 A380 客机自 2007 年投入运营后迟迟未能产生良好经营效益,最终空客公司于 2019 年决定停止继续生产该型飞机。

（3）相关技术的不确定性。相关技术,特别是互补性技术对创新影响非常大。比如,爱迪生在"交直大战"预测直流电会赢,交流电没有前途。然而,变压器的发明帮助交流电战胜了直流电,上万伏的高压交流电可以远距离传输且消耗低。另外一个有名的例子就是激光。1960 年贝尔实验室的科学家发明激光后,因为激光缺乏商业价值,连律师都不主张去申请专利。1970年康宁公司生产出了高透明玻璃，激光与此结合，产生了光纤，使得数字传输成为可能，带来了通信行业的革命。

（4）制度和文化的不确定性。创新往往伴随着创造性破坏，会使得一些群体的利益受到损害，带来新技术应用的阻力。经典的例子是蒸汽汽车。蒸汽汽车的发明最初在商业运营上是成功的，英国接连出现了数十家蒸汽汽车公司。但由于伤及既得利益者（包括马车业主、出租马厩的人、公路信托人、马的饲养者等）的利益，这些既得利益者向英国国会游说，指控蒸汽汽车存在不安全、车轮破坏公路、噪音惊吓行人和马等问题。最后，英国国会通过了臭名昭著的《红旗法案》，要求必须有一个人在蒸汽汽车前方60码（约55米）打着小红旗行走，以警告其他行人和车辆，导致蒸汽汽车公司纷纷破产。

二、创新类型

创新可以从不同角度分类，本书仅介绍按照创新内容划分的创新基本类型和克里斯坦森分类。

（一）创新基本类型

按照创新内容划分，创新基本类型包括产品创新、工艺（流程）创新、服务创新、商业模式创新四大基本类型。

1. 产品创新

产品创新是发明一种能够满足顾客需要或解决顾客问题的新产品。成功的产品创新必须在功能、外观、质量、安全等各方面不断改进以满足顾客的需求，从而争取更多的顾客基础，实现企业的市场竞争优势。比如，华为开创的5G通信技术，创新了移动端信息传输方式。

2. 工艺（流程）创新

工艺（流程）创新是运用新的生产技术、操作程序、方式方法和规则体系等，提高企业的生产技术水平、产品质量和生产效率的活动。它包括采用新工艺、新方式，整合新的制造方法和技术以获得成本、质量、周期、开发时间、配送速度方面的优势，或者提高大规模定制产品和服务的能力。比如，浙江省倡导"机器换人"，鼓励将传统机床升级为数控机床。

3. 服务创新

服务创新是指使潜在用户感受到不同于从前的崭新内容，包括新的设想、新的技术手段、新的服务方式。比如，余额宝大幅度降低理财门槛，让支付宝用户轻松享受理财服务。

（1）从经济角度看，非物质制造手段，增加了有形或无形产品附加价值。

（2）从技术角度看，软技术的创新活动，满足了人们的需求。比如，互联网技术带来信息交互的便捷。

（3）从社会角度看，服务创新提高了人们的生存质量，改善了社会的生态环境。

（4）从应用领域看，服务创新不仅仅是服务业的专利。20世纪80年代以来，随着市场竞争日益激烈，制造业服务化已经成为当今世界制造业发展的主要趋势。以汽车产业为例，单纯的汽车制造投资回报率为3%～5%，而围绕汽车的服务投资回报率高达7%～15%。优秀的制造企业由"以生产为中心"向"以服务为中心"转型。

4. 商业模式创新

商业模式创新是企业改变价值创造的基本逻辑,它既可能包括多个商业模式构成要素的变化,也可能包括要素间关系或者动力机制的变化。通俗地说,商业模式创新就是指企业以新的有效方式赚钱。比如,与传统书店相比,亚马逊和当当网就是一种商业模式创新。

商业模式创新作为一种新的创新形态,其重要性已经不亚于技术创新。它对目前行业内通用的为客户创造价值的方式提出挑战,力求满足客户不断变化的要求,为客户提供更多的价值,为企业开拓新的市场、吸引新的客户群提供可能性。

（二）克里斯坦森分类

1997 年,哈佛商学院的克里斯坦森教授在其《创新者的窘境》一书中,将创新分为维持性创新与破坏性创新(或称颠覆性创新),系统提出并分析了破坏性创新的概念与作用。

1. 维持性创新

从一个特定企业的角度说,如果创新是建立在原有的技术轨迹、知识基础上的不断改进,就是一种维持性创新。维持性创新致力于在消费者所重视的维度上对现有产品的改进,向现有市场提供更好的产品。

如海尔开发出小神童洗衣机后,经过多年的技术升级,已从第一代发展到了第十八代,其性能得到了不断完善。小神童除了容量更适合夏季使用之外,还具有杀菌消毒、节电节水等优点。

2. 破坏性创新(颠覆性创新)

破坏性创新是创业者引入新技术、新产品或者新服务推动变革,并在市场竞争中取得优势。破坏性创新要么创造新市场,要么提出一种新的价值主张来重塑现有市场。

（1）常见情形。一是破坏性技术创新,技术创新带来了新的或者改进的产品,如华为的5G 通信技术。二是破坏性商业模式创新,采取与主导企业不同的、全新的方式为消费者提供产品或服务,如共享经济。

（2）破坏方式。破坏性创新有以下三种破坏方式:一是低端破坏,如春秋航空低成本运营对航空业的影响。二是新市场破坏,如电子商务对实体店的冲击。三是基于对市场的高端切入与破坏,如特斯拉电动车对汽车产业的影响。

> **测试：** 创新能力测试　

 三、创新阶段

（一）发明创新

发明创新由浅入深,包含模仿、优化、创造和发明四个阶段。

1. 模仿阶段

这是初始的创新阶段,需要遵循创新规律,需要站在巨人的肩膀上。方法是以模仿别人的设计和产品为主。成果的专利申请应以外观设计为主。

（1）优点:投入少、见效快、成功率高。

（2）缺点:容易引发著作权争议或纠纷。

2. 优化阶段

在别人的基础上,加以改进、改良或合成、拆分、组合来产生新的构思、设计。成果的专利申请以实用新型为主。

(1) 优点:投入较少、见效较快、成功率较高。

(2) 缺点:新构思、设计的创造性因素不是很高。

3. 创造阶段

在仔细研究别人现有产品及现有专利资料的基础上,提出独特的解决方案来产生新的构思、设计。成果的专利申请以实用新型为主,对比较有突破的新构思、设计可以同时申请发明专利。

(1) 优点:投入适中、见效较快、成功率较高。

(2) 缺点:需要具备综合知识结构的团队产生新构思、设计,创造性属中等。

4. 发明阶段

在仔细研究现有产品及现有发明专利资料的基础上,提出显著的、突出的解决方案来形成新的构思、设计。成果的专利申请以发明为主,其设计可以同时申请实用新型专利。

(1) 优点:成果的创造性最大,经济效果最高。

(2) 缺点:需要具备综合知识结构的卓越团队产生新构思、设计,投入的人、财、物都较多。

(二)创新 2.0

创新 2.0 是创新 1.0 的升级版。创新 1.0 是指工业时代的创新形态,以技术为出发点。创新 2.0 是指信息时代、知识社会的创新形态,以人为出发点,特别关注用户创新,强调应用为本的创新。科技创新主体由"产学研"向"政产学研用""政用产学研"协同发展转变。

创新 2.0 的探索经历了三个阶段:

1. 开放式创新

开源软件运动使得创新过程从封闭变得开放。创新主体由创客转变为多方参与的创新社区,更有效地整合外部的思想,形成积累的创新。

2. 协同创新

打破了不同创新主体之间的壁垒,充分激发不同主体的人才、技术、资本的创新活力,比如"互联网+"。

3. 大众创新

随着开源硬件、3D 打印等技术的普及,更多的普通人能够参与到创新的过程中来。

第二节　创新思维

一、创新思维概念

(一)定义

创新思维是指以新颖、独创的方法解决问题的思维过程。通过这种思维能突破常规思维的界限,以超常规甚至反常规的方法、视角去思考问题,提出与众不同的解决方案,从而产生新颖的、独到的、有社会意义的思维成果。

1. 狭义理解

人们在创新活动中直接形成的创新成果的思维活动,如灵感、自觉、顿悟等思维形式。

2. 广义理解

一切对创新成果起作用的思维活动。

（二）特性

1. 开拓性和独特性

在思路探索、思维方法和思维结论上,突破常规,超越前人,形成独特的观点和见解。

2. 灵活性和发散性

创新思维不局限于常规的思维模式、程序和方法,灵活转换思路、意境,多方位地试探解决问题的方法。

3. 探索性和风险性

创新思维在探索中发现问题、解决问题,无成功经验可以借鉴,无现成方法可以套用。探索过程充满不确定性。

4. 开放性和延展性

在创新思维的空间中,面向世界、面向未来,扩大参照系,寻求最佳突破口。

5. 综合性和概括性

善于汲取前人智慧精华,通过巧妙结合、抽象总结,概括事物的规律。

（三）障碍

创新思维常见障碍有以下四种:

（1）惯性思维。不要让过去的经验成为创新思维的绊脚石。

（2）盲目从众。没有经过独立思考,"随大流"。

（3）受缚于权威。权威观点容易影响大家对事物的客观判断。

（4）拒绝变化。思维定式一旦形成,往往难以改变。创新思维需要因时而变,快速反应,适应变化。

> **延伸阅读1：狗鱼综合征**

二、创新思维方法

创新思维方法很多,主要方法有质疑思维、发散思维、收敛思维、联想思维、逆向思维、组合思维、直觉与灵感思维、系统思维、逻辑思维。

（一）质疑思维

创新主体在原有事物的条件下,通过问"为什么",改变原有条件而产生新事物、新观念、新方案。

1. 主要方法

联系实际、逻辑推理、追因求果、类比理想、逆向思考、变换条件。

2. 特征

（1）疑问性。这是最核心的特征,思维的起点。

（2）探索性。这是最明显的特征,思维的路径。

（3）求真性。这是最宝贵的特征,思维的目标。

3. 形式

（1）起疑式。以"为什么"为起点,探究事物的起因和本质属性的思维过程。

❯ **延伸阅读2：味精的由来**

（2）提问式。通过对现在、过去的事情提出疑问来寻求准确答案、观念、理论的思维方式。

❯ **延伸阅读3：白色的乌鸦**

（3）追问式。对某一内容（或问题）一再提问、穷追不舍,直到能够得到合理解答为止。

下面以某公司出现"顾客服务功能关闭"事件为例,通过"五个为什么"寻找原因。

一问:为什么新版本关闭一个顾客功能？因为有台服务器"挂"了。

二问:为什么服务器会"挂"？因为错误使用了一个隐藏的子系统。

三问:为什么会错误使用？因为系统工程师不知道如何正确使用。

四问:为什么他不知道？因为他没有受过培训。

五问:为什么他没有受过培训？因为他的经理认为不需要培训新员工。

通过追问找到问题的根源。根据问题的复杂性,提问次数可多可少,关键在于找到问题根源。

（4）目标导向式。从目标出发,倒推资源配置,倒推时间分配,链接战略战术,链接方法手段。这是一种反向思维方式。比如,理工科同学往往担心高等数学"挂科"。需要按照"不挂科"目标,思考以下问题:还有多少复习时间？可以找到谁来辅导？如何分解学习计划？

4. 奥斯本检核法

美国BBDO广告公司的奥斯本提出质疑思维的一个可视化方法。对照九个方面的问题进行思考,以便启迪思路,开拓思维想象的空间,促进人们产生新设想、新方案。

下面以"杯子的创新开发"为例,创新者按照表2-1所列九个方面的问题,展开思考。

表2-1 杯子的创新开发思路

序号	检核问题	创新思路	创新产品
1	能否他用	用于保健	磁化杯、消毒杯、含微量元素的杯子

序号	检核问题	创新思路	创新产品
2	能否借用	借助电脑技术	智能杯:会说话、会简单提示
3	能否改变	颜色变化	变色杯:随温度变化能变色
4	能否扩大	加厚、加大	双层杯:可以隔热
5	能否缩小	微型化、方便化	迷你观赏杯、可折叠便携杯
6	能否替代	材料替代	以钛、钢、铜、石、竹、木等材料制作
7	能否调整	调整其尺寸比例	新潮另类杯
8	能否颠倒	倒置不漏杯	旅行杯:随身携带不易漏水
9	能否组合	功能组合	多功能杯

(二)发散思维

发散思维又称辐射思维、扩散思维或求异思维,是指大脑在思维时呈现的一种扩散状态的思维模式,表现为思维视野开阔。可以通过"一物多用""一题多解",训练发散思维能力。发散思维是测定创造力的主要标志之一。

> **延伸阅读4：一支铅笔有多少种用途?**

1. 特征

(1)流畅性。观念自由发挥,尽快、尽可能多地生成思维观念。发散思维强调思维的速度和数量。

(2)变通性。发散思维能借助横向类比、跨域转化、触类旁通,使思维沿着不同的层面和方向扩散。

(3)独特性。大脑具有不同寻常、标新立异的观念和反应。

2. 方法

发散思维的方法主要有头脑风暴法和635法。

(1)头脑风暴法。由美国BBDO广告公司的奥斯本首创。小组人员在正常融洽和不受任何限制的气氛中以会议形式进行讨论、座谈,打破常规,积极思考,畅所欲言,充分发表看法。

(2)635法。德国的荷力改良了头脑风暴法,创造了635法。其具体的操作方法为:成员6人,每人用5分钟时间在纸上写下3种设想,然后传给右边参会者。

下面具体介绍头脑风暴法。

3. 头脑风暴法技巧

(1)头脑风暴法要遵循以下要点:

一是自由畅谈。参加者不应该受任何条条框框限制,放松思想,让思维自由驰骋。从不同角度、不同层次、不同方位,大胆地展开想象,标新立异、与众不同,提出独创性的想法。

二是延迟评判。参加者必须坚持当场不对任何设想做出评价,既不肯定某个设想,也不否定某个设想,或对某个设想发表评论性的意见。一切评价和判断都要延迟到会议结束以后才进行,以防止评判约束与会者的积极思维,破坏自由畅谈的有利气氛。

三是禁止批评。参加者不得对别人的设想提出批评意见,发言人的自我批评也在禁止之列,自我批评同样会破坏会场气氛,影响自由畅想。

四是追求数量。追求数量是首要任务。参加人员都要抓紧时间多思考,多提设想。在某种意义上,设想的质量和数量密切相关,产生的设想越多,找到有价值、创造性设想的可能性越大。

(2)头脑风暴法流程如下:

一是准备阶段。会议人员,一般以 5 ~ 10 人为宜。发起者将会议的时间、地点、所要解决的问题、可供参考的资料和设想、需要达到的目标等提前通知参会人员。

二是热身阶段。议题导入要有趣,创造一种自由、宽松、祥和的氛围。

三是明确问题。介绍有待解决的问题,力求简洁、明确。忌过分周全、过多信息。

四是畅谈阶段。畅谈是头脑风暴法的创意阶段。其规则为:第一,不要私下交谈;第二,不妨碍他人发言,不去评论他人发言;第三,发表见解时要简单明了。

五是筛选阶段。经过反复比较和优中择优,会议最后确定 1 ~ 3 个最佳方案,这是集体智慧的结果。

(三)收敛思维

收敛思维又称聚合思维、集中思维或求同思维,指以某个问题为中心,运用多种方法、知识或手段,从不同方向或不同角度,将思维指向中心点,经过比较、分析后,找到一个最合理的解决问题方案的思维方法。

收敛思维始终集中于同一方向,使思维条理化、简明化、逻辑化、规律化。

1. 特征

(1)概括性。一是去粗取精、去伪存真。对某个事物进行观察、分析、整理。删除一些表面的、细枝末节的信息,从整体上把握事物,概括出事物的本质特征。二是去异取同、去毛存皮。对彼此有关联的不同事物进行归纳、总结,从事物的联系中抽取共性,概括出同类事物的本质特征。

(2)方向性。思考问题时,从表象向本质层层分析,逐步向问题的核心逼近,抛弃那些非本质的、繁杂的特征。

(3)比较性。通过对比分析,找到切实可行的方案。

2. 方法

(1)目标确定法。正确确定目标,认真观察,找出关键现象,围绕目标进行收敛思维。

(2)求同思维法。这是一种有方向、有范围、有条理的收敛性思维方式。

(3)求异思维法。这是一种呈现扩散状态的思维模式。

(4)聚焦法。围绕问题进行反复思考,使原有的思维浓缩、聚拢,形成思维的深度和强大的穿透力。

(四)联想思维

联想思维是指人脑记忆表象系统中,由某种诱因导致不同表象之间发生联系的一种没有固定思维方向的自由思维活动。如幻想、空想、玄想等。

1．特征

（1）连续性。思维由此及彼，连绵不断地进行。

（2）形象性。形象思维的具体化，其基本操作单元是表象，即一幅幅画面。

（3）概括性。大脑很快把联想到的思维结果呈现出来。

2．方式

（1）接近联想。甲、乙两事物在空间或时间上接近，已形成牢固的关联想象。如听到蝉声联想到盛暑，看到大雁南飞联想到秋天到来等。

（2）类比联想。对某一事物的感受引起对与其在性质上或形态上相似的事物的联想。如文艺作品中用暴风雨比喻革命，用雄鹰比喻战士，便是运用了这种联想思维形式。

（3）对比联想。由某一事物的感受引起对和它有相反特点的事物的联想。它是对不同对象对立关系的概括。如形象的反衬就是这种联想思维形式的运用。

（4）相似联想。由一个事物外部构造、形状或某种状态与另一种事物的类同、近似而引发的想象延伸和连接。

（5）相反联想。联想物和触发物之间具有相反性质的联想。如看到白色想到黑色。

（6）相关联想。联想物和触发物之间存在一种或多种相同而又具有极为明显属性的联想。如看到飞鸟想到飞机。

（五）逆向思维

逆向思维也叫求异思维，是对司空见惯的似乎已成定论的事物或观点反过来思考的一种思维方式。

其经典案例是司马光砸缸。有人落水，常规的思维模式是"救人离水"，司马光面对紧急险情，运用了逆向思维，果断地用石头把缸砸破，"让水离人"。

1．特征

（1）普遍性。在各种领域、各种活动中都有适用性。

（2）批判性。能够克服思维定式，破除由经验和习惯造成的僵化的认识模式。

（3）新颖性。能够克服习惯的束缚，给人以耳目一新的感觉。

2．方式

（1）反转型。指从已知事物的相反方向进行思考，产生发明构思的途径。如日本电饭煲，把热源由锅的下方安装到锅的上方。

（2）转换型。指在研究问题时，由于解决这一问题的手段受阻，而转换另一种手段，或转换思考角度。

（3）缺点型。利用事物的缺点，将缺点变为可利用的东西。如可降解血管支架，利用材质可降解特性，使血管支架降解时间与血管功能的修复时间一致。

（六）组合思维

组合思维又称连接思维或合向思维，是指把多个貌似不相关的事物通过想象加以连接，从而使之变成彼此不可分割的新的整体的一种思考方式。

1. 特征

（1）创新性。知识体系的不断重新组合是人类知识不断丰富发展的主要途径之一。

（2）广泛性。广泛联系相关事物,才能体现组合思维的优势。

（3）时代性和继承性。例如,多媒体＝数据＋文字＋图像＋声音;智能手机＝功能机＋娱乐＋摄影。

> 延伸阅读5：现代科学的三次大创造

2. 方式

（1）同类组合。若干相同事物的组合。如多缸发动机。

（2）异类组合。两种或两种以上不同领域的技术思想的组合、两种或两种以上不同功能物质产品的组合。如互联网+出租车＝滴滴出行。

（3）重组组合。在事物的不同层次分解原来的组合,然后再按照新的目标重新安排的思维方式。如飞机的螺旋桨装在前部就是传统飞机,装在顶部为直升机。

3. 方法

（1）主体附加法。以某一特定的对象为主体,通过置换或插入其他技术或增加新的附件而使发明或创新诞生的方法。如色盲红绿灯。

（2）二元坐标法。借用平面直角坐标系在两条数轴上标点（元素）,按序轮番地进行两两组合。

（3）焦点法。以一预定事物为中心、焦点,依次与罗列的各元素一一构成联想点,寻求新产品、新技术、新思想的推广应用和对某一问题的解决途径。如改性工程塑料中,塑料+碳纤维＝以塑代钢。

（4）形态分析法。通过对研究对象相关形态要素的分列和重新组合,全面寻求各种解决问题方案的方法。其步骤为:确定创新对象、基本因素分析、形态分析、形态组合、优选方案。

（七）直觉与灵感思维

直觉与灵感思维是指对一个问题未经逐步分析,仅依据内因的感知迅速地对问题答案做出判断。

1. 特征

（1）简约性。直觉与灵感是思维过程的高度简化。

（2）创造性。直觉与灵感是长期积累上的一种升华,是思维者的灵感和顿悟。

（3）偶然性。在时间、地点和条件上,灵感的出现难以预测。

（4）模糊性。灵感产生是闪现式的,稍纵即逝的,产生的新线索和新结论往往使人感到模糊不清。

2. 方法

获取广博的知识和丰富的生活经验,学会倾听直觉的呼声,培养敏锐的观察力和洞察力,真诚、客观地对待直觉。

（八）系统思维

系统思维是人们运用系统观点，把认识对象的互相联系的各个方面及其结构和功能进行系统认识的一种思维方法。

1. 特征

（1）整体性。在对整体情况充分理解和把握的基础上，确定目标，明确条件，拟定备选方案，最后优选方案。整体性是系统思维的基本特征。

（2）结构性。从系统的结构去认识系统的整体功能，从中寻找最优结构，获得最佳系统功能。

（3）立体性。系统思维是一种开放型的立体思维。

（4）动态性。系统的稳定是相对的。系统内部诸要素之间的联系及系统与外部环境之间的联系都是动态的。

（5）综合性。在考察对象时要从它纵横交错的各个方面的关系和联系出发，从整体上综合地把握对象。

2. 方法

（1）整体法。把思考问题的方向对准全局和整体，从全局和整体出发。

（2）结构法。进行系统思维时，注意系统内部结构的合理性。

（3）要素法。对各要素考察周全，充分发挥各要素的作用。

（4）功能法。从大局出发来调整或是改变系统内部各部分的功能与作用，使一个系统呈现出最佳运行状态。

（九）逻辑思维

逻辑思维是指人们运用概念、判断、推理等思维类型反映事物本质与规律的认识过程。

1. 特征

逻辑思维具有普遍性、严密性、稳定性、层次性。

2. 形式

（1）形式逻辑。仅从形式结构上研究概念、判断、推理及其联系的逻辑体系。

（2）数理逻辑。数理逻辑是在形式逻辑基础上发展起来的逻辑分支学科。使用了数学的语言和符号，揭示了事物和事物之间的数量关系。

（3）辩证逻辑。遵循辩证唯物主义哲学对客观世界的认识方法和思维方式。

❯ **延伸阅读 6：思维导图**

本章小结

从经济学角度来看，创新是新的生产要素与新的生产条件的结合，创新突破了思维定式和成规戒律，是创业活动的基础和源泉。创业活动有助于创新价值的实现，推动并深化创新。创新与创业一样具有不确定性。按照创新内容可分为产品创新、工艺创新、服务创新和商业模式创新。克里斯坦森将创新分为维持性创新和破坏性创新,引起学术界和产业界的巨大关注。

创新思维是指以新颖、独创的方法解决问题的思维过程。创新思维的方法很多,常见的方法有质疑思维、发散思维、收敛思维、联想思维、逆向思维、组合思维、直觉与灵感思维、系统思维、逻辑思维等。①

复习思考

1. 简答题

(1)创新与创业的关系是什么?

(2)破坏性创新的破坏方式有哪些?

(3)简述奥斯本检核法。

2. 自测题

请扫描二维码,进入本章知识点的测试。

3. 案例题

失败的创新:波音737MAX8

一、波音737系列的发展历程

波音737系列主要针对中短程航线的需要,具有可靠、简捷、极具运营和维护成本经济性的特点,但它并不适合进行长途飞行。

波音737于1967年首飞,是民航界史上最畅销的客机。波音737系列根据项目启动时间和技术先进程度分为四个子系列:传统型737、改进版737、新一代737和737MAX。

波音737MAX是波音737装配新发动机的衍生机型,包括737MAX8等型号,延续了737系列的良好市场表现,截至2019年1月已经获得5 011架订单,交付运营350架,其中国内共运营90架。但接二连三的客机空难事故发生,其安全性受到了公众的普遍质疑,波音737MAX遭受了来自多国的退订和停航处理。

二、波音737MAX8客机空难事故

印度尼西亚狮子航空公司(简称狮航)一架编号JT610的波音737MAX8客机,于2018年10月29日清晨起飞13分钟后便坠毁于爪哇岛外海,飞机上189人罹难。

2019年3月10日,埃塞俄比亚航空公司(简称埃航)的一架波音737MAX8客机起飞后6分钟坠毁,机上的149名乘客和8名机组人员不幸全部遇难,其中包括8名中国乘客。

这两架失事飞机都是波音公司生产的737MAX8客机,均为机龄不超过1年的新飞机,而且发生坠毁的时间都是在飞机起飞几分钟后。更为巧合的是,Flightradar24的数据显示,

---

① 任课老师可根据需要选讲,重点推荐讲授质疑思维和发散思维。百森商学院已经开发了大量创新思维的训练项目,可供教学参考。思维导图与发散思维特征相一致,淋漓尽致地展示大脑的思维过程。同学们在学习、工作和生活中,应养成熟练使用思维导图的习惯。

失事埃航客机的飞行数据记录了飞机最后的轨迹,飞机在起飞后,曾经有过突然下降的迹象随后又有拉升,之后消失在追踪画面中。该现象与狮航客机失事前的飞行轨迹颇为相似。

三、多国叫停波音737MAX8的商业飞行

2019年3月11日,本着对安全隐患零容忍、严控安全风险的管理原则,为确保中国民航飞行安全,中国民航局发出通知,要求国内运输航空公司暂停波音737MAX8飞机的商业运行。

印度尼西亚民航管理部门、蒙古国民航管理部门,以及埃航、摩洛哥皇家航空公司和开曼航空公司纷纷跟进,叫停波音737MAX8在本国执飞。

2019年3月12日,拉美地区的墨西哥国际航空公司和巴西勒莫国航也宣布暂停波音737MAX航班。新加坡民航局也表示,从12日14时起暂停波音737MAX航班进出新加坡。澳大利亚民航安全局暂停了往返澳大利亚的波音737MAX客机航班。

仅2天时间,已有19家航空公司禁止该机型飞机执飞。

四、波音737MAX的未来发展

波音需面对737MAX飞机全面停飞、新飞机的交付延期、事故调查结果的不确定性,以及这些因素或将导致的高额索赔、大量订单取消、漫长的法律流程、信用危机等后果。波音将不得不考虑737系列的未来发展,或许逐渐淡出,转而开发新的项目。首先,波音737系列毕竟是在50多年前的老旧飞机设计基础上逐渐改进而来,经过多次升级后潜力几乎被挖掘殆尽。其次,空客采用更先进的电传操作系统,与波音平分窄体客机市场的地位也让波音必须不停地去创新。最后,鉴于波音多年的工程基础和经验,及时启动一款新飞机的研制以重新建立市场信誉也是很有可能的。

截至2022年,波音公司已根据反馈对机型技术系统进行了更新。中国民航局表示,后续国内航空公司还要完成飞机改装、停场飞机恢复、驾驶员培训等工作,补充运行合格审定。波音737MAX是否能够全面复飞,有待多方认证。

本案例根据百度百科、搜狐网、中华军事网等网络资源改编而成。

结合案例,请分析:

(1)根据克里斯坦森教授对创新的分类,波音737系列属于哪类创新?

(2)针对空客的竞争以及舆论压力,波音如何突围?

(3)结合案例,分析波音公司创新的不确定性体现在哪里?

第三章　认知环境

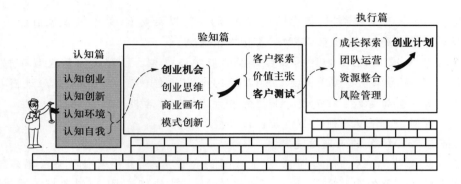

学习目标：

1. 了解经济形态演进与创业活动。

2. 了解国内创业浪潮。

3. 认知"互联网+"时代。

4. 认知当前创业环境。

核心观点

1. 创新创业是新时代活力源泉。

2. "互联网+"蕴含诸多创业机会。

3. "互联网+"推动传统行业转型升级。

导入案例：华为搬家

一、华为：从深圳到东莞

2018年7月1日，载有办公用品的40辆8吨货车连续往返深圳和东莞两地达60车次，将2 700名华为员工从深圳迁往东莞上班。据华为内部人士透露，除研发团队全体搬迁外，还有一些其他部门的人员也将前往东莞办公。此次搬迁目的地东莞松山湖距离华为总部（深圳坂田）仅一个小时车程。

二、搬家原因

华为作为业务、人员等仍处于高速发展期的特大型高新企业,在研发、生产基地上所需土地面积很大,华为必须为企业发展寻找新的发展空间,迁出部分业务也在情理之中。

任正非表示:"企业会去低成本的地方,高成本最终会摧毁你的竞争力。而且现在有了高铁、网络、高速公路,活力分布的时代已经形成了,但(活力)不会聚集在高成本的地方。深圳房地产太多了,没有大块的工业用地了。大家知道大工业的发展(特点),每一个公司都需要一定的空间发展。"

华为在东莞会提供约3万套员工住房,分配方案采取的是积分排序形式,入职年限、在东莞常驻年限、年度绩效、荣誉称号等都能加分。方案对分房对象也设置了一定门槛,要求是华为15~19级(华为薪酬体系级别)、入职满3年且在东莞常驻的正式员工。

三、华为搬家的反思

当企业在土地、员工等各项成本开支达到某个临界点,就会考虑产业、人员等重新配置,这也符合一般的经济规律。比如,企业将对土地需求高的制造环节,梯度转移到其他低成本区域,毕竟那里有更低廉以及更大量的土地供应,还有一系列优惠政策。

任正非还说:"四个现代化,最重要的是工业现代化。工业现代化最主要的,是要有土地来换取工业的成长。现在土地越来越少,越来越贵,产业成长的可能空间就会越来越小。既然要发展大工业、引导大工业,就要算一算大工业需要的要素是什么,这个要素在全世界是怎么平均的,算一算每平方公里承载了多少产值,这些产值需要多少人,这些人要有住房,要有生活设施。生活设施太昂贵了,企业就承载不起;生产成本太高了,工业就发展不起来。"

本案例根据新京报评论资源整理。

第一节　经济形态与创业

经济的发展、环境的变化,影响着经济形态的演进。不同的经济形态影响着创业活动。

一、农业经济与创业活动

(一)经济环境

人类社会在相当长的历史时期里,都是以农业经济为主的。

1. 采用原始技术生产

在这一经济阶段中,人们采用的是原始技术,生产动力基本依靠牛耕和人力,农具和生产技术基本上沿袭传统。农业技术的主流是精耕细作,其发展长期稳定,但停滞不前。

2. 组织方式封闭独立

农业经济的基本运作模式是以种植业为中心、农牧结合、综合经营。组织方式是以家庭为生产单位,具有封闭性、独立性。

（二）经济特点

1. 土地是重要资源

土地是农业发展的重要基础，因此成为争夺的对象。土地是社会财富的主要特征，是衡量社会地位和权力的重要标志。

2. 产业结构单一

农业经济以农业为主，手工业为辅，农民仅仅依靠密集的劳动来提高收益。

3. 农业经济是劳动经济

经济发展主要取决于劳动力资源的占有和配置。

（三）创业活动

当时，国家推行"重农抑商"政策，商业发展缓慢。社会制度并不适合社会创业。

二、工业经济与创业活动

（一）经济环境

三大发明，带来工业经济的繁荣。

1. 蒸汽机发明

18 世纪 60 年代，英国蒸汽机的发明和应用，使机器生产逐步取代手工劳动，将人类带入了蒸汽时代。

2. 发电机和电动机发明

19 世纪后半期，在科学理论的指导下，技术发明层出不穷。发电机、电动机的发明，使电力逐步取代蒸汽力，成为重要的动力。电力具有功效高、污染小、应用范围大、使用便利等特点，在工业生产中逐步推广开来。

（二）经济特点

工业经济是资源经济，由于科学技术不断发展，知识不断积累，人类开发自然的能力不断增强，使得大多数可认识资源都成为短缺资源。经济发展主要取决于自然资源的占有和配置。

1. 制造产业蓬勃发展

工业经济的主要支柱产业有钢铁、汽车、石油化工、轻纺工业、能源、交通运输、通信等。

2. 跨国经营日益活跃

跨国公司为了获取全球资源及市场，不断推进跨国经营活动。

（三）创业活动

1. 社会崇尚契约精神

工业经济时代，契约精神成为社会规则体系的重要基础。

2．产权制度推动社会发展

资本是社会财富的重要标志，在资源配置中起着决定性作用。现代企业制度有力地促进了创业活动。

3．技术或市场的发展带来创业机会

创业者拥有技术或市场等方面的比较优势，在不同产业领域，均存在较大的创业发展空间。

三、服务经济与创业活动

（一）经济环境

1．服务产业快速增长

20 世纪 50 年代以来，全球经济经历着一场结构性的变革，服务经济产值在 GDP 中的比重超过 60%，美国经济学家维克托·福克斯（Victor R. Fuchs）称之为"服务经济"（1968）。美、英、法等发达国家的服务业占 GDP 的比重基本超过 70%。发展中国家的比重要小得多，但也都超过了 50%，并呈快速增长态势。

2．服务贸易飞速发展

服务贸易飞速发展是经济全球化的必然结果。服务贸易加速发展体现在两个方面：

（1）服务贸易的增长速度快于货物贸易。全球商务流程外包带动了服务贸易的快速发展。

（2）服务业正逐渐成为外国直接投资（FDI）的重点。外国直接投资服务业的总额明显高于投资制造业的总额，集中在零售、金融、商务服务和电信等行业。

（二）经济特点

服务经济是人本经济，以人力资本生产要素形成的经济结构、增长方式和社会形态是否合理，主要取决于人口数量和教育水平。

1．产业持续升级

服务经济呈现三个明显的趋势：一是服务业内部结构升级趋势明显；二是服务业的全球竞争日益加剧；三是全球制造业的逐步服务化。

2．要素产业转移

随着产业规模及结构升级，各种生产要素包括资本、技术、劳动力等从农业流向制造业，进而向服务业转移。

（三）创业活动

1．现代服务业

服务经济时代，产业结构不断升级，为现代服务业带来发展契机，蕴含着诸多创业机会。

2．需求多元化

由于消费升级带来需求的多元化，创业者需要深入研究顾客需求和消费体验，寻找机会窗口。

3. 轻资产创业

创业者通过巧用创业资源,可望实现轻资产创业,降低创业风险,活跃社会创业。

四、信息经济与创业活动

(一)经济环境

1. 信息产业位居要位

美国学者马克卢普(F. Machlup)最早提出"信息经济"概念,包括教育、科学研究与开发、通信媒体、信息设施和信息活动五个方面。新兴产业部门居重要地位,如芯片、计算机的硬件和软件、光纤光缆、卫星通信和移动通信、数据传输、信息网络与信息服务、新材料、新能源、生物工程等。科技、教育、文化、艺术等部门的地位越发重要。

2. 资本与科技深度融合

以高科技为特征的创业活动,容易获得资本的青睐。资本与科技深度融合,产生了巨大的创造潜力。以高科技人才集聚的硅谷为例,在风险资本催化下,硅谷创业活动带动了全球信息产业快速发展。

(二)经济特点

信息经济是资讯经济,它是一种以现代信息技术为基础,以信息产业为主导,构建了以信息、知识、智力为核心的新经济形态。

1. 知识和技术密集型的企业结构

传统的企业结构都是劳动密集型或资本密集型为主,而信息经济企业结构以知识和技术密集型为主。

2. 智力劳动型的劳动力结构

信息经济的生产主体是科学家、工程技术人员、软件编制人员等脑力劳动者。

3. 低耗高效型的产业结构

信息产业具有高效率、高增长、高效益和低污染、低消耗的特点,大大提高了劳动生产率。

4. 小型化和分散化的体制结构

小型化、分散化的水平网络式的体制结构将代替集中、庞大而又互相牵制的传统金字塔型的体制结构。小公司、小工厂等横向组织将代替大公司、大工厂等纵向组织。

5. 多样化的消费结构

传统工业生产是大规模的集中性生产,产品量大单一、规范化,不能及时满足多种多样的社会需要。由于信息经济的生产模式机动灵活,能够提供更丰富多彩的消耗品,因此更符合人们的实际生活需要。

6. 再生型的能源结构

信息经济的能源结构主要是再生型的,如太阳能、生物能、海洋能等。它们不仅可以再生,而且取之不尽、用之不竭。

（三）创业活动

1. 知识产业

信息经济时代，知识产业（信息产业）蓬勃发展。

2. 产业渗透

信息产业应用十分广泛，具有极强的渗透性。它深刻地改变着人类的生产、生活、工作、学习和思维的方式，带来多元的创业机会，激发社会各界的创业热情。

五、网络经济与创业活动

（一）经济环境

1. 网络经济是新的经济形态

网络经济是一种建立在计算机网络基础之上的新经济形态，即通过信息流、物流和资金流，依靠网络实现经济活动。网络经济已经发展成为规模经济或范围经济，能把几个国家或大区域联结在一起。

2. 网络经济带来新的理念

网络经济时代，颠覆了传统的资源观念，带来全新的经济发展理念。企业利用信息和网络技术整合相关信息资源，高效开展商务、研发、制造、销售和管理等活动。

（二）经济特点

网络经济是共享经济，人们公平享有社会资源，各自以不同的方式付出和受益，共同获得经济红利。

1. 快捷性

信息技术、网络技术迅速发展。

2. 高渗透性

信息服务业迅速向第一、第二产业扩张。三大产业之间的界限开始模糊，呈现出相互融合的趋势。

3. 自我膨胀性

摩尔定律、梅特卡夫法则、吉尔德定律和马太效应，展示了网络经济自我膨胀的规模与速度，揭示了网络经济的内在规律。

> **延伸阅读 1：网络经济的四大规律**

4. 边际效益递增性

（1）网络经济边际成本递减。信息网络的平均成本随着入网人数的增加而明显递减，但网络的收益却随入网人数的增加而同比例增加；网络规模越大，总收益和边际收益就越大。

（2）网络经济具有累积增值性。在网络经济中，信息使用具有传递效应，带来不断增加的报酬。在信息成本几乎没有增加的情况下,信息使用规模的不断扩大可以带来不断增加的收益。

5. 外部经济性

通常情况下,工业经济带来的主要是外部非经济性,而网络经济带来的则主要为外部经济性。

6. 可持续性

(1)信息具有可分享性。一般实物商品交易后,出售者就失去了实物,而信息交易后,出售信息的人并没有失去信息,形成出售者和购买者共享信息的局面。

(2)信息具有零消耗性。在知识与信息产品的生产过程中,知识与信息具有零消耗的特点。

(三)创业活动

1. 政府政策孵化网络经济

世界各国相继出台创业促进政策,通过创业孵化、风险投资等途径,带动网络经济发展,推动大批新经济业态形成。

2. "互联网+"创造创业机会

资源共享大幅度降低了创业门槛和风险,催化了"互联网+"创业热潮,在互联网与产业渗透、融合的过程中,产生了大量创业机会。

> 延伸阅读2:为什么互联网创业越来越难了?

第二节　中国的创业大潮

中国的创业大潮根据时间节点,可以划分为五波颇具时代特色的创业浪潮。

 一、第一波创业弄潮儿

(一)时间节点

1984年,邓小平视察深圳、珠海。党的十二届三中全会通过了《关于经济体制改革的决定》,确定了中国由计划经济体制向市场经济体制转型。

(二)特点

1. 涌现了"第一代"创业者

20世纪80年代,海尔、万科、华为等企业成立,中国涌现了"第一代"创业者。至今这批企业家依旧活跃在商界。这一批企业家在计划经济背景下开展创业活动,以解决当时的物资短缺问题。

2. 探索了转轨期运营模式

"第一代"创业者积极有效地探索出了转轨期新创企业的运行框架,主要以挂靠集体企业、国有企业,以股份合作制等方式来运营。

二、第二波"下海"创业者

（一）时间节点

1992 年,邓小平发表了南方谈话,视察了武昌、深圳等地,中国加快改革开放的步伐。国家经济体制改革委员会分别出台了有限责任公司和股份有限公司的规范意见,推动了股票市场的发展。

（二）特点

1. "下海"创业踊跃

受邓小平 1992 年南方谈话的感召,体制内的人纷纷"下海"经商。据统计,当年辞职"下海"者超过 12 万人,如新东方的俞敏洪、万通的冯仑等。

2. 产业分布广泛

该轮创业浪潮涉及的不仅仅是制造业,还包括了信息咨询、金融、贸易等。创业者有一定受教育经历,在创办企业过程中建立了现代企业制度,为企业持续发展奠定了良好基础。

三、第三波"海归"创业者

（一）时间节点

1996 年之后,中国出现了两股力量驱动创业。一是全球信息技术的发展,催生了一大批互联网公司。二是大批留美学生回到中国,渴望把美国成功的商业模式移植到中国。

1997 年,教育部全面实施"春晖计划",支持留学人员回国服务。

（二）特点

1. 高学历创业者

这波创业浪潮中有搜狐的张朝阳、百度的李彦宏等高学历人群。

2. 互联网领域创业

"海归"创业者将硅谷高科技创业项目植入中国市场。同时期,本土创业者们也开始了互联网领域的创业,将国际市场上流行的产品和理念植入中国,如网易的丁磊、腾讯的马化腾等。

3. 带来风险投资基金

这批海归创业者还带来了风险投资资本,使得创业企业的资金来源更加多样化。创业企业上市通道不仅包括沪深股市,甚至延伸到境外交易所。创业者的社会地位和影响力也发生了重大的变化。

四、第四波全民创业

（一）时间节点

2008年的国际金融危机，则让新一轮"海归"创业潮和全民创业潮出现了叠加。国务院办公厅转发《关于促进以创业带动就业工作的指导意见》，各级政府相继出台一系列政策鼓励创业，吸引了更多的人关注创业、实践创业。

（二）特点

1. 国家政策助推

国家政策重点支持国家重点创新项目、学科、实验室等，并引进一批能够突破关键技术、发展高新产业、带动新兴学科的人才。

2. 地方政府助力

各级地方政府倡导回乡创业和大学生创业，带动了又一波全民创业热潮。

3. 拓展新兴产业

创业范围不再以互联网为主，涵盖了新能源、新材料、生物医药、汽车制造、文化创意等领域。

五、第五波"互联网+"创业

（一）时间节点

2014年，李克强总理在夏季达沃斯论坛上提出"大众创业、万众创新"。2015年的政府工作报告，进一步阐释了"大众创业、万众创新"的内涵，此后，全国各地掀起了"大众创业""草根创业"的浪潮。

（二）特点

1. "互联网+"渗透

以"互联网+"为核心的创业活动，创业产业链长、衍生性强，能与传统产业相融合，能与多样化的商业模式相联结。创业者的奇思妙想可以与用户直接融合，满足了用户的消费体验。

2. 创业主体平民化

随着社交网络扁平化，知识和技术的传播更加迅速，"互联网+"创业主体逐渐多元化：由技术精英逐步扩展到"草根"大众。

3. 创业孵化平台大量涌现

"互联网+"创业孵化、服务平台，如众创、众包、众扶、众筹等如雨后春笋般涌现。上海、深圳、杭州、南京、成都等地创新创业氛围较为活跃，涌现了一大批各具特色的众创空间，如上海的新车间、深圳的柴火创客空间、杭州的洋葱胶囊、南京的创客空间等。

第三节 "互联网+"时代

一、什么是"互联网+"

（一）概念

"互联网+"就是"互联网+各个传统行业"，即将互联网通信技术和平台、理念，与传统行业进行深度融合，通过优化生产要素、更新业务体系、重构商业模式等途径来实现经济转型和升级。

（二）特征

根据中国互联网技术联盟专家委员会的总结，"互联网+"具有以下特征：

1. 合作创新、共建平台

"互联网+"战略，推动传统产业与互联网集成创新、设立跨界交叉的创新平台，鼓励互联网企业向小微企业和创业团队开放平台入口。

2. 开放共享、众包共建

跨界创新应用除了通过互联网向社会开放企业能力与服务之外，还可以向产业链或社会开放自己的数据。基础主数据是基于"共建、开放、共享"的理念建设。

3. 智能识别、互联互通

"互联网+"能广泛应用物联识别、传感器、生物识别、地理位置识别和虚拟仿真等技术，高效率、高质量、低成本地实现收集数据、实时监控、远程控制等各种应用创新。在产业链上实现互联互通，打破各行各业资源固化封锁的局面。

4. 数据分析、价值重构

"互联网+"通过识别技术、智能设备、产业互联互通、数据众包，建立真正的大数据。创业者可以运用人工智能、机器学习等大数据分析技术，创新业务价值服务，创造出新的产品、新的服务、新的盈利模式。

> 延伸阅读3："互联网+"十大特征

二、"互联网+"的应用

（一）互联网+工业

传统制造业企业采用移动互联网、云计算、大数据、物联网等信息通信技术，改造原有产品及研发生产方式，与"工业互联网""工业4.0"相衔接。应用场景主要有：

1. 移动互联网+工业

借助移动互联网技术,传统制造厂商可以在汽车、家电、配饰等工业产品上增加网络软硬件模块,实现用户远程操控、数据自动采集分析等功能,这极大地改善了工业产品的用户体验。

2. 云计算+工业

基于云计算技术的智能产品软件服务平台,能为厂商的智能硬件设备提供统一的软件服务和技术支持,从而优化用户体验,实现产品的互联互通,产生协同价值。

3. 物联网+工业

运用物联网技术,工业企业可以将机器等生产设施接入互联网,构建信息物理系统(CPS),进而使各生产设备之间能够自动交换信息、触发动作和实施控制。物联网技术有助于加快实时数据信息的感知、传送和分析,加快生产资源的优化配置。

4. 网络众包+工业

企业通过自建或借助现有的众包平台,可以发布创意需求,广泛搜集客户和外部人员的想法与智慧,扩展创意来源。

(二)互联网+金融

互联网技术的应用有效破解了金融活动中的信息壁垒,也提高了人们通过大数据技术评价信用水平。互联网思维正在改写着金融业竞争的格局,让小微企业和居民享受高效的金融服务。应用场景主要有:

1. 供应链金融

互联网企业基于大数据技术,在放贷前可以通过分析借款人历史交易记录,迅速识别风险,确定信贷额度,提高借贷效率;在放贷后,可以对借款人的资金流、商品流、信息流实现持续闭环监控,有力降低了贷款风险,进而降低利息费用,让利于借款企业。

2. 众筹

众筹是指一种向群众募资,以支持发起的个人或组织的行为,由发起人、投资人、平台构成。它具有低门槛、多样性、依靠大众力量、注重创意的特征。现代众筹指通过互联网发布项目并募集资金的行为。

3. 互联网银行

借助现代数字通信、互联网、移动通信及物联网技术,互联网银行可以吸收存款、发放贷款、做结算支付。2015年1月,深圳前海微众银行试营业,成为国内首家互联网民营银行。

(三)互联网+商贸

互联网+商贸是一种以信息网络技术为手段,以商品交换为中心的商务活动,是传统商业活动各环节的电子化、网络化、信息化。

1. 发展阶段

从发展历程来看,互联网+商贸经历了电子邮件阶段、信息发布阶段、电子商务阶段、全程电子商务阶段和智慧阶段五个阶段。

▷ 延伸阅读 4：电子商务发展阶段

2. 应用场景

（1）ABC 模式。由代理商（agent）、商家（business）和消费者（consumer）共同搭建的集生产、经营、消费于一体的电子商务平台，三者之间可以转化。大家相互服务、相互支持，形成一个利益共同体。

（2）B2B 模式。企业与企业之间通过互联网进行产品、服务及信息的交换。包括：发布供求信息，订货及确认订货，支付过程，票据的签发、传送和接收，确定配送方案并监控配送过程等。

（3）B2C 模式。企业对用户的模式。企业通过互联网直接面向消费者销售产品和服务。比较大型的 B2C 平台有天猫商城、京东商城、苏宁易购、国美在线等。

（4）C2C 模式。用户对用户的模式。C2C 模式为买卖双方提供一个在线交易平台，使卖方可以主动提供商品上网拍卖，使买方可以自行选择商品进行竞价。

（5）C2B 模式。消费者对企业模式。C2B 模式通过聚合分布分散但数量庞大的用户，形成一个强大的采购集团，以此来改变 B2C 模式中用户一对一出价的弱势地位，使之享受到以大批发商的价格买单件商品的优惠。

（6）O2O 模式。O2O 模式是一种新兴的电子商务商业模式，即将线下商务的机会与互联网结合在一起，让互联网成为线下交易的前台。

（四）互联网+农业

依托互联网的信息技术和通信平台，互联网+农业能克服传统农业信息闭塞、分散经营、服务滞后等难点，实现现代农业集约化、规模化经营。

互联网+合作社是由合作社、家庭农场、农业大户和生产者参与经营的新型农业服务体系。它是一种依托互联网平台，由经营者们共同开展信息服务助农"种对、卖好"，开展技术服务助农"高产、高效"，开展购销服务助农"省钱、赚钱"的互助经济组织，具有消费分红、共赢共利等特点。

（五）互联网+教育

互联网+教育是一种互联网科技与教育领域相结合的新型教育形式。在教育领域，面向中小学、大学、职业教育、信息技术培训等多层次人群提供学籍注册、入学、开放课程等服务。

教与学都围绕互联网进行。老师在互联网上教，学生在互联网上学，信息在互联网上流动，知识在互联网上成型，线下活动成为线上活动的补充与拓展。

第四节　当前的创业环境

我国经济步入新常态，"互联网+"颠覆了传统商业模式。本节从政治、经济、社会文化和技术四个方面的变化，分析大学生所面临的创业环境及其蕴含的创业机会。

一、政治环境

（一）创业促进政策

1. 政策支持

2015 年，国务院发布《关于大力推进大众创业万众创新若干政策措施的意见》，完善相关体制机制，构建普惠性政策扶持体系，推动资金链引导创新创业链、创新创业链支持产业链、产业链带动就业链。

2. 优惠税收

我国针对创业就业主要环节和关键领域陆续推出了 80 多项税收优惠措施，涵盖新创企业税收优惠、小微企业税收减免、重点群体创业就业税收优惠、创业就业平台税收优惠，以及对提供创业资金、非货币性资产投资助力的创投企业、金融机构等给予税收优惠等。

3. 融资服务

根据国家有关促进就业政策，政府对符合条件的创业人员，特别是社会弱势群体创业提供金融信贷服务。各级政府设立小额贷款担保基金，由指定担保机构承诺担保。

4. 创业补贴

从中央到地方政府，都出台了相关创业扶持补贴政策，给予初创企业、初创人员创业担保贷款贴息、初创企业补贴、创业场租补贴、创业带动就业补贴、社会保险补贴、优秀创业项目资助等补贴。

（二）政策机会窗口

1. 环境保护

环保措施的严格实施与监控，带来绿色环保企业的发展机会；生态保护意识的加强，带来其他替代产品的开发机会。

2. 用工制度

《中华人民共和国劳动合同法》的深入实施有效保障劳动者权益，也为装备产业带来发展机会。我国东部省市积极推进"机器换人"，通过装备改造升级来提高生产效率、控制成本。

3. 生育政策

随着生育政策的放开，婴儿潮带来了保姆、育婴等市场的创业机会。

二、经济环境

（一）经济新常态

中国经济步入新常态，表现为经济增长速度由过去高速增长转向中高速增长，其显著特征是"增速下台阶与质量上台阶"。

1. 生产组织变革

创新方式层出不穷，新兴产业、服务业、小微企业在国民经济中的作用更加凸显。生产小型化、智能化、专业化成为产业组织的新特征。

2. 消费需求升级

从需求侧看，过去短缺经济时代，我国消费具有明显的模仿型、排浪式的特征。随着消费升级，个性化、多样化消费渐成主流。

（二）经济结构变迁

1. 需求总量扩大

居民可支配收入增长带来了消费结构的变化；城镇化进程加快，工业和服务业的比重增加；全球化经济浪潮下的文化交流催生了很多语言、留学机构等组织。

识别未被满足的市场需求是一种有效的创业途径。如面对老龄化趋势，针对老年人的医疗、养老等服务市场成为待开发的机会。

2. 产业结构变化

一是新产品、新服务、新材料和新组织方式的出现。产品、服务、原材料和组织方式的变革，可以带来更多改进或创造的可能性。如价值链或销售渠道的重组；移动终端的发展，带来了销售渠道的拓展；企业根据需求将传统销售渠道与新兴销售渠道进行整合。

> 延伸阅读 5：盒区房

三、社会环境

（一）创业环境

1. 营商环境趋好

在世界银行公布的《2018 年全球营商环境报告》中，新西兰再次排名榜首，新加坡则排名第二，丹麦第三。中国排名第 78 位，从 2013 到 2016 年，中国的排名累计提高了 18 名。世界银行认为中国在开办企业和企业纳税两方面通过改革提高了其营商效率。

2. 社会崇尚创业

国务院大力推进创新创业活动，各级政府将"双创"列入工作重点，并积极创建"创业型城市"。全社会营造了良好的创新创业氛围，在舆论导向、社会宣传、价值观念上鼓励创业、崇尚创业。随着创业生态环境逐渐改善，新注册企业数量连年增加。

（二）创业平台

在政府推动下，众创空间、创业园区、小微园区等创业孵化平台不断涌现，为创业者提供了便利的发展空间。

1. 众创空间

2017 年，科技部发布的《国家科技企业孵化器"十三五"发展规划》明确了众创空间在孵化链条中的定位："众创空间—孵化器—加速器"。众创空间基于能力和资源优势，强化低成本、便利化、全要素、开放式的功能，通过市场化机制，开展专业化服务、资本化途径、网络化支撑、集成化应用和国际化链接,构建特色服务和商业模式。

2. 创业园区

地方政府为创业者搭建制度性、智能化的服务平台,即创业园区,为新创的小企业提供有利于存活的公益性服务平台。

3. 小微园区

小微园区以解决小微企业发展空间为目的,重点利用"三改一拆"盘活拆后空间,引导社会各方参与,通过"企业集中、产业集群、要素集聚、土地集约"的方式,突出主导产业,高效利用土地,形成产业链相关联、服务链相支撑的产业园有机体。

(三)创业教育

1. 高校创业教育

近年来创业教育逐渐受到高校的重视,各类创业课程相继开设,受教群体不断增加。结合专业教育,倡导创业实践,重点是培养学生的创新精神和创业意识。以中国国际"互联网+"大学生创新创业大赛为核心,大学生创新创业实践活动蓬勃发展。

2. 社会创业教育

在创新创业的国家战略带动下,全社会逐步形成创业教育体系。人力资源和社会保障部门对新创企业主开展创业能力、经营素质等方面的培训,提高创业者的心理、管理、经营等素质,增强其参与市场竞争和驾驭市场的应变能力。

政府给予培训定点机构一定的创业培训补贴,符合条件的人员可免费参加培训。

四、技术环境

技术进步是创业机会的源泉之一。技术进步影响着企业内部的生产与经营方式,新技术的应用可以为企业创造明星产品,产生巨大效益。技术进步也可以带来行业发展的变化,从而使创业者获得更多创业机会。

(一)互联网技术

1. 开放平台

互联网时代,把网站的服务封装成一系列计算机易识别的数据接口开放出去,供第三方开发者使用,这就是开放 API(应用开发接口),提供开放 API 的平台本身就被称为开放平台。开放平台降低了互联网应用开发的门槛。

2. 开发服务

互联网时代,针对软件开发、App 开发、用户体验提升、技术支持、政府服务等方面的开发,更具便捷性。

(二)大数据技术

1. 大数据应用

大数据时代对于海量数据的挖掘和运用,预示着新一波生产率增长和消费者盈余浪潮的到来。大数据的价值体现在以下三个方面:一是大企业可以利用大数据进行精准营销;二是中小微企业可以利用大数据实施服务转型;三是传统企业需要利用大数据探索商业模式转型。

2. 智能经济

2019年,中国政府工作报告提出,打造工业互联网平台,拓展"智能+",为制造业转型升级赋能。预示着"智能+"开始接棒"互联网+",成为今后改造传统行业的新动力。"智能+"的底层支撑为:大数据、人工智能、云计算等新技术应用。

(三)技术共享

共享理念深入人心。互联网、大数据、云计算等平台(或技术)的共享,为创业者带来便捷、低成本的创业机会。

1. 社交平台

微信群、QQ群、微博等资源的免费共享,为创业者搭建了便捷的客户探索路径。创业者利用自媒体的便利性,轻松自建与种子用户沟通的交流平台。

2. 商务服务

企业微信、钉钉等软件,可以切实降低新创企业的日常运营和管理成本。利用互联网技术、大数据资源的开放、共享,创业者通过二次开发,可以低成本实现客户测试工作。如猪八戒、一品威客等众包服务交易平台,为创业者带来高效、便捷的商务服务。

本章小结

从经济形态演进来看,人类社会经历了农业经济、工业经济、服务经济、信息经济和网络经济五个形态,经济形态变迁带来巨大的创业机会。改革开放以来,我国经历了五次创业浪潮。当前,我国正处于"互联网+"时代,互联网技术颠覆了传统的商业模式,成熟的互联网技术与工业、金融、商贸、农业、教育等行业融合,可以产生诸多创业机会。

从政治、经济、社会和技术等外部环境及其变化来看,当代大学生有着极其优越的创业环境。"大众创业、万众创新"的国家战略,营造了良好的宏观环境。经济新常态带来经济转型发展的契机。社会崇尚创业,创业孵化平台层出不穷,为创业者带来发展空间。互联网、大数据、云计算等平台(或技术)的开放共享,降低了创业者的运营成本和创业风险。

复习思考

1. 简答题
(1)人类社会经历了哪些经济形态?
(2)"互联网+"有哪些特征?
(3)简述当前创业的技术环境。
2. 自测题

请扫描二维码,进入本章知识点的测试。

3. 案例题

宝洁退市了！

三十年河东,三十年河西。宝洁作为全球商业巨擘,正深陷业绩连年下滑的困境。

一、宝洁辉煌不再

宝洁公司始创于 1837 年,是世界上最大的日用消费品公司之一,从制作蜡烛的小作坊,到世界上最大的日用消费品公司,宝洁已有上百年的历史。1988 年,宝洁落户广州,靠海飞丝品牌打入中国市场。宝洁旗下拥有很多大众所熟知的产品,比如飘柔、汰渍、海飞丝、帮宝适等。

2019 年 3 月 6 日,宝洁在官网发布声明称,已要求将其股票从巴黎泛欧证券交易所(Euronext Paris)除牌,巴黎泛欧证券交易所董事会已经批准了这一请求。过往财报显示,2008 年、2011 年和 2012 年,宝洁营收均突破 800 亿美元,达到历史巅峰。然而,从 2013 年起,宝洁业绩出现停滞甚至下滑,一度跌至 2006 年的水平。2013 年,宝洁全球净销售额为 739 亿美元,而到 2017 年,仅剩 651 亿美元,同比下滑 12%。

2007—2016 年宝洁前后共出售 60 多个品牌,包括食品品牌、部分日化品牌以及奢侈香水品牌等。宝洁希望更加聚焦主业品牌,但由于宝洁体制实在过于庞大,导致其转型比较慢,即使宝洁多次出售品牌以瘦身自救,但最终效果也不明显。

二、宝洁为何会被退市?

对宝洁来说,中国市场曾是其最大的国外市场,业绩表现抢眼。不过,近些年来,中国的消费格局早已发生巨大变化。

1. 品牌老化

如今的宝洁正面临品牌老化的危机,被许多"80 后""90 后"消费者认为其是"妈妈的品牌"。甚至还有部分"80 后"感觉宝洁大多产品品牌形象相对低端,宝洁产品定位仅仅是能用,但不会带来额外的满足感。

2. 消费者偏好的改变

从 2015 年开始,无硅油洗发水无疑成为热门。各大品牌、新兴品牌也相继推出无硅油系列快速抢占市场份额,无硅油洗发水的线上销量也持续高涨。"90 后""00 后"成为消费主力。他们一切以我为主,以自我的感觉为主张,不以流行的大品牌为荣,而是依据自我的感觉来选择。而事实上,宝洁一直视中国为发展中市场,出售产品多以中低端为主,这与目前中国市场的消费升级与消费观念的改变显然是格格不入的。

3. 广告不能触达新一代消费者

宝洁的广告语"头屑去无踪、秀发更出众""8 万微孔一触瞬吸""1 支牙膏对抗 7 大口腔问题"等以前在各大电视台广告中经常能看到。这也是为什么它会被消费者认为是"妈妈的品牌"。现今年轻一代的消费者接触电视广告的机会越来越少,电视广告对新一代消费者的影响力逐渐降低。

三、怎样才能救宝洁?

随着消费的升级和产品的更新换代,潘婷、海飞丝、飘柔等品牌在年轻消费者心中已经老化。通过明星代言、电视广告等传统品牌塑造方式,一味说教的品牌教育已经与时代脱节,如何适应新生代消费者心理、消费形态和信息接收方式,重构自己的营销体系,实现品牌、产品、渠道与消费者的迭代同步,是宝洁面临的最大挑战。

归结起来讲,居民收入水平的增加、消费心理的变化,加上互联网和社交工具带来的影响、年轻一代的主场,让整个消费的趋势加速改变,无论是传统企业还是电商企业,都必须正视正在发生的变化并积极适应,毕竟适者生存是这个世界不变的法则。

本案例根据百度百科、搜狐新闻、微信公众号"泽稷金融分析师"等网络资料改编而成。

结合案例,请分析:

(1)宝洁为何会面临这样的境况?

(2)"互联网+"时代,宝洁失败案例给我们什么教训?

第四章 认知自我

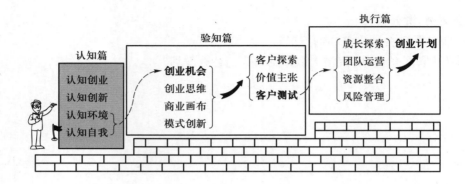

学习目标:

1. 认知创业潜质。

2. 掌握创业精神。

3. 了解如何运用人生画布设计创业人生。

核心观点

1. 职业生涯规划在于寻求人职匹配。

2. 创业应该成为思维、行为和生活方式。

3. 合格创业者=动机×特质×能力。

4. 执行力就是竞争力。

导入案例:"独脚潘"——苦难给我的礼物

"独脚潘",真名潘俊帆,37 岁,温峤镇人,常居上海。1998 年,潘俊帆大学毕业,之后一直在广告行业创业,每天奔波在路上,找客户、讲方案、谈业务。2015 年疲劳驾驶造成的车祸让他失去了右小腿,这是他人生中最大的风暴,他甚至一度以为失去了整个人生。然而面对风暴,他并没有就此消沉,反而化身"独脚潘",参加跑步、爬山、拳击、潜水、滑雪等运动,更成了历史上第一位腿部截肢,仍完成"70.3"铁人三项的中国人。"独脚潘"加盟陶冶户外并担任 CEO,成为陶冶户外的形象代言人。"独脚潘"与人分享创业人生时,称"苦难给我的礼物"让他懂得珍惜、燃烧激情和拥抱关怀。

一、懂得珍惜

潘俊帆安上右小腿假肢后,起初并不适应。大腿肌肉和假肢不断摩擦,经常引起剧烈疼痛。在心理与生理的双重折磨下,潘俊帆这个坚强男儿变得孤独、迷茫。对他而言,简单、健康的行走是多么奢侈,也让他更懂得珍惜。

二、燃烧激情

潘俊帆偶然看到往年戈壁挑战赛的视频,视频内容让他心神激荡。他要去这个从没去过的地方,体验不一样的风景,享受在戈壁中奔跑的快感。从此,潘俊帆的人生开启了另外一扇窗。

为了去戈壁,潘俊帆采用田径队、足球队的魔鬼训练法,全方位训练自己的身体。2016年4月,他来到敦煌,接受戈壁挑战赛。

2018年,潘俊帆开始挑战铁人三项。他以总用时7小时27分30秒完成厦门赛事,成为历史上第一位腿部截肢仍完成"70.3"铁人三项的中国人。

三、拥抱关怀

参加了戈壁挑战赛后,应主办方邀请,潘俊帆参加了公益挑战赛。在黄山挑战赛中,他为贫困中学生筹集医疗费,赢得了众多网友的支持。此后,潘俊帆被网友亲切地称为"独脚潘"。他直言:"也许是我独脚的原因,我做公益,可能给别人的印象更加深刻,也就是从那时开始,我坚定了继续参与公益的信念。"

"独脚潘"的身影在各种赛事中频繁出现。除此之外,他还开始在网上为有同样遭遇的截肢患者普及专业知识和自身经验,以行动指导他人实施康复计划。

本案例根据陶冶户外和温岭新闻网资料整理。

第一节 职业生涯规划

一、什么是职业生涯规划

(一)职业生涯起源

1. 职业咨询

针对大量年轻人失业,美国"职业指导之父"弗兰克·帕森斯(Frank Parsons)成立了世界上第一个职业咨询机构——波士顿地方就业局,首次提出了"职业咨询"的概念。从此,职业指导开始系统化。

2. 生涯规划

20世纪五六十年代,舒伯等人提出"生涯"的概念,生涯规划不再局限于职业指导的层面。

(二)职业生涯规划概念

1. 定义

职业生涯规划是对职业生涯乃至人生进行持续的系统的计划的过程,包括职业定位、目标设定和通道设计三个要素。

2. 作用

（1）认知自我。求职之前先要进行职业生涯规划，进行职业生涯规划之前先要进行准确的自我定位——弄清自己想要干什么、能干什么，自己的兴趣、才能、学识适合干什么。认知自我可以通过可靠的量表工具，来评估职业倾向、能力倾向和职业价值观，这是职业生涯规划的基础。

（2）认知职业。职业规划帮助求职者找到适合自己的工作。找工作最重要的就是要人岗匹配，适合自己。

（3）职业定位。职业定位是职业生涯规划的首要环节，它决定着个人职业生涯的方向，也决定着职业生涯规划的成败。

（4）职业发展。求职者通过规划求得职业发展，制定今后各个阶段的发展平台，明确每个平台需要多长时间、补充哪些知识，增加哪些人脉等，从而帮助自己成为业内的精英，提升薪水和职位。

（三）理论基础

职业生涯规划的理论基础主要有理性决策理论、职业发展理论、心理发展理论和人职匹配理论。

1. 理性决策理论

该理论是源于经济学的决策论。职业规划的目的在于培养和增进个体的决策能力或问题解决能力。

2. 职业发展理论

该理论是从发展的观点来探究职业选择的过程，研究个体职业行为、职业发展阶段和职业成熟的职业指导理论。

3. 心理发展理论

该理论是用心理分析的方法研究职业选择过程。职业选择的目的在于满足个人需要、促进个体发展。职业指导应着重"自我功能"的增强。

4. 人职匹配理论

该理论强调每个人独有的能力和人格特质，影响着其职业的选择。人的特性是可以用客观手段加以测量的。职业指导就是要帮助个人寻找与其特性相一致的职业，以达到人与职业的合理匹配。

 二、如何规划职业生涯

（一）规划职业生涯支点

职业生涯规划从低到高分成三个层次：生存支点、发展支点和兴趣支点（见图4-1）。

1. 生存支点

立足生存支点的人，会把薪酬作为主要导向。但由于过于关注获取高薪的机会，他们常常忽略自身成长与发展。如果只重现在不看将来，他们不会感到工作的快乐，也不会获得事

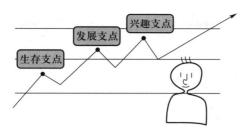

图 4-1　职业生涯规划支点

业上的成就感。

2. 发展支点

立足发展支点的人,会以自身的进步作为导向。对这类人而言,即使所从事的职业自己并不特别喜欢,薪酬也并不特别高,他们也会努力做好,从中获取经验和技能。他们除了有物质上的收获,还会有精神上的收获,如荣誉、地位等。

3. 兴趣支点

立足兴趣支点的人,会以快乐作为导向。他们并不在乎眼前的薪酬多少,也不在乎将来能获得什么地位与荣誉。他们只要能找到喜欢的职业,能享受工作的过程,就会对工作投入极大的热情。兴趣是其成功的最大驱动力。

(二)职业生涯设计方法

基于上述人生发展选择,"5W"模式常用于设计职业生涯。"5W"即 5 个提问,分别是:

1. 我是谁?(Who am I?)

认知自我。对自己进行一次深刻的反思,清醒地认识自己的优点和缺点。

2. 我想干什么?(What will I do?)

认知方向。对自己的职业发展做一个心理趋向的检查。在不同阶段每个人的兴趣和目标并不完全一致,但随着年龄和经历的增长会逐渐固定。大学期间,年轻人需要逐步识别、锁定自己的终身理想。

3. 我能干什么?(What can I do?)

认知能力。对自己能力与潜力进行全面总结。如对事的兴趣、做事的韧劲、临事的判断力以及知识结构是否全面、是否及时更新等。

4. 环境支持或允许我干什么?(What does the situation allow me to do?)

认知环境。客观方面,包括本地的各种状态比如经济发展、人事政策、企业制度、职业空间等;主观方面,包括同事关系、领导态度、亲戚关系等。两方面的因素应该综合起来看。

5. 自己最终的职业目标是什么?(What is the plan of my career and life?)

认知目标。将自我职业生涯计划列出来,建立个人发展计划档案,通过系统的学习、培训,实现职业理想目标。

(三)常见问题

据调查表明,大四学生求职准备存在以下明显问题:

1. 自我评估方面

在职业能力的自我评估上,许多大学生存在严重高估或低估自己的情况。

2. 人岗匹配方面

一些大学生过于关注职业是否符合自身需要,却忽略了职业要求与自身素质的匹配程度。

3. 职业准备方面

在职业准备的投入上,大多数学生比较被动。

第二节　人生发展选择

一、人生发展层次、定位和行动

（一）人生发展层次

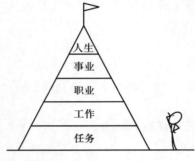

图 4-2　人生发展五个层次

个体对于自我的存在、行为和心理的认知会有一个发展过程,从低到高,依次包括任务、工作、职业、事业、人生五个层次。主动性与自我价值实现依次提升(见图 4-2)。

1. 任务

任务通常是指指派的事项,可以锻炼人的能力,是人生不可或缺的,具有阶段性、被动性的特点。

2. 工作

工作是程序化的任务。工作在社会中扮演着重要角色。工作具有明确的职责分工,并给予个人适当的薪酬激励。人们可以通过工作获得报酬,维持生计。工作中,个人目标与组织目标往往存在一定偏差。比如,有的上班族这样期望:上班走的路短一点、上班做的事少一点、上班拿的钱多一点。

3. 职业

职业是社会分工的产物。职业是个人参与社会分工,利用专门的知识和技能,为社会创造物质财富和精神财富,获取合理报酬,满足个人物质生活和精神需求的工作。职业通常指具有一定专长的社会性工作,具有以下特点:

（1）知识体现专业性。具备某领域专有知识和实践经验,如各领域的专家、技术人员。

（2）技能体现专注性。如工作细节标准化,反映职业素养,如工匠精神。

（3）态度体现敬业性。如对工作本身的尊重、对自己的尊重、对服务对象与环境的尊重。

4. 事业

事业是对职业的升华,是指人们所从事的,具有一定目标、规模和系统的对社会发展有影响的经常性活动。具有以下特点:

（1）主动性。事业是一个人可以一辈子为之所奋斗的目标。

（2）价值性。事业是人类最高层次的需要，是社会价值和自我价值的真正实现。

5. 人生

人生是事业的宽度和深度。宽度是指生活方式，把工作融入生活，把生活带入工作，让工作变得丰富、自然。深度是指事业的归宿和可持续发展的方向。比如，以终为始，站在人生终点设计你的人生，站在未来看现在。

（二）人生发展定位和行动

1. 定位

结合人生发展的五个层次，你的未来定位在哪个层次？要达成哪些目标？定位可以从以下两个视角展开。

（1）就业观。从就业视角来理解的人，关注任务、工作与职业，被动服从，往往形成"上司要求我这么做"的思维模式，很少思考为什么这么做。

（2）创业观。从创业视角来理解的人，关注职业、事业与人生，主动设计，主张"我想要这么做"，思考做事背后的真谛。

> **延伸阅读1**：哪些公司永远做不大，哪些老板永远不成功？

2. 行动

个人的定位会引导人们使用哪些工具和模式来组织自己的思维和了解社会，利用哪些经验来培养敏锐度和技能。

大学生可以不断通过实践、学习来获得人生发展的知识与技能。

二、创业者

不是所有人都能成为创业者。创业者需要具备一定的创业动机，具有创业者潜质和创业者能力。

（一）创业者定义

关于创业者，有以下几个不同的定义：

萨伊（Say,1800）认为，创业者是将经济资源从生产率较低的区域转移到生产率较高区域的人，并且是经济活动过程中的代理人。

熊彼特（1934）认为创业者应为创新者，即有能力发现和引入新的更好的能赚钱的产品、服务和过程的人。

学术界和企业界将创业者界定为组织、管理一笔生意或一家企业并承担其风险的人。

（二）创业动机

创业者的创业动机，主要包括：

（1）改变经济状况。创业者渴望获得经济回报，争取更高的利润，改善生活状况。

（2）独立性偏好。创业者渴望实现自己创意，不甘心屈居他人之下，让他人支配自己的生活。

（3）控制的欲望。创业者渴望自己做老板，以为自己争取一个较自由、较灵活的时间和空间。

（4）成就的需要。创业者最大限度地发挥自己的潜能和特长，实现自身价值，获得个人在事业上的成功，从中得到满足，自创企业谋求发展。创业者通过创建盈利又对社会有益的企业，帮助大众、改变社会。

> **延伸阅读 2**：拉开你和同龄人差距的从来不是钱，而是这五种思维

（三）创业者潜质

创业者潜质体现在其心理、行为以及知识三方面：

（1）心理方面。创业者需要有高成就动机、内控、自信、敏感、好奇、勇担风险的心理素质。

（2）行为方面。创业者要具有勤学好问、执着、灵活应变、吃苦耐劳、脚踏实地的行为品质。

（3）知识方面。创业者需要有坚实的基础知识、广博的专业知识。

> **测试**：创业潜质测试

（四）创业者能力

创业者应该具有领导能力、学习能力、沟通能力、整合能力、决策能力和执行能力。

1. 领导能力

这是创业者最重要的技能。其核心是强化团队成员之间的信任、加强团队内部沟通，进而提升团队绩效，推动创业活动。

> **延伸阅读 3**：如何提升创业领导能力？

2. 学习能力

创业者需要具有直觉和预见、分析和综合、推导和总结的能力，善于从失败中学习、总结教训，走出挫折。

3. 沟通能力

创业者需要具有一定的表达能力与交际能力。在与团队、投资人、客户、供应商等对象的接触中，创业者需要发挥良好的沟通能力。

4. 整合能力

创业过程就是资源聚集与整合的过程,包括创业资金、产品创意、推广渠道、人力资源、社会资源等的整合。

> **延伸阅读 4：** 创业者如何整合创业资源?

5. 决策能力

决策能力是决策者所具有的参与决策活动、进行方案选择的技能和本领。创业过程中针对不确定性的环境,创业者需要发挥一定的决策能力,在决策过程中勿求十全十美。

（1）环境:不确定性。创业环境变化莫测,创业者需要在多变的环境中感知环境的变化,并通过多种途径识别具有潜在价值的创业机会。

（2）原则:勿求十全十美。创业者只有把握大局,权衡利弊,当机立断,才能尽快达到自己的理想目标。

（3）操作:动态决策。创业者决策过程中需要注意各因素在时间、空间上的变化,进行动态决策与系列决策。

6. 执行能力

执行能力就是保质保量完成任务的能力。创业不仅要有梦想,有计划,更要有行动。松下幸之助认为"一个企业的成功,20%在策略,80%在执行"。杰克·韦尔奇认为"企业目标达成的关键就在于企业的执行力。没有执行力,一切都是空谈"。

> **延伸阅读 5：** 竹子定律和金蝉定律

第三节 创业人生设计

创业是人生的一种经历,创业者可从塑造、基因、画布等方面来设计创业人生。

一、创业人生塑造

（一）实验+学习方法

1. 要求

利用各种机会,在体验中学习和反思。

2. 应用

（1）应对不确定性。面对未知的未来,创业者需要运用创业思维,将时间和精力付诸行动。

（2）克服安于现状。创业者需放弃按部就班的计划,以行动为起点,通过"行动学习法"找到新的道路。

（二）实验+学习途径

1. 精心实验

常见困境：在人生的方向转型上最容易犯的错误是迈不出第一步。

尽可能创造更多实践的机会，如社团、兼职项目、慈善活动、网络创业平台等。

学习新领域课程、参与培训或考取证书。

2. 社交转型

常见困境：在组织中找不到可以学习的榜样或可以深度交流的对象。

通过社交转型，重构新的人际网络，与智者为伍。如何寻找人生贵人？可以将亲人、经营中的伙伴、陌生人等转变成自己重要的创业资源。

3. 赋予意义

常见困境：把人生的方向转型等同于创业或寻找新的工作。

从职业、事业和人生的角度，重新审视和评价工作的价值和意义，会给你带来新的动力和成长空间。赋予工作不同的意义往往开启不同的人生。比如，教堂工地的工作者中，认为"我在工作"的人可能成为"泥瓦匠"；认为"我在赚钱"的人可能成为"商人"；认为"我在从事崇高事业"的人可能成为"牧师"。

二、创业人生基因

（一）职业精神

1. 专业能力

专业能力指在某领域有丰富的积累和深度的实践。

（1）个人视角。创业者把专业能力视为职业发展的基础，成为专业化人才。

（2）企业视角。企业提供专业化的产品或服务，创业者以工匠精神持续优化产品和服务。

2. 执行力

按时、按量、按质地去完成目标任务。执行力就是竞争力，在互联网发达、信息传递速度倍增的时代，你的速度必须比别人快。

执行力体现在个人执行力和团队执行力两方面。

（1）个人执行力。这是一个人获取结果的行动能力，也是创业者必备的能力。商场如战场，商机稍纵即逝，创业者必须严格要求自己，并督促你的团队。

（2）团队执行力。这是在上级下达指令后，迅速做出反应，将其贯彻或者执行下去的能力。创业者要善于寻找执行力强的伙伴。

高执行力者应该具有自动自发、为人诚信、敢于负责、有团队精神、人际关系好、对工作投入、求胜欲望强等特性。

3. 责任感

责任感来源于创业动机，创业者的动机应该超越急功近利的狭隘意识，优先满足市场需求，主动创造价值，增添生活的意义。如何培养创业者责任心？请围绕"我们"（而不是

"我")来思考。

（二）创业精神

创业精神是对创业者在创业过程中具有开创性的思想、观念、个性、意志、作风和品质等行为特征的高度凝练。其外延表现为勇于创新、敢担风险、团结合作、坚持不懈等品质，包含激情、积极性、适应性、领导力和雄心壮志等要素。

1. 创业精神的本质

（1）创新是创业精神的灵魂。创业活动中的创新包括产品创新、技术创新、市场创新、管理创新、组织形式创新等。创业者只有具备创新精神，才有可能创建一家新颖独特的企业，并保持企业的可持续发展。

（2）冒险是创业精神的天性。创业者需要具有冒险精神和承担风险的魄力。无数创业者的经历证明，创业者需要在诸多不确定性因素条件下敢为人先、勇于创新。

（3）合作是创业精神的精华。真正的创业者善于合作，能将合作精神扩展到企业的每个员工，面临困境时，能够凝聚团队成员一起奋斗。

（4）执着是创业精神的本色。面对创业过程中的各种艰辛和曲折，创业者需要有坚韧不拔、坚持不懈的毅力。只有坚持不懈地努力，才能在创业中求得生存。

2. 创业精神三大主题

（1）对机会的追求。创业者能识别和把握环境的趋势和变化，特别是容易被人们忽视的趋势和变化，善于捕捉创业机会。

（2）对创新的追求。它包含了变革、革新、转换和引入新方法。

（3）对增长的追求。由于不满足停留在小规模或现有的规模之上，创业者会不断寻找新趋势和机会，不断地创新，不断地推出新产品和新的经营方式。

3. 创业精神的来源

创业精神的形成与发展受到文化环境、产业环境、生存环境等影响。

（1）文化环境。创业者离不开成长与发展的文化环境。商业文化的熏陶，有助于培养创业者的创业精神。

（2）产业环境。垄断行业主导的市场由于缺乏竞争，容易抑制创业精神。在完全竞争的市场结构中，企业间竞争激烈、优胜劣汰，容易激发创业精神。

（3）生存环境。穷则思变，资源匮乏、条件恶劣的区域，往往能够激发人的斗志。比如，浙江台州是我国民营经济发源地之一。这里土地资源稀缺，人均耕地仅约 400 平方米，不到全国平均水平的 1/3。为了改善生存状况，台州人民有着强大的创业精神。

4. 创业精神的培养

创业精神可以通过宣扬创业文化、强化创业实践、树立创业榜样等来培养。

（1）宣扬创业文化。在校园文化中植入创业文化，对学生具有陶冶、激励与导向功能。在组织校园文化活动时，将创业精神融入学科活动、科技活动等活动中，可以培养学生的创业精神。

（2）强化创业实践。创业模拟、企业家互动等社会实践活动，能有效促进校园创业与社会创业融合，提升学生认知问题、解决问题的能力。

（3）树立创业榜样。榜样的力量是无穷的，他人的创业实践和成就是一笔宝贵的财富。

学校通过创业成功案例的教学以及"请进来、走出去"的方式,让大学生耳濡目染,从而学习创业者的成功经验。

三、创业人生画布

（一）画布设计

创业人生画布参考商业模式画布,即用可视化方式来设计创业人生。

1. 画布意义

创业人生画布是创造价值、获取价值、传递价值的方法与工具。

2. 画布核心

创业人生核心包括四个视角:

（1）客户——你帮助的对象。

（2）产品——满足客户需求的解决方案。

（3）资源——价值得以实现的基础。

（4）价值——你的成就感。你的存在,让别人或社会变得更好,并得到认可。

（二）画布设计案例

下面以"创业基础"课程教师为例,设计创业人生画布。

第一步:我能帮助谁

客户细分:明确目标客户的身份、职业、性别、年龄、所在区域等关键特征。"创业基础"课程面向的是在校大学生,他们对大学生活充满期待,好奇心强,同时,阅历浅,缺少创业知识和技能,创业资源匮乏。

第二步:我给他带来什么

价值主张:产品（或服务）带来什么价值?"创业基础"课程教育给低年级大学生带来:从创业视角设计人生;掌握创业思维;掌握创业理论与方法;提升应对未来不确定性的能力。

第三步:我如何让他知道

渠道通路:为客户提供服务的渠道。通过 O2O 实现课程教学。线下教学包括:课堂讲授、案例研讨、课外作业等。线上教学包括:在线学习、在线训练、在线测评、慕课资源等。

第四步:我如何让他喜欢

客户关系:如何建立和维护客户关系。通过各种方式吸引学生来学习"创业基础"课程,让同学们在轻松、快乐中掌握创业基础知识。通过测评,认知自己的体质;通过训练,掌握基本知识。

第五步:我需要做什么

关键任务:提供产品（或服务）的关键活动。围绕"创业基础"课程体系教学,按照新形态立体式教学模式要求,开展课程设计、内容开发、课堂组织、实践指导、课程考核、学业评价等。

第六步:我有什么

核心资源:如何组织资金、信息、技术、人脉等资源,满足创业活动。熟悉创业基本知识;

认知创业精神和创业思维;掌握创业规律;积累创业指导经验;创新创业教育方法。

第七步:谁帮助我

重要合作:需要哪些战略合作伙伴。教务处支持教学改革;社会创业融入课堂;网络平台开发与维护。

第八步:我能得到什么

收入来源:创业活动期望获得的经济效益和社会效益。完成教学工作量;教书育人;为创业班输送好苗子;指导有创业意愿的同学启动创业;培育创业大赛项目。

第九步:我需要付出什么

成本结构:需要付出的资金、时间、精力、风险等成本。梳理"创业基础"现有课程体系;开发设计课程结构;吸收最新创业案例;参与创业实践等。

> **延伸阅读6:个人商业模式画布**

本章小结

职业生涯规划有助于大学生认知自我、认知职业,找准职业定位,谋求职业发展。职业生涯规划从低到高分为生存支点、发展支点和兴趣支点三大层次。人生发展从低到高包含任务、工作、职业、事业和人生五个层次。人生发展从就业视角来理解,关注任务、工作与职业,被动服从;从创业视角来理解,关注职业、事业与人生,主动设计。

创业者是人生发展积极选择的结果,指组织、管理一笔生意或一个企业并承担其风险的人。创业意愿源于动机,创业者拥有独特的潜质和特质。创业者需要具备领导、学习、沟通、整合、决策和执行等能力。创业是人生的一种经历,创业者可使用创业人生画布等工具来设计创业人生,彰显创业精神。

复习思考

1. 简答题

(1)简述立足兴趣支点规划职业生涯的特点。

(2)人生发展包含哪五个层次?

(3)简述创业精神的本质。

2. 自测题

请扫描二维码,进入本章知识点的测试。

3. 案例题

希尔登——为梦想造楼梯

浙江希尔登楼梯有限公司董事长潘观复,曾在服装和保健品销售行业打工,打工期间他就表现出异于常人的干劲,强大的责任心和工作热情使得他完成十分突出的业绩,得到分公司经理的赏识,但当时分公司因体制并不能提拔他。迫于家境贫寒、自身学历一般、生活无保障、工作缺乏成就感、家人难以相聚等现实原因,加之对独立创业梦的执着,他决定迈出创业第一步。

一、创业的思想准备

当年的潘观复属于典型的白手起家创业者,身上只有 2 000 元,自身资历经验和社会资源都不足,创业看似困难重重。在决定创业的前一晚,他读起了成功学大师拿破仑·希尔的书,为自己补足精神能量。当晚他做了充分的思想准备:(1)告诫自己创业不一定能成功,定一个合适的而非好高骛远的目标,要有一颗坚持的心。(2)控制创业失败风险。控制创业投入资金在可承受范围内,不能欠太多的钱。明确地说,他是下了最大的决心,做了最坏的打算。他也不祈祷能被老天特别眷顾,只要能坚持下来,他坚信自己有足够的时间可以把企业办得越来越好。

除了思想上的准备,潘观复也做了知识上的储备。他短期内看了很多营销管理类书籍,这使得他对商业活动,特别是营销有了直接的认知。

二、创业的方向确定

创业之初,在选择项目上,潘观复最早想过开摩托车接送客、加盟洗染店等创业项目,但最后经慎重考虑,他都放弃了,直到无意间接触到一位从事铁艺的校友,从此他步入了铁艺行业,开始真正的创业。1999 年潘观复正式创办了希尔登公司。为了全身心投入创业中,他杜绝了工作之外的全部社交关系和各类活动。每天除了想着工作就是做着工作,工作之余就是好好看书,稍微有空就琢磨碰到的问题。尽管之后遇到种种艰难挫折,潘观复坚定的创业信念从未动摇过。

希尔登经历了二十多年的发展,成为中国楼梯业的标杆企业,把楼梯制作水准和艺术层次提高到了国际领先水平,其"为梦想造楼梯"的广告语已深入人心。

三、创业的感悟

潘观复总结出企业家奋斗的三个阶段:一是创业阶段。人才、资金、技术、品牌、产品、渠道等都存在严重不足,企业随时有倒闭的风险,完全靠创始人以及核心团队用血肉之躯、用忍辱负重、用牺牲奉献来填平发展鸿沟,经过长期的艰苦奋斗才换来微薄的收益以及星星点点的希望。二是发展阶段。需要抓住最核心的几点:特殊精神气质和才华的优秀团队、风口行业、领先技术和优质资源。三是强大阶段。开始解决行业和社会痛点、难题,成为领军企业,成就许多人、造福许多人,铸造业绩的传奇和经营典范。

创办企业不仅是为了改善自己的生活、获得身份地位和尊严,也是一种漫长的历练。做企业就是一个修行的过程,你需要足够的虔诚,并且还要善待你的每一位员工、每一位客户、每一位合作伙伴,把他们当作家人,共患难,共成就。

本案例根据书籍《为梦想造楼梯》(潘观复著,中国经济出版社 2012 版)改编而成。

结合案例,请分析:
(1)从案例中可以看出潘观复具有哪些创业者特质?
(2)请结合潘观复选择的创业方向,谈谈他的创业精神。

第二篇　验　知　篇

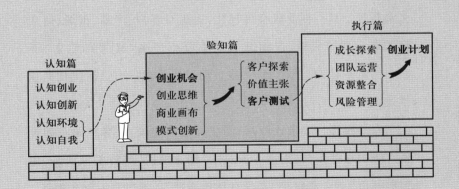

篇序

本篇包括：创业机会、创业思维、商业画布、模式创新、客户探索、价值主张和客户测试七章，是本书的核心部分。

验知是经证实的认知的简称。本篇遵循精益创业的理念和方法，通过商业模式、客户概况、价值主张和客户探索等环节，教授创业者如何将创业机会逐步转变为创业计划。创业机会源于创业者的信念飞跃，需要通过商业模式画布、客户画布、价值主张画布等工具将创业机会可视化，提出对客户、产品、市场、商业模式等一系列假设，进而开发最小可行产品（MVP），建立"开发—测量—认知"反馈循环，逐一测试假设，快速迭代，优化商业模式。

本篇操作性要求比较高，围绕商业模式画布、客户画布和价值主张画布等工具，需进一步安排"创业模拟"进行实训演练，还可以开设"创业高级班"指导具体创业项目，推进精益创业实践。

第五章 创业机会

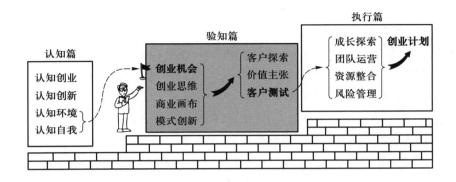

学习目标：

1. 了解创意概念及其内涵。
2. 掌握问题探索方法。
3. 熟悉创业机会及其特征。
4. 掌握信念飞跃概念。

核心观点

1. 创业机会源于环境变化与创业者特质叠加与互动。

2. 创意是最高层次的智慧。

3. 信念飞跃包含了价值假设和增长假设。

导入案例：元宇宙商业机会

元宇宙是一个脱胎于现实世界，又与现实世界平行、相互影响，并且始终在线的虚实相生的世界。简单地说，除了吃饭、睡觉外，其余活动都可以在虚拟世界中实现。人们可以在元宇宙中做很多事，包括与虚拟朋友在线交流、购买虚拟物品、获得虚拟资产等。根据调研机构高纳德咨询公司（Gartner）预测，2026年，25%的人将每天至少花一小时在虚拟世界中工作、购物、教育、社交或娱乐，全球30%的企业将拥有用于元宇宙的产品和服务。全球人口80亿，按25%算也就是说至少有20亿人每天花一小时在元宇宙。

一、元宇宙重新定义了人、货、场

互联网的本质是连接,作为下一代互联网的元宇宙,本质是在智能硬件和各种技术的加持下让人与人、人与物产生更深度的连接。元宇宙营销从人、货、场三个角度来看,就是用虚拟人、发数字藏品、搭建元宇宙场景。人、货、场的背后是社群、IP(知识产权)、场景,IP、社群、场景的底层逻辑是认知、关系、交易。

从社群的角度重新定义虚拟人。在元宇宙里品牌可以打造属于自己的虚拟偶像,作为品牌的代言人,其形象与真人无异,与消费者进行实时面对面交流互动,消费者甚至可以看到虚拟人表情的变化。如天猫首位数字主理人 AYAYI,"她"的人设包括 NFT(非同质化代币)艺术家、数字策展人、潮流主理人。

从 IP 的角度重新定义数字藏品。IP 就是品牌的人格化表达,传统意义上的 IP 多表现为一些卡通图像,呈现出静态、扁平化特征。而现实世界的实体商品对应到元宇宙就是NFT,也可以理解为数字藏品。NFT 可以是元宇宙中的房子、汽车或绘画,NFT 产品可以是任何数字格式:JPEG、3D 动画、VR 等。NFT 的产权归属、交易流转都会被详细记录并不可篡改,元宇宙中的资产可以自由交易和流通。

从社交场景的角度重新定义元宇宙。场对应到元宇宙就是各种虚拟相生的社交场景,Web3.0 真正具有威力的就是元宇宙里各种虚实相生的社交场景。从"在线"到"在场",企业可以把工厂车间设备直接复制一份到元宇宙,让所有人自由地了解产品是如何生产出来的,也可以在元宇宙搭建像迪士尼一样的游乐园、像沃尔玛一样的大卖场。在元宇宙 Decentraland 已经出现玛莎拉蒂的虚拟展厅、美国顶级投行摩根大通的休息室、三星的虚拟旗舰商店,甚至巴巴多斯政府的虚拟大使馆。

二、"三步走"挖掘元宇宙商业机会

伴随着元宇宙对人与人、人与社会关系的重构,移动互联网时代的商业逻辑将被重塑,元宇宙是在移动互联网渗透率达到天花板后互联网企业选择的新增长点。传统企业想要抓住大势所趋的元宇宙风口,第一步先设计一个虚拟人,也就是企业在元宇宙的代言人,类似美妆达人柳夜熙;第二步围绕 IP 推出 NFT 数字艺术品,类似无聊猿;第三步开一场元宇宙发布会,甚至可以设计一座永不打烊 24 小时在线的数字展厅,线下的样板间、旗舰店都可以在元宇宙里重做一遍,而且互动性更强,体感更好。

本案例根据微信公众号"互联网思维"《元宇宙营销三板斧:重构人、货、场》资料整理。

第一节 创业机会与问题探索

创业机会来源于外部环境变化和创业者个人特质的叠加与互动。外部环境的变化,容易产生潜在的创业机会。创业机会窗口打开以后,具有独特、敏锐潜质的创业者,会及时捕捉、把握住机会,发挥创业精神,将创业机会转化为创业计划。

一、创业机会

（一）概念

1. 定义

创业机会是指具有较强吸引力的、较为持久的有利于创业的商业机会，创业者据此可以为客户提供有价值的产品或服务，并同时使创业者自身获益。

> **延伸阅读1**：大家都没做的正是你该做的

对于创业机会有三种理解：

（1）客户视角。创业机会是可以为客户创造或增加价值的产品或服务，它具有吸引力、持久性和适时性的特征。

（2）产品视角。创业机会是可以引入新产品、新服务，并能以高于成本价出售的商业活动。

（3）社会视角。创业机会是一种新的"目的−手段"关系，它能为经济活动引入新材料、新市场或新组织方式。

2. 变化带来机会

外部环境的变化，会给各行各业带来商机，人们透过这些变化，就会发现新的前景。

（1）从宏观层面来看，创业者需要密切关注政策、制度、法律法规、经济社会形态演进，特别是技术变化与趋势，以及技术跨界应用的空间和可能。

（2）从微观层面来看，创业者应该深度融入工作、学习和生活之中，敏锐把握未被满足的市场需求，洞察客户的痛点和需求，通过产品（或服务）的创新来满足市场需求。

3. 基本特征

（1）有吸引力。代表一种客户渴望的未来状态。创业机会源自创意，但是创意不等于创业机会。

（2）可利用性。可为客户创造或增加价值的产品、服务或业务，必须解决客户的痛点。

（3）及时性。机会体现为现实消费者的需求。

（4）持久性。产品或服务处在一个持续放大的机会窗口下。

4. 产生过程

创业机会产生的过程包括创意、潜在机会、实际机会（见图5−1）。

图5−1 创业机会产生过程

（1）创意。创意要有吸引力，能让人感到有趣。

（2）潜在机会。潜在机会要可利用、及时、持久，对创业者来说要有用。

（3）实际机会。挖掘实际机会包含动机确认、能力确认、资源分析等过程，对创业者来说需要能够想到、做到。

这三个阶段像金字塔形分布，创意最多，潜在机会与实际机会的提取则需要层层过滤。

> **延伸阅读 2：**创造力自信

（二）创业机会识别方法

创业机会的识别方法有两种可参考：一是观察趋势法；二是问题导向法。

1. 观察趋势法

（1）政策变化趋势。创业者需关注政府新出台的政策法规等。

（2）经济发展趋势。创业者需关注经济状况、产业结构的变迁，可支配收入和消费模式的变化，关注信息化、服务化、网络化等趋势。比如，移动互联网普及，带来传统商业模式的颠覆性变革。

（3）技术进步趋势。创业者需关注科技进步，了解移动通信、互联网、大数据、云计算等关键技术革新及其应用空间。比如，存储成本大幅度下降，基础数据积累，为大数据在精准服务应用方面带来诸多空间。

（4）社会发展趋势。创业者需关注社会、经济、文化的变化。例如，国家提出乡村振兴战略、美丽乡村建设，打开了大学生回乡创业的机会窗口。

（5）人口变动趋势。创业者需关注人口结构变化、价值观与生活形态化等。例如，人口结构的老龄化趋势，给为老年人提供保健用品的产业带来机遇。

> **延伸阅读 3：**下沉互联网才是互联网下半场？

2. 问题导向法

从顾客视角，认知行业痛点，提出解决方法，发现创业点子。例如，自行车是城市短途绿色出行的最佳方式之一，过去自行车的痛点是：容易被偷，维修不便。解决方法是共享单车，成本低、使用便捷。

 二、问题探索

问题探索的关键在于找到有想象空间、商业价值的创业机会。创业的价值与问题本身的价值密切相关。寻找有价值的问题需要一系列的思维和方法，需要科学界定问题、洞察问题、提出问题、呈现问题。

（一）美丽问题

1. 定义

问题的质量决定了解决方案的质量,我们用美丽问题来形容一个好的问题。

沃伦·贝格尔认为:"一个美丽问题就是一个透露雄心壮志但可执行的问题,它可能会转变我们感知或思考事物的方式,是促使改变的一种催化剂。"

2. 特征

美丽问题具有六大特征:

（1）开放。开放式问题能够激发人的创造性思维、挖掘想象力、给人以启迪,是创造力的主要来源。比如,为什么手机只是通信工具?

（2）积极。用积极语气来提问,可以发现更多的机会。积极提问是一种欣赏式的探索,有助于寻找机会。比如,学生上课玩手机。消极提问是:"学生上课玩手机,课还怎么上?"这仅仅停留在抱怨层面。积极提问是:"如何让学生在课堂上将手机与教学有机结合起来?"通过成熟平台,手机功能被充分利用,还有效地提高了课堂效果。

（3）有趣。有趣意味着与众不同,有趣提问往往带有创新性。一旦找到需要解决的有趣问题,一场冒险之旅随之开启,让人充满期待。比如,如果让企业家走进校园与大学生一起学习"创业基础"课程,会是什么效果?学校向社会开放创业班后,让社会创业者与校园创业者一起学习交流,推动社会创业与校园创业的融合,双方共同受益。

（4）有想象力。有想象力意味着这些问题难以被预测。比如,谷歌、百度已经成为人们搜索问题的主要平台,如查询:"关键词搜索指数,意味着什么?"其实它们可以作为舆情、疫情监察工具。

（5）有挑战性。这些问题不能通过搜索引擎轻易解答,需要付出一定的努力和时间解决。有挑战性的问题给人们带来了动力和门槛,解决方案才会有竞争力。比如:"最多通过五个人,你就可以认识任何一个陌生人?"

（6）可实现。这意味着问题来源于真实世界。解决问题具有价值,会对现实产生一定的变化和影响。同时,问题不会太宽泛,通过我们的努力,借助现有的技术、能力或资源就可以解决。比如:"如何解决打车难问题?"滴滴出行通过信息实时匹配,有效解决了用户的痛点。

（二）问题类型

1. 问题四象限

从紧急、重要两个维度划分,问题可以分为有效问题、战略问题、投机问题和潜在问题（见图5-2）。

（1）有效问题。即紧急+重要的问题。对创业者来说,有效问题可以快速形成解决方案,并获得商业回报。比如,大数据技术在重症监护室（ICU）的应用,能做到提前预警病情,在危急情况下给出用药建议与预期效果,为临床医生的决策提供辅助参考。

（2）战略问题。即重要+不紧急的问题。对于创业者而言,战略问题是一个待开发的机会。少数对机会敏感的人率先准备,等待时机。比如,大数据技术在健康体检中的应用。通过类比数据库,健康大数据可以预测你现有的体检指标特征存在哪些重大疾病的风险,然后

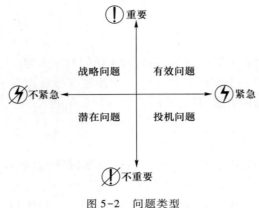

图 5-2　问题类型

给出保健建议。

（3）投机问题。即紧急+不重要的问题。对于创业者而言，投机问题只能解决客户暂时的痛苦，并非是一种可持续的商业模式。比如，伤风感冒，一般不论治疗与否，康复周期都是两周左右。如果比较严重，不治疗也会存在并发症的风险。

（4）潜在问题。即不重要+不紧急的问题。对创业者来说，潜在问题存在很大的风险，从此类问题入手，基本上可以放弃创业项目。比如，有消费者抱怨，自来水口感不好。如果据此建立"山泉水直供销售平台"，创业者就会面临信任如何建立、运营成本过高、卫生许可证办理难等诸多问题。

2. 创业者匹配

不同类型的创业者有着各自最适合的问题类型，如图 5-3 所示。

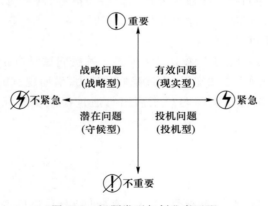

图 5-3　问题类型与创业者匹配

（1）现实型创业者。此类创业者往往选择从紧急+重要的有效问题入手。"紧急"意味着用户需求的紧迫性，"重要"意味着用户需求的价值性。由于这些创业机会容易被其他创业者认识，创业者很快会进入竞争激烈的红海市场。因此，此类创业活动要求创业者行动力和执行力强，速战速决，迅速获得商业回报。

（2）战略型创业者。此类创业者通常选择从重要+不紧急的战略问题入手。该创业活动需提前关注用户需求，等待机会，从而形成良好的竞争力和进入门槛。但是，创业者前期需坚持,耐心培育市场。关注此类问题的人,往往会进入一个蓝海市场,成为行业的领导者。比如,居家养老"呼吸+心跳"检测仪,实时监测心跳、呼吸骤停风险。

(3)投机型创业者。此类创业者往往选择从紧急+不重要的投机问题入手。用户需要什么,就提供什么,能够在短期内获得商业回报。但是,此种创业行为并不能形成持久的商业模式,也不能形成企业聚焦的产品和领域。如雾霾天销售口罩。

▶ **延伸阅读4**:淘金者的创业智慧

(4)守候型创业者。此类创业者通常选择从不重要+不紧急潜在问题入手。客户一直等待和观望,即使创业者投入很多的时间和精力,去教育和激发客户,也往往难以成功。

(三)问题识别

如何找到问题非常关键。传统的市场调查、访谈、观察等方法,虽然可以获得一些数据,但往往是用户的陈述和抱怨,并不代表用户的真实需求。

有些时候,用户对自身需求的认识是模糊的,需要创业者"翻译"和转化。创业者需要站在用户视角,体验用户问题。

移情是一种社交和情感技能,能够帮助我们感受并理解他人的情感、境况、意图、思想和需求。它包括发现、沉浸、链接、分离四个阶段(见图5-4)。通过移情,创业者能够感受到用户内心的真实需求,从而给出有效的解决方案。

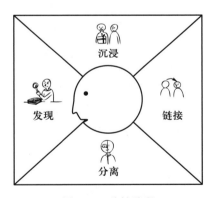

图5-4 移情阶段

▶ **延伸阅读5**:客户同理心画布

下面以"动态监测设备"为案例,说明移情模型的应用。

1. 发现

从接近用户开始,创业者通过第一次面对面接触或研究用户的相关资料,引发对用户的好奇心,激发研究用户生活场景、过去经历等的愿望。

分析:居家养老,子女最担心的是什么?

2. 沉浸

与用户第一次接触后,创业者尝试走进、体验用户的生活,学习相关的知识,并从用户视角理解用户的思维和行为。

分析:雇用陪护人员后,还存在什么困惑和风险?

3. 链接

通过和用户深度接触与亲自体验用户生活,创业者找到可以和用户交流的语言。在交流中,创业者与用户产生共鸣,建立链接。

分析:老人的生活中,哪些行为存在高风险隐患?凌晨、起床、如厕等节点。

4. 分离

创业者通过与用户链接,加深对用户的认知。然后,走出用户生活,从创业者视角反思,重新理解和界定问题,并给出有效的解决方案。

分析:在老人的起居环境,嵌入实时监测系统、响应系统。

(四) 问题洞察

通过移情能体验和识别用户问题。但是,要触及问题本质,创业者还需要用洞察的方法,不断提问,探寻本源。

跨界思维往往带来更多机会。跨界者对新领域存在很多好奇心,由此能产生探寻的动力,引发更多创新机会。

1. 洞察流程

洞察从质疑开始。为什么要解决这个问题?不解决这个问题会有什么结果?问题的本质是什么?真正的问题是什么?我们是否有其他的解决方案?我们需要时间和空间来退一步思考"为什么"。

(1) 质疑常规。打破一般的规则,从新角度、新思维切入。传统创业教育仅仅停留在创业机会、创业团队和创业资源之间的动态平衡。创业机会要向商业模式演进,应有章可循。

(2) 退一步思考。分析创业者最关心的是什么,如何驾驭创业的不确定性。

(3) 提出新的假设。通过客户开发思维、精益创业思维、商业模式画布、步步为营推进创业探索。

(4) 验证假设。构建"创业迭代软件",孵化创业机会。

2. 基本方法:五个为什么

该方法起源于日本丰田公司,通过连续提问五个为什么,可以有效找到制造过程中存在的根本性问题。实践中,可能超过五个为什么,也可能三个为什么就能够解决问题。

下面以大学生寝室装饰为例来探索问题。

(1) 大学生的寝室为什么单调?——没有装饰。

(2) 为什么没有装饰?——我们做不到。

(3) 为什么做不到?——我们自己不懂设计,动手能力也不行。

(4) 为什么不找能人(专业队伍)?——不知道怎么找。

(5) 为什么不创立专业的装饰服务平台?……

第二节　创意挖掘与机会澄清

一、创意挖掘

（一）DIKW 体系

1. 构成

1989 年,罗素·艾可夫(Russell Ackoff)撰写了《从数据到智慧》,对数据(data)、信息(information)、知识(knowledge)、智慧(wisdom)进行界定,提出 DIKW 体系。

（1）数据。指收集起来的原始材料,反映事物原始状态的图形、声音、文字、数字和符号等。数据可分为模拟数据和数字数据两大类。

（2）信息。指结构化的数据。对数据加工后,可以得到有逻辑的数据,可以回答何人(who)、何事(what)、何地(where)和何时(when)等解释性问题。与信息密切相关的概念包括约束、沟通、控制、数据、形式、指令、知识、含义、精神刺激、模式、感知以及表达。

（3）知识。指可以带来行动和改变的信息。经过对信息的组织和提炼,使信息之间发生联系,可以回答为何(why)、如何(how)等分析性问题。知识通常被某些群体所共享,可以通过不同的方式来操作和管理。

（4）智慧。指对知识的应用。它表现为综合解决问题与预测事物发展的思维与能力,通过高度抽象化的理念指导判断决策的能力。比如,思考分析、通情达理或寻求真理的能力。它和智力、聪明不同,智慧更重视人生哲学上的能力。

2. 应用

DIKW 体系将数据、信息、知识、智慧纳入一个金字塔形的层次体系之中,从下到上,每一层都被赋予一些特质(见图 5-5)。

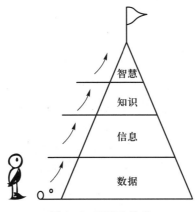

图 5-5　DIKW 体系

DIKW 体系通过以下步骤来协助研究及分析:

（1）原始观察及量度获得了数据。

（2）分析数据间的关系获得了信息。信息又称资讯，意味着有听众及目的。

（3）在行动上运用信息产生了知识。知识是一些可行的关系及习惯工作方式。

（4）知识的反省和运用产生了智慧。智者间的沟通、自我反省及知识运用产生了智慧。智慧关注未来，它含有暗示及滞后影响。

（二）智慧与创意

1. 智慧的五个层次

智慧是知识的运用，表现为解决问题的能力，可以分为五个层次（见图5-6）：

（1）知识应用。利用本领域知识解决问题的能力。

（2）融会贯通。利用其他领域知识解决问题的能力。

（3）辩证思维。能从多个角度分析问题和解决问题的能力。

（4）辨别和选择。从多个解决方案中选出最优方案的能力。

（5）创新与创造。通过对不同领域、不同学科、不同文化的知识进行整合和创造，形成一个全新解决方案的能力。

图5-6　智慧的五个层次

▶ **延伸阅读6：200元能用来做什么？**

2. 创意的两个层次

创意是在现有信息收集、知识积累的基础上进行资源组合、创造价值的一种行为潜能。创意是指创造性解决问题的可行性方案，创造性解决问题是最高层次的智慧。

（1）优化。优化是指比原来做得更好，是对原有功能或形式的完善和提升。硬件产品和软件产品的升级、服务流程的改善、组织架构的调整等都属于优化。优化属于管理思维。

（2）创造。创造是指创建一个新事物，是与问题相匹配的全新解决方案。互联网带来的颠覆性商业模式属于典型的创造案例。创造属于创业思维。

▶ **延伸阅读7：到有鱼的地方去钓鱼**

3. 创意评估

创意评估即对创意进行聚焦，选出可行的创意。世界著名设计公司IDEO从需求可行性、技术可行性和商业永续性三个维度对创意进行评估。

（1）需求可行性。指创意的解决方案是否与用户痛点和真实需求相匹配。创业者应充分了解用户使用解决方案的场景及其有效性。

（2）技术可行性。指技术与目标之间的匹配性。方案应特别关注用户需求的时效性，不能超过用户周期。

（3）商业永续性。一是要考虑商业目标。方案应重点检测用户是否会付费购买，否则解决方案只是停留在想象空间里。二是要考虑客户预算。超过预算，意味着面临很高的销售成本。三是要考虑投入产出的周期。投资回报不仅要考虑现金流，更需要关注投资回收期。

4. 创意挖掘方法

创意是有意挖掘创造潜力及创新潜力所产生的一种抽象思维。优秀的创意可以应用于生活、工作当中，并能有效地促进当下环境及社会进步和发展。

（1）激发自然灵感。好的创意往往来源于突发的灵感，而当我们在做自己喜欢的事情时，感到身心愉悦时，更容易迸发出一个好的创意。

（2）有意激发思路。有些创意来源于一闪而过的思路，有针对性地寻找思路的过程中也能激发出一个好的创意。比如，多浏览国内外热门创意、设计类网站，从别人的优秀案例中激发创意思路。

（3）联想创意思路。创业者在对创意没有明确方向时，建议从自己的兴趣爱好着手，通过有意识联想，从中发掘创意。

（4）头脑风暴催化。头脑风暴法是发掘创意思路应用最广泛的集合，集体创新思维的方法。参与者从不同的角度吸收不同的观点和信息，丰富自己的思维方式，在取长补短的过程中，激发出更有效的创意思路。

（5）勤于记录灵感。爱思考的人都能在不经意的时刻或地方激发出一些奇思妙想，但是绝大多数人都没有记录的习惯，容易遗忘。"爱思考+勤记录"会起到事半功倍的效果，小想法有可能成就大创意。

二、机会澄清

机会澄清是指创业者基于对创业机会认知和问题探索，进而提出开展创业活动的基本假设。

（一）信念飞跃

信念是指一个人坚信某种观点的正确性，并支配自己行动的个性倾向。埃里克·莱斯在《精益创业》中提出信念飞跃，是指创业者对创业机会深信不疑，并能竭尽全力验证其想法和假设。

典型的创业者往往具备这样的超能力，把假设说得像真的一样，他们把整个企业的成功寄托在这一点上，因此，称为信念飞跃。Facebook 创业初始也不被投资人看好，被认为"没有商业模式"，扎克伯格在清华演讲中提到创业应该"向前看"，他们坚信这将是一个飞跃。

（二）基本假设

信念飞跃之后，创业者需要围绕客户、产品、市场等提出一系列创业假设。

1. 客户假设

围绕目标客户和客户痛点,提出一系列假设。

(1)目标。设想谁是潜在客户,客户亟待解决的问题是什么。创业团队需要对客户假设形成一致的认识。

(2)内容。客户假设主要包含以下方面:

一是目标客户。谁是最终用户?怎么寻找种子用户?客户如何分类?哪些是主动构想解决方案的客户,哪些是有迫切需求的客户,哪些是有潜在需求的客户?

二是客户痛点。客户亟待解决的问题是什么?最让客户苦恼的是什么?面对同一问题,不同职位的人有什么不同看法?如果能够改变现状,客户希望获得什么价值?

2. 产品假设

围绕产品功能、价值和竞争优势等方面,提出一系列假设。

(1)目标。提出有关产品功能、产品价值、竞争优势等假设,创业团队对此达成共识。

(2)内容。产品假设主要包含以下方面:

一是产品功能。产品的用途是什么?具有哪些技术特征?画出简单的设计草图。产品分次发布需要包含哪些功能?列出主要功能清单。

二是产品价值。产品(或服务)预期给客户带来哪些价值?客户对产品的喜好程度?客户使用产品的总成本是多少?客户愿意支付产品的价格是多少?

三是竞争优势。同类产品有哪些?竞争表现在哪些方面,是功能、性能、价格,还是渠道?客户使用哪些产品?产品的竞争优势是什么?客户凭什么选择我们的产品?如果没有竞争对手,如何解决目前客户的问题?

3. 市场假设

围绕市场、渠道等方面,提出一系列假设。

(1)目标。创业团队提出有关市场类型、渠道通路、需求创造等假设,并围绕以上假设达成共识。

(2)内容。市场假设主要包含以下方面:

一是市场类型。如果选择现有市场,谁在引领市场?进入市场的代价有多大?如果选择细分市场,目标客户有哪些特征?目标客户哪些需求无法满足?产品必须具备哪些特性才能赢得客户青睐?如果选择全新市场,潜在客户的迫切需求是什么?产品的主要功能是什么?如何培养新市场?

二是渠道通路。潜在客户习惯购买途径是什么?根据产品特点,画出产品销售渠道。

三是需求创造。客户可能从哪些途径获取产品信息?列出能够帮助你创造需求的合作伙伴。

(三)假设检验

很多假设来自过去的行业经验或直接推理。当 Facebook 平台积累了大量活跃用户后,毫无疑问广告商愿意为用户的关注度买单。

多数信念飞跃是以类推法形式出现的,但是,类推法遮蔽了信念飞跃的真相。信念飞跃需要通过以下两个方面的假设进行检验。

1. 价值假设检验

价值假设检验主要用于衡量用户使用创业者提供的创新产品（或服务）时，是否能够从中获取价值，是否能从中获益。体验消费时代，更强调用户获得超预期的价值，也叫盈余价值。

比如，"拾味行"通过电视栏目呈现农民背后的真实故事，建立基地直购的产销模式，生鲜水果基地直供，当天包装，24 小时内送到消费者手中。公众号 16 小时×365 天提供私人微信客服，让消费者获得健康、绿色、新鲜的生鲜水果的同时，没有后顾之忧。

2. 增长假设检验

增长假设检验主要用于衡量新创企业的创业活动是否具有可持续性，创业者提供的产品（或服务）传播渠道是否能吸聚新用户。

比如，"拾味行"不断探索并扩展美味源头，从临海出发，发展到全国，直至国外。"拾味行"具有良好的媒体资源和经验，与国内 40 多家生态农产品网络销售平台供应商以及物流配送公司合作，具有稳定的新用户拓展渠道，商业模式具有可持续性。

如果价值假设和增长假设能够成立，基本就能验证创业者的信念飞跃的可行性。

本章小结

创业机会源于环境变化和创业者特质的叠加与互动，具有吸引力、可利用性、及时性和持久性，包括创意、潜在机会和实际机会三个阶段。美丽问题具有开放、积极、有趣、有想象力、有挑战性和可实现六大特征。按照紧急、重要两个维度，问题可分为有效问题、战略问题、投机问题和潜在问题，分别匹配于现实型、战略型、投机型和守候型创业者。创业者可以通过发现、沉浸、链接、分离四阶段的移情活动，感受到用户内心的真实需求，给出有效的解决方案。

DIKW 体系将数据、信息、知识、智慧纳入金字塔形层次体系之中，原始观察及量度获得了数据，分析数据间的关系获得了信息，在行动上应用信息产生了知识，知识的反省和利用产生了智慧。智慧包含知识应用、融会贯通、辩证思维、辨别和选择、创新与创造五个层次。创意属于最高层次的智慧。信念飞跃是指创业者对创业机会深信不疑，并能竭尽全力验证其想法和假设。信念飞跃需要通过价值假设和增长假设的检验，创业者需要围绕客户、产品、市场等提出细化假设。

复习思考

1. 简答题
（1）简述美丽问题的六大特征。
（2）简述移情模型。
（3）简述 DIKW 体系。
2. 自测题

请扫描二维码，进入本章知识点的测试。

3. 案例题

直播电商 2.0 时代

一、直播电商 2.0

从 PC 电商到移动电商,从社交电商到直播电商,从货架式电商到体验型电商,从标品到非标品,可以看到一条明显的隐线,那就是:从公域到私域,黏性越来越高,社交越来越强。直播电商 2.0 时代,是一个"内容＋电商交易"和"公域＋私域",也就是"公域做内容获客＋私域做社群运营＋直播电商交易"的时代。快手作为第一批直播电商平台之一已创造了辉煌的成绩,快手创始人程一笑说:"视频＋算法＋经济,如果做得好,完全可以重构用户的消费决策,推动下一轮信任机制的创新。从小商品时代、产品时代、商超时代,再到平台时代,每次消费决策的改变都是一个特别大的生意。我相信直播时代可以重构信任,这也是一个特别大的时代的开始。"数据显示,快手电商商品交易总额(gross merchandise volume, GMV)2020 年为 3 812 亿元,2021 年达 6 800 亿元,同比增长 78.4%。

二、价格战转为信任战

2011 年 3 月,"GIF 快手"App 上线,短视频的时代悄然揭幕。2016 年 9 月,字节跳动凭借抖音进入短视频市场。此后几年,视频电商、直播电商的市场渐渐被打开。

价格战,从电商时代再到直播电商,都是核心战。而当直播电商进一步发展,消费者对主播个人的信赖正在逐渐超越"比价",成为新的衡量标准。交易的评判标准不再仅仅是价格,还有主播的人格和吸引注意力的内容。这种基于人的信任度,构建了快手生态的基础。快手电商品牌名升级为"快手小店",也不断尝试用更亲近、更具信任感的方式连接人、平台与品牌。快手交出的成绩单也令人瞩目:快手电商用户平均复购率由 2019 年的 45% 提升至 2020 年的 65%,2021 年 9 月更是突破 70%。

三、人、货、场的再升级

(1)回归人:从价格到人格。在大众眼中,快手构建了超脱算法的人情、黏性和社区。淘宝希望你不断地逛、不断地刷短视频,然后"猜你喜欢"。抖音更直接地运用算法,建立了近乎极致的推荐算法。而当明星和企业家加入快手时,人们更愿意去关注这些名人的另一面,名人也带动了快手突破各个粉丝圈层,拉动流量促新。

(2)货体系:从"货架"到"内容"。当货物与人的连接,回到人与人的连接,就需要从品质和内容两个角度做文章。把自身的货架转变为长期的、优质的内容。平台上各个细分消费领域,都有对应的主播、视频创作者,以视频段子、直播带货的形式,佐以主播各异的人设,将好货送到千家万户。

(3)关系场:从"交易"到"关系"。传统电商和零售,其实就是买卖,完成一个交易的闭环。尤其通过搜索关键词来引导流量,以标准化的最小库存单位进行售卖,平台为陌生买卖双方进行交易,提供了信用背书。但在快手上,社区化、私域性较强,人在其中的背书效应更强。快手财报中反复提到复购率高,正是这种特色交易关系的结果。

本案例根据网络资料整理。

结合案例,请分析:

(1)快手如何识别直播电商的商业机会?

(2)快手的创业假设是如何体现的?

第六章　创业思维

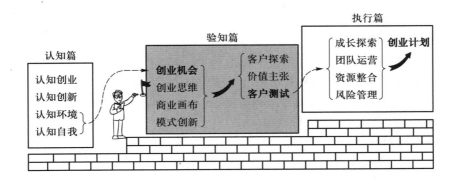

认知篇
认知创业
认知创新
认知环境
认知自我

验知篇
创业机会
创业思维
商业画布
模式创新

客户探索
价值主张
客户测试

执行篇
成长探索
团队运营
资源整合
风险管理

创业计划

学习目标：

1. 熟悉产品设计思维。

2. 掌握产品开发思维。

3. 掌握客户开发思维。

4. 掌握敏捷开发思维。

核心观点

1. 科学试错积累经验。

2. 建立"开发—测量—认知"验知循环，衡量创业进程。

3. 与验知无关的活动和投入，都是浪费资源。

导入案例：Webvan 之死

一、关于 Webvan

Webvan 创办于 1996 年 12 月，是一家概念超前的美国网上生鲜杂货零售商。公司成立 2 个月后，风险投资开始入驻。

1999 年 8 月，Webvan 首次公开募股，即使是在互联网泡沫时期，此次公开募股也是当时规模靠前的 IPO 之一，高达 4 亿美元。Webvan 的市值曾经一度高达 85 亿美元，超过当时全美三大生鲜杂货零售商的市值总和。

二、Webvan 的运营

Webvan 用的是当时非常前卫的 O2O 模式,客户只需在线上完成订购,再由线下大型仓库免费配送。经过两年的研发,第一个仓储系统于 1999 年全面上线,位于旧金山,可以覆盖整个旧金山约 100 千米半径的范围。该仓储系统非常先进,曾用机器人替代人工分拣,也试图用机器人来实现全自动分配,这在当时来说是耗资非常巨大的。1999 年仓储系统上线一个月后,开始接受第一笔订单,Webvan 开启了与客户的第一次亲密接触。

Webvan 认为,只要严格地按照产品导入、开发模式,最终开发出来的产品一定会得到客户的青睐,客户在接触产品以后一定会使用或者下单,这样就导致了 Webvan 在首批客户交付之前就根据设想的客户需求建立了一个耗资 4 000 万美元的配送中心。

按照设想在交付之后会有 8 000 份的日订单,但是结果只有 2 000 份日订单,更恐怖的是,这 2 000 份日订单几乎都是重复客户的订单,此时 Webvan 并没有分析问题的症结,及时调整自己的假设。

随后,Webvan 仍然按照设想和建筑公司签订了 1 亿美元的协议,在未来三年建立 26 个大型仓储配送中心,这与实际情况出现了严重的背离,最终导致 Webvan 根本没有足够的客户流入,也没有产生原来设想的订单量。

三、Webvan 的失败

从 1999 年 8 月 IPO 到 2001 年 7 月,两年间 Webvan 耗资了 12 亿美元,最终以破产告终。有人做过统计,Webvan 从 1999 年 6 月的第一笔订单,到 2001 年 7 月的最后一笔订单,每接一笔订单就亏损大约 130 美元。

Webvan 的破产,引发了整个硅谷对"火箭发射式思维"的反思。当时 Webvan 被称为美国互联网历史上,甚至是美国创业历史上最为灾难深重的一次失败。因为这次失败,不仅是个体公司的失败,而且从某种意义上来说,使在线生鲜杂货行业的发展滞后了 10 年。

美国在线生鲜杂货行业起步于 1996 年,但由于 Webvan 的失败,所有风险投资都不敢再碰这个行业,直到 10 年之后才开始有风险投资者非常谨慎、缓慢地进入这个行业。

本案例根据新浪微博和站长之家资料整理。

第一节 产品设计思维

一、概念

(一)来源

设计思维这个概念源于斯坦福大学设计学院的一门课程。彼得·罗(Peter Rowe)于 1987 年出版了《设计思维》,提出以人为本的设计理念,也叫作以用户为中心的设计。

设计思维要求从用户的需求出发,多角度地寻求创新解决方案,并创造更多的可能性。

(二)定义

产品设计思维是以人为本的设计。它是基于技术和商业可行性,利用设计师敏感性,运用设计方法,满足用户需求的设计理念与方法。

产品设计思维是一套创新探索的方法论系统。其核心理念是:以人为本+移情思考。

二、基本步骤

产品设计思维包含移情思考、需求定义、创意构思、原型实现和产品测试五个基本步骤。

(一)移情思考

移情思考关键在于要获得对你试图解决的问题的共鸣。简单来说,就是换位思考。创业者需要深入解读用户,收集大量信息。比如,你希望改善学校的教室环境,那么,你就可以像学生一样,坐在教室上一整天的课。

(二)需求定义

1. 真实需求

创业者将收集的众多资讯反复梳理,确定特征、功能和其他元素,找出用户真实需求。

2. 目标

创业者从用户视角,精确定义需求。切忌按自己的想法定义问题。

> **延伸阅读1**:采访法(5w1h工具),听听客户声音

(三)创意构思

创业者围绕上一步定义的需求,跳出局限,打破惯性思维,天马行空地提出各种各样的点子。创意构思可以看作头脑风暴的阶段。

1. 原则

(1)三不原则:不打断、不批评、不离题。

(2)五要原则:要延续他人想法、要画图、要"疯狂"、要记录、数量要多。

2. 要素

(1)空间。一个开放而富有创意的空间,能使大家精神放松。

(2)团队。行业专家、直接客户、公司内部相关专家等组成的跨学科团队,有助于激发创意点子。

(四)原型实现

创业者可以做出粗糙、简单的产品或具有产品特定功能的原始模型。原型可以是一个具体的产品模型,也可以是一个小规模的环境或过程的简单模拟。

1. 原则

(1)追求速度。模型制作力求快速廉价,不浪费时间在复杂概念上。

(2)摒弃完美。以展现设计概念为主,勿花费太多心力在细节上。

(3)正确制作。要恰当展现想法和方案,保证正确,不同原型解决不同的问题。

（4）用户立场。立足于解决用户问题。

2. 做法

设计团队将创造一些价格低廉的产品或产品中特定功能的缩减版本，以便他们可以调查前一阶段确定的问题的解决方案。原型可以在团队本身、其他部门或设计团队之外的一小部分人员中进行共享和测试。

3. 目标

设计团队将会更好地了解产品中固有的约束条件、存在的问题，并且更好地了解真实用户在与最终产品交互时的行为、想法和感受。

（五）产品测试

使用实现的产品原型，或模拟环境来严格测试问题是否得到解决，需求是否得到满足。这个阶段非常重要，一些想法可能会在这个过程中被重新定义，甚至发现新的问题。这是一个迭代过程。

1. 原则

（1）用户体验。创业者将原型交给用户，不要过多解释和介绍，听取用户反馈。

（2）用户比较。请用户比较原型，这有助于发现用户的潜在需求。

2. 目标

验证、筛选原型。

三、价值

从洞察用户需求到设计解决方案再到测试原型，产品设计思维需全程体现市场价值、技术价值和商业价值，从而实现可持续的商业模式创新。

（一）市场价值

创业者从用户最根本需求出发，将问题和挑战转化为创新的机遇，并通过快速设计原型及反复测试来寻找有效解决方案。创新产品（或服务）一定是满足用户需求、解决用户问题的产品。比如，新能源汽车关键在于其动力来源和原理有别于传统汽车。特斯拉将汽车定义为"成人的玩具"，极大地改善了用户的消费体验。

（二）技术价值

创业者的创造离不开直觉和想象。从概念创造到产品落地需要技术层面的支持，这个过程有助于技术价值的实现。技术应用，一方面可以加速新技术的产业化、商业化进程；另一方面可以指明产品创新的方向。

（三）商业价值

从商业价值角度去分析创新产品（或服务）是否能够实现商业价值。如果产品（或服务）商业化可能性低或是现有社会环境和经济环境不能实现商业化，我们就需要对创新产品（或服务）进行重新思考。

第二节　产品开发思维

产品开发思维适合于成熟的、规范的市场。它的缺点在于仅仅关注产品，往往忽略了客户、市场、营销甚至财务。

本节结合 Webvan 公司案例阐述。

一、产品开发思维概述

（一）定义

产品开发思维是指在成熟的、规范的市场中，新创企业发现未被满足的重大创业机会，深入调查用户需求后，形成产品概念，快速设计并推出新的产品（或服务），经公开测试后，发布新产品，构建并实施完美、宏大的创业计划。

产品开发思维是以产品为中心的创业方法。这种方法比较传统，但已经深入人心，几乎是所有新创企业的必用策略。成熟企业开发新产品也常用这种方法。

（二）特征

产品开发思维是硅谷一直推崇的创业模式，也称 Get Big Fast 模式，属于火箭发射式思维（见图 6-1）。它是以自我为中心开展创业，结合天才式人物和天才式创想。

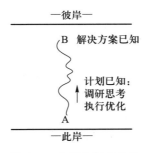

图 6-1　火箭发射式思维

（1）Get 是指获得好的创意。要求有伟大的创意来开启创业活动。

（2）Big 是指市场足够大。要求有足够容量的目标市场来满足创业计划。

（3）Fast 是指快速发展。要求新创企业快速行动，追求速度，尽快达成创业计划目标。

（三）基本假设

产品开发思维基于以下三点基本假设：

（1）高度控制的创业环境。创业团队对于环境的认知是充分且可控的，创业活动推进过程中，不存在重大不确定性风险。

（2）存在有限参数和已知数据。

（3）可以对未来进行准确预测和分析。

二、产品开发流程

产品开发流程包括：创意/愿景→产品开发→内部/公开测试→正式发布产品。这四个环节清晰展示了传统的产品开发流程。

（一）创意/愿景阶段

构思最初的产品创意，制定创业计划，争取投资。

1. 步骤

（1）建立产品愿景。其背后蕴含着创业者的理想和激情。

（2）产品（或服务）。产品（服务）的概念是什么？是否具有可行性？是否需要深入开展技术调研？产品的功能和特色是什么？

（3）顾客。谁是顾客？如何找到他们？通过拜访潜在顾客，展开市场调研，判断产品创意是否有价值。

（4）渠道通路。如何向顾客传递产品信息？如何建立销售渠道？分析同类产品，找出独特优势，制作图表向风险投资公司解释创意和规划。

创业团队通过协商讨论，确定产品销售渠道，制定产品定价策略，结合产品的生产成本、工程预算、开发进度，形成创业计划。

2. 价值

创意/愿景阶段可以获得以下价值：

（1）新创企业获得风险投资。

（2）成熟公司获得股东支持。

Webvan 公司在第一阶段的表现可以打满分。1996 年成立，Webvan 公司第一年获得了 1 000 万美元天使投资，此后两年获得投资累计 3.9 亿美元。

（二）产品开发阶段

此阶段需要所有部门各司其职，脚踏实地完成分工工作。

1. 工程团队

工程团队需要负责开发产品，包括设计产品和制造加工；制定详细的生产计划，估算产品开发成本和交付日期。

2. 营销团队

营销团队需要细分目标市场，寻找第一批潜在客户，还需准备宣传产品样品、撰写销售资料、聘请公关代理。

Webvan 公司的工程团队完成两项任务：建设大型自动化物流仓库和开发网站。

（三）内部/公开测试阶段

1. 工程团队

工程团队在此阶段可以邀请一小批用户试用产品，根据用户反馈完善产品性能。

2. 营销团队

营销团队在此阶段需要制定细致的品牌推广计划。开始寻找公开测试用户,建立销售渠道,设立销售网点。

3. 公关团队

公关团队需要细化产品定位,接洽权威媒体,开展一系列公关活动。

4. CEO

CEO 需要发表筹款演讲,约见投资者,进一步募集资金。

Webvan 公司自 1999 年 5 月开始有 1 100 名顾客参加了公开测试。营销团队开展大规模推广活动,主流媒体呐喊助威。风险投资公司争先恐后投资上千万美元。

(四)正式发布产品阶段

正式发布产品阶段是公司开始全面扩张的阶段。

1. 营销团队

营销团队在此阶段需要在全国各地建立销售网点,参加各种贸易展销会。

2. 公关团队

公关团队在此阶段需要不间断地组织媒体进行宣传,如通过广告、邮件、电话等。

3. CEO

CEO 在此阶段需要持续争取资金支持,通过 IPO 来获取资金。

4. 董事会

董事会在此阶段需要检查创业计划执行情况,评估销售情况。

Webvan 公司 1999 年 6 月正式营业。IPO 募集 4 亿美元,市值一度高达 85 亿美元,超过美国三大生鲜杂货零售商市值的总和。

三、产品开发思维缺陷

传统产品开发方法的致命缺点在于:创业推进过程中往往只关注产品,不太重视客户、市场、营销,甚至财务回报。

(一)不清楚客户在哪里

导致企业失败的最主要原因不是产品开发流程存在问题,而是缺少客户和有效的商业模式。

不知道客户和市场在哪里,盲目推出产品,是一种本末倒置的行为。

(二)过分强调上市时间

营销部门和销售部门根据产品上市时间,倒推工作进度。这个时间表是根据产品开发进度制定的,并不代表公司掌握了客户的信息。

Webvan 公司一味强调服务上市时间,公开测试时雇员已经接近 400 人,之后 6 个月新增 500 人。客户少得可怜时,Webvan 公司仍然启用耗资 4 000 万美元的配送中心,并计划再建 15 个配送中心。

（三）过分强调执行，忽略探索和学习

新创企业强调快速完成任务，招聘的营销、销售主管认为：原有的营销知识和销售技巧就可以解决问题，无须学习新知识。

事实上，新创企业面临着诸多问题：产品解决什么问题？客户是否迫切想解决这些问题？客户是否认同产品？这些问题只有通过不断探索和学习才能找到答案。

Webvan 公司聘请的销售、营销和产品主管，全力执行既定的计划，忽略了探索和了解客户需求等环节。

（四）经营成效缺乏评估手段

大多数销售、营销部门强调执行可量化的指标，如增加销售收入。

新创企业真正的目标应该是：理解客户需求，发现购买规律，利用合理的商业模式获取利润。

Webvan 公司没有设置暂停调整机制。公司预期订单每天 8 000 笔，实际只有 2 000 笔，没有及时评估并调整计划。

（五）用产品开发方法指导销售

根据产品开发方法制定客户开发计划，无异于缘木求鱼。其基本流程是：创意/愿景→产品开发→招聘人员→组建销售部门。

其基本逻辑是：如果工程团队完成开发工作，产品就会卖得红火。认为有产品就有市场，完全不问市场在哪里，客户愿不愿意买单。

Webvan 公司开业后销售业绩让公司大失所望。每天 2 000 笔订单对于一般新创企业而言，是不错的业绩。但是，该公司超大物流中心利用率不到 30%，盈亏平衡点是每天 8 000 笔订单，远没有达到预期经营目标。

（六）用产品开发方法指导营销

营销部门要赶在产品发布前造势，为销售铺路。其基本流程是：创意/愿景→产品定位宣传资料→市场公关早期营销→品牌推广创造需求。

这种做法存在隐患：所有活动都发生在客户消费行为之前。产品定位、营销策略、需求创造都没有经过市场的检验，营销计划缺乏市场信息和客户反馈。

Webvan 公司开业 6 个月，积累了 4.7 万名顾客，但是客户增长趋缓，客户回头率 71%。种种迹象表明，商业计划过于乐观。

（七）仓促扩张，恶性循环

对于偏离预定目标，公司上下仍然全力以赴推进商业计划，缺少"停车检查"的机制。仓促扩张的行为直接导致公司陷入恶性循环。公司各职能部门日常开销消耗大量现金流，营销部门加大广告投入，制造舆论攻势，刺激市场和消费。销售业绩逐渐疲软，引发董事会焦虑，销售、营销主管着急。销售、营销部门被迫频繁更换策略，进一步加快"烧钱"速度。

Webvan 公司每个季度公开的财务报告清楚表明业务已经陷入恶性循环。然而，公司仍

在进一步加大营销力度,加紧物流仓储建设。

第三节　客户开发思维

客户开发思维的核心思想是通过试错来积累经验。

客户开发方法的背景是多数新创企业缺乏必要的流程来探索市场、发现首批客户、验证创意、促进业务增长。

一、基本流程

客户开发方法的目标是解决产品开发方法存在的缺陷,把创业初期与客户相关的活动按目标划分为客户探索、客户检验、客户生成、企业建设四个环节,客户探索和客户检验属于调查阶段,客户培养和企业建设属于执行阶段(见图6-2)。

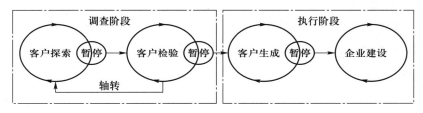

图6-2　客户发展思维流程

每个环节都带有递归箭头的圆环,每个环节都可以重复进行。与产品开发不同,寻找客户和市场具有不可预测性。经验表明,必须反复试错才能成功。

轴转是指从客户检验有一条递归线引回客户探索的环节。客户检验在于检验客户是否愿意购买产品,检验销售策略的可行性。如果这一步检验失败,则应该返回第一环节,重新发掘客户。

四个环节环环相扣,与产品开发方法配合使用。

(一)客户探索

1. 目标

客户探索的目标是根据既定的产品设计,去寻找目标客户,判断产品能否解决客户问题以检验商业计划中关于产品、痛点的解决,以及关于客户的各种假设。

2. 要求

必须放弃猜测,走出办公室去发掘最有价值的信息,弄清产品应该如何解决客户问题,弄清谁是你的客户。

3. 任务

定义产品雏形的工作通常由创始人或产品开发团队完成,客户探索的任务是判断是否有客户买创意产品雏形的账。请注意,最初的创意产品通常来自创始人,而不是需求调查。

> 延伸阅读 2：宝洁公司一次性尿布的成功之道

（二）客户检验

1. 目标

客户检验的目标是找出可重复使用的销售模式，判断是否有顾客愿意掏钱购买产品，供营销团队和销售团队以后使用，建立可重复、可升级的商业模式。销售线路图是经过早期客户验证的销售流程。

2. 要求

开展新一轮更大规模、更为严格的测试，包括产品服务、客户获取、定价策略和营销渠道。测试需要定量开展。

3. 任务

客户探索和客户检验共同验证商业模式。完成这两步，新创企业可以找到顾客、定位市场、了解产品的价值，制定定价策略和渠道策略，检验销售模式和销售流程。新创企业只有发现稳定的回头客户和可以反复使用的销售流程，建立商业模式，才能进入下一阶段。创始人通过销售结果来调整自己的假设，不断完善商业模式。

（三）客户生成

1. 目标

激发更多的潜在客户，并把新的购买需求引入销售渠道。

2. 要求

建立在新创企业首次成功销售的基础上。

新创企业既要高速成长，又要保持良好现金流。

具体方法因市场而异，详见第十二章成长探索的相关内容。

3. 任务

企业加速发展、扩张业务，创造终端用户需求和建设销售渠道。

（四）企业建设

企业建设的目标则是从学习、探索型团队向编制完整的正式企业过渡（包括招聘营销主管、销售主管、业务拓展主管等）。这些主管负责组建各自的部门，进一步扩大产品的市场份额。

客户开发方法提倡一切做法稳健。仓促扩张对于新创企业而言无异于饮鸩止渴。

 ## 二、价值

1. 科学试错

从传统产品开发思维来看，后退意味着失败，通过反复试错来学习是件令人难堪的事。营销人员、销售人员即使发现方向不对，也会不顾一切向前推进。

从客户开发思维来看,每一次测试都可以获得认知。科学试错有助于新创企业的进步。

2. 节省成本

采用客户开发思维可以大幅度节约成本。

在寻找客户和检验商业模式阶段,钱多反而坏事。筹集到巨额资金后,创业者往往被冲昏了头,采用"烧钱"的方式抢占市场,而忽视如何完善产品。

实际上,在确定客户购买产品意愿之前,新创企业不必组建营销部门、销售部门,这样可以节省大笔资金。

第四节 敏捷开发思维

埃里克·莱斯的《精益创业》实质上讲的是敏捷开发思维,其核心思想是:通过建立"开发—测量—认知"的反馈循环,也称验知循环,来衡量创业的进展(见图6-3)。该循环的目标在于弄明白到底要开发出怎样的产品(或服务),此产品(或服务)才既是客户想要的,也是客户愿意尽快付费购买的。一切与验知循环无关的活动和投入,都是浪费资源。

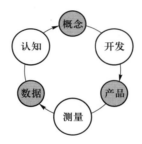

图6-3 验知循环

敏捷开发是创新产品开发的一种新的方式。

一、基本流程

新创企业通过构建核心的"开发—测量—认知"验知循环,学习衡量创业的进展情况,并集中精力把验知循环流程的时间缩减到最短。概念是流程起点,也是一次循环的终点。

(一)开发:从概念到产品

这里"概念"指的是创意,就是创业者对于创意的假设。创意来源于创业者信念飞跃的大胆假设。这些概念是创业活动中的首要风险,包含诸多"创意杀手"。创业者应及早开展信念飞跃的概念测试,主要包括价值假设和增长假设。

创业者一旦明确创业的大胆假设后,就应尽快进入开发阶段,把概念转化为可视化的产品。根据测试要求不同,开发产品的要求也不同。开发要做到快速、可行、极简。

（二）测量：从产品获得数据

最小可行产品是"开发—测量—认知"验知循环的载体。用最少的精力、最短的时间、最小的成本，经历一次完整的"开发—测量—认知"的验知循环。

进入测量阶段，最大的挑战在于努力开发的产品能否带来价值，如果开发出来的产品不被客户接受，只能推倒重来。

（三）认知：从数据得到验知

新创企业运用"创新核算"的定性方法，建立起阶段性认知目标，准确、客观地评估创业的进展情况，科学地测量创业成效。过程中要避免使用"虚荣指标"，提高指标的可执行性。

创业者每次快速完成"开发—测量—认知"的验知循环后，就可以获得对信念飞跃假设的认知，更新原有对于客户、产品、商业模式的概念认知，从而实现由未知到已知，由不确定到确定的转变。

当创业者积累一定验知之后，将面临艰难抉择：是坚持，还是转型？如果发现一个假设是错误的，创业者就需要做出重大改变，选择创业转型，设置新的创业假设。

二、原则

（一）客户原则

创业者始终以客户需求为导向，深入调查了解客户的工作、痛点和价值。新创企业的产品设计，应从自我导向转为客户导向。

（二）行动原则

产品的投入要快速。创业者要一边开发产品，一边建立用户反馈，一边修正产品。产品开发应从计划导向向行动导向转变。

（三）试错原则

敏捷开发是产品从不完美走向完美的过程。产品只有不断进行科学试错、重复测试和修正，才能接近完美。

创业初期，先做一个简单的原型，进入用户测试，建立市场反馈，验证假设是否正确，循序渐进，在试错中获得认知，最终实现产品与市场需求的契合。

产品开发应从理性预测向科学试错转变。

（四）聚焦原则

创业者从客户的最大痛点出发，找准目标客户，强调单点突破，寻找有效切入点，设计个性化的产品和服务。

（1）从系统思维到单点突破。以微信红包为例，一个简单的功能却能带来大量的客户。

（2）由点到面开发客户。聚焦一点，单品突破，突出差异化，然后向横向、纵向延伸，带动产品线。

（五）迭代原则

产品预测往往是模糊的,因此创业者要通过最小可行产品,根据客户反馈,不断优化迭代产品。

互联网时代,优化迭代被众多公司广泛实践。比如,谷歌对安卓系统的升级不再采用传统意义上的"闭门造车"模式,而是使用迭代策略,根据客户反馈信息,确认客户需求,并不断优化升级。产品升级思维从完美主义向高速迭代转变。

三、核心环节

（一）最小可行产品

最小可行产品是将创业者或者新产品的创意用最简洁的方式开发出来,可以是产品界面,也可以是能够交互操作的产品原型。它的好处是能够直观地被客户感知到,有助于激发客户的意见。

它具有以下特点：

（1）体现了项目创意;

（2）能够测试和演示;

（3）功能极简;

（4）开发成本最低甚至零成本。

（二）用户反馈

用户反馈是指通过直接或间接的方式,从最终用户那里获取针对该产品的意见。对于敏捷开发者而言,一切活动都是围绕客户进行的,产品开发中的所有决策权都交给客户。因此,如果没有获得足够多的客户反馈,就不能称为敏捷开发。

客户反馈的关键信息有：

（1）客户对产品的整体感觉;

（2）客户并不喜欢/不需要的功能点;

（3）客户认为需要添加的新功能点;

（4）客户认为某些功能点的实现方式需要改变;

（5）获得客户反馈的方式主要是现场使用、实地观察。

（三）快速迭代

快速迭代是指针对客户反馈意见以最快的速度进行调整,融合到新的版本中。

在互联网时代,客户需求快速变化,速度比质量更重要。因此,企业不必追求一次性满足客户的需求,而应通过一次又一次的迭代不断丰富、完善产品的功能。比如,微信在发布的第一年(2011年),就有15次更新。

四、价值

（一）快速

所有的创新行为和想法都必须在最短的时间内呈现出来。创业者要抛弃一切暂不重要的其他功能,把极简的功能展现给用户,以最快的速度知道结果。

（二）低成本

创业者要采用"频繁验证并修改"的策略,确保不会在客户认可之前投入过高的成本。

（三）高成功率

从最小可行产品出发,在开发过程中每一次迭代都可以寻找客户进行试用。只有如此,才能了解客户对产品的看法,发现产品的不足,探寻客户希望增加乃至修改的功能点。

本章小结

产品设计思维源于斯坦福大学设计学院的一门课程,包含移情思考、需求定义、创意构思、原型实现和产品测试五个基本步骤,全程体现市场价值、技术价值和商业价值。产品开发思维的基本流程包括创意/愿景→产品开发→内部/公开测试→正式发布产品。产品开发思维适合于在成熟的、规范的市场推出产品,缺点在于仅仅关注产品,忽略了客户、市场、营销甚至财务。

客户开发思维的核心思想是通过试错来积累经验,基本流程包括客户探索、客户检验、客户生成、企业建设四个环节。客户开发思维价值在于科学试错和节省成本。敏捷开发思维通过构建核心的"开发—测量—认知"验知循环,学习衡量创业进展情况。敏捷开发思维的价值在于快速、低成本和高成功率。

复习思考

1. 简答题
（1）简述产品设计思维的基本步骤。
（2）简述产品开发思维存在的不足。
（3）简述敏捷开发思维。
2. 自测题

请扫描二维码,进入本章知识点的测试。

3. 案例题

铱 星 计 划

一、铱星计划的起源

1991 年,摩托罗拉和其他来自全球 18 个国家的投资方成立铱星公司,为解决当时全球手机呼叫服务稀缺、信号服务不稳定以及费用昂贵等问题,计划建造一个服务范围覆盖全球任何角落的移动电话系统,为用户提供移动电话服务。

铱星计划革命性的想法从何而来?来自摩托罗拉的工程师巴里·伯蒂格妻子在加勒比海度假时的抱怨:手机无法联系到她的客户。巴里和摩托罗拉卫星通信小组的另外两名工程师想到解决方案:由 77 颗近地卫星组成的卫星群,让用户从世界上任何地方都可以打电话。由于金属元素铱有 77 个电子,这项计划就被称为铱星计划。

二、铱星计划的实施

1991 年铱星计划正式启动。摩托罗拉投资 4 亿美元建立了铱星公司,拥有 25% 的股份。铱星公司最终与摩托罗拉签订了 66 亿美元的合约,其中 34 亿美元用于卫星的开发,29 亿美元用于维持公司正常运行。铱星公司为摩托罗拉建立卫星通信系统提供技术支持。铱星公司从俄罗斯、美国和中国购买 15 枚火箭,然后向地球轨道发射 72 颗私人卫星,形成一张首尾相连、可覆盖全球任何角落的手机信号塔。铱星公司成立后第 7 年,所有卫星也已经进入轨道。

1998 年 11 月 1 日,在进行耗资 1.8 亿美元的广告宣传之后,铱星公司开启了卫星通信电话服务。开幕式上美国副总统戈尔用铱星手机打了第一通电话。铱星手机的价格是每部 7 000 美元,每分钟通话的花费约 7 美元。到 1999 年 4 月,公司只有 1 万用户。面对着微乎其微的收入和每月 4 000 万美元的贷款利息,公司陷入了巨大的压力之中。

1999 年 6 月,铱星公司解雇了 15% 的员工,甚至包括几位参与了公司前期规划的员工。截至 1999 年 8 月,铱星公司的用户有 2 万名左右,离贷款合同要求的 5.2 万名用户相去甚远。8 月 13 日,铱星公司提出了破产保护的申请。随着卫星被迫返回地球并坠毁,项目宣告失败。

三、铱星计划的失败分析

1. 手机的普及

手机行业的快速发展削弱了市场对铱星服务的需求。在铱星公司按部就班地实施着自认为"完美"商业计划的 7 年时间里,移动电话和手机网络出现闪电般的技术创新。1998 年,铱星服务开始启动时,全球已经没有多少地区无法提供手机服务,手机价格也迅速跳水。尽管如此,铱星公司对其商业模式、客户需求探索仍未做出任何调整。

2. 铱星公司技术的限制

铱星公司的技术限制和设计扼杀了它的前途。由于铱星公司的技术是基于天线与卫星的通信,用户无法在车里、室内和市区的许多地方使用电话。在野外的用户还得对准卫星方向获取信号。正如一位高级商业顾问所说:"你无法想象一个出差到曼谷的首席执行官走出大楼,走到街角,然后掏出一部 3 000 美元的电话来打。"手机无法做到小型,无法在室内使用,充电在偏远地区需要特殊的太阳能设备,这些都限制了铱星公司在长期出行的商业人士目标市场中的销售数量。

本案例根据史蒂夫·布兰克等所著《创业者手册》及百度文库、搜狐网等资料改编而成。

结合案例,请分析:

(1)铱星计划体现了什么创业思维?

(2)从创业思维角度分析铱星计划为什么失败。

第七章　商业画布

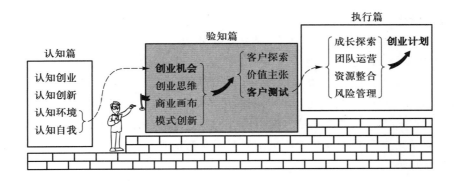

学习目标：

1. 掌握商业模式及其特征。

2. 掌握商业画布概念及其构成。

3. 掌握商业画布及其制作流程。

4. 了解主要板块及其制作要点。

核心观点

1. 商业模式描述了创造价值、传递价值和获取价值的基本原理。

2. 商业画布是用来描述、可视化、评估、改变商业模式的通用语言。

3. 商业画布有助于催生创意、降低猜测。

导入案例：苹果模式

　　2022年1月4日，苹果公司的股价达到了182.88美元，市值第一次站上了3万亿美元的台阶。这是全球首个3万亿市值企业，其体量相当于全球第五大经济体的GDP，仅次于美国、中国、日本及德国。苹果公司高管接受采访时曾表示："苹果成功的秘密在于把最好的软件装在最好的硬件里。"苹果公司的成功不是单纯依靠某几款产品，而是通过iTunes和App Store平台开创了全新的商业模式"酷终端+用户体验+内容"，实现了客户体验、商业模式和技术三者之间的平衡，并能持久盈利，独特到别人几乎不能复制。事实证明，苹果模式对其他厂商形成了致命的、毁灭性的打击。

一、客户价值

苹果公司不是业界第一个吃螃蟹的人，钻石多媒体公司比苹果公司早3年就推出数字音乐播放器。但是，苹果连出重拳，iPod及iTunes、iPhone及App Store、iPad，先后改变了传统音乐、手机和出版行业，苹果公司掌握了硬件、软件和服务的产业关键环节，成为核心企业。

二、盈利模式

苹果公司的主要盈利路径有两条：一是销售硬件，获得一次性高额利润，这是主要利润来源；二是销售软件，通过音乐和应用程序等重复性购买，获得持续利润，凸显运营平台的价值。

两种盈利模式互相加强，形成良性循环。一是卓越的软件和海量的音乐和应用程序，无论是iPod、iPhone还是iPad，都比同类产品更具有竞争力。二是卓越的硬件和高销量、保有量，带动应用程序下载，促进新程序和软件开发，拉动更多、更好的内容进入苹果的供应链。苹果公司控制了这个产业中最核心的也是利润率最高的设计、渠道和销售环节。

三、关键资源

人才资源是苹果公司的关键资源。苹果公司拥有出类拔萃的高管，还有一批业界领先，非常有创新能力和完美精神的产品设计和开发人员。一名刚进入苹果公司的设计师年薪在20万美元左右，比行业平均水平高50%。十年的人才积累，能够为消费者设计出优秀的产品。

苹果公司拥有卓越的制度流程。关键流程包括鼓励创新的公司制度、企业文化和研发管理，确保产品创新具有可复制性和可扩展性，从而不断开发出类似于iPhone和iPad这样的产品，也确保能够不断地开辟新的产业领域，并将成功的商业模式复制到这些领域中去。

本案例根据凤凰网科技频道及第一财经网资料整理而成。

第一节　商业模式与商业画布

一、商业模式

20世纪50年代，已经出现商业模式（Business Model）的概念，但直到90年代，随着互联网的兴起，商业模式才开始被广泛应用和传播。到了21世纪，随着"互联网+"、云计算、电子商务的发展，传统企业面临信息化、网络化等挑战，商业模式及其创新成为创业者、投资者、管理者的高频率用词。德鲁克说："当今企业之间的竞争，不是产品和服务之间的竞争，而是商业模式之间的竞争。"

（一）概念

商业模式描述了企业创造价值、传递价值和获取价值的基本原理。

商业模式讲述了新创企业如何通过运作来实现其生存与发展的"故事"。例如，谷歌让普通用户免费使用其搜索引擎，而通过定向广告从企业客户那里获得收益。在网络热潮时期，硅谷的许多创业者曾通过给投资者讲一个好的"故事"而获得了巨额融资。

（二）特征

商业模式具有以下特征：

1. 整体性

商业模式包括目标市场选择、顾客价值定位（主张）、价值生成机制、价值链（网）结构、价值链运动，以及收入模式、定价方式、现金流状况、资源安排等若干要素。各环节相互关联，彼此作用，构成一个内部契合、协同的整体。

2. 价值性

商业模式的核心在于价值创造，为顾客价值创新和延伸提供较大空间，为业务和收益的多样化创造了条件。它既为客户创造并传递价值，又为商业伙伴创造合作价值，同时，为股东创造投资价值。

3. 复制性

商业模式具备内外部的适应性，具有较长的稳定期，而不是昙花一现。在基本同等的外部条件下，商业模式可以移植。好的商业模式一旦运行，就会对关键经营资源（如顾客资源）的获取、占有、保持和拓展产生增强效应，从而使其竞争优势不断放大和提升。

4. 创新性

创新成果有助于提升商业模式的竞争能力，意味着改变行业竞争规则、打破常规等，带来破坏性创新。商业模式成功运作，快速实现了创新价值，激励并促进了持续的创新活动。

> **延伸阅读1：** 商业模式的四个重要维度

二、商业画布

（一）概念

1. 来源

商业画布，全称为商业模式画布，是由亚历山大·奥斯特瓦德和伊夫·皮尼厄与超过470位参与者共同开发的一种简单易用的商业模式设计工具。

2. 定义

商业画布是一种用来描述商业模式、可视化商业模式、评估商业模式、改变商业模式的通用语言。

商业画布对创业者的重要性在于：催生创意、降低猜测，确保创业者找准目标用户，合理解决问题。

（二）构造板块

1. 九大板块

商业画布由九个板块组成（见图7-1），分别为：客户细分（CS）、价值主张（VP）、渠道通路（CH）、客户关系（CR）、收入来源（RS）、关键任务（KA）、核心资源（KR）、重要合作（KP）

和成本结构(CS)。

按照以上顺序解读商业画布,可展示新创企业创造价值的商业逻辑。

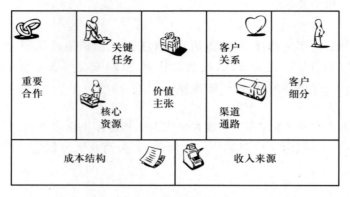

图 7-1　商业模式画布

2．逻辑关系

（1）创业者基于客户细分认知,设计价值主张,通过渠道通路传递价值,通过客户关系提升价值,从而使企业获得收入来源。

（2）企业为了实现价值主张,投入核心资源,开展关键任务,寻求重要合作,进而形成成本结构。

（3）收入来源能否覆盖成本结构,是检验商业模式是否可持续的基本标准。

3．商业画布使用流程

（1）探索要素。根据商业画布的每一个板块,探索各种可能的要素。要尽量用具体名词,拒绝抽象名词。

（2）贴入画布。分别将各板块要素贴入画布。

（3）逻辑梳理。画布中每个要素的变化都会影响其他要素。创业者要剔除逻辑矛盾的因素,设计出独特的商业模式。

第二节　商业画布板块

商业画布包含客户细分、价值主张、渠道通路、客户关系、收入来源、关键任务、核心资源、重要合作和成本结构九个板块,下面分别介绍每个板块及其探索要点。

一、客户细分

（一）板块内容

客户细分板块用来描绘新创企业想要接触和服务的不同人群或组织,是商业模式的核心板块。为了更好地满足客户需求,按照客户共同的需求、行为和其他属性,把客户分成不同的细分群体。

1. 功能

（1）细分客户。商业模式可以定义一个或多个客户群体。比如，按照地域、年龄、性别、收入、职业、受教育程度和生活方式等对客户进行细分。重点回答：我们正在为谁创造价值？谁是我们最重要的客户？

（2）差别管理。不同客户群体需要提供不同的产品或服务；不同客户群体需要不同的渠道通路；不同客户群体需要不同的客户关系；客户群体有付费和免费之别；同样是付费客户群体，对收入的贡献可能存在天壤之别。

2. 市场领域

客户细分形成不同的市场领域。

（1）大众市场。聚焦于大众市场的商业模式，其基本假设是客户群体具有相同的需求和问题，通常采用标准化产品满足市场需求。

（2）小众市场。小众市场适用以特定细分市场为目标，以迎合特定的客户群体的商业模式。新创企业为了避免与大企业正面冲突，可选择被大企业忽视的一个小市场开始创业，降低创业风险。

（3）多边市场。多边市场适用服务于两个或更多的相互依赖的客户群体的商业模式。如信用卡公司既要服务信用卡持有者，又要服务商家。

（二）画布探索

1. 提问

谁是你的付费用户？

2. 要求

（1）避免抽象名词，如"客户"或"高消费人群"。

（2）尽可能明确到具体对象，如"户外运动爱好者""中小学教师"等。

3. 注意事项

（1）写直接付费用户。比如，做订餐服务，如果你是为餐厅引流，餐厅给你提成，你的用户就是"餐厅"；如果食客通过网络付费，所付金额扣去提成后给餐厅，你的用户就是"食客"。

（2）不同用户分别填写。比如，你做快递业务，同时有公司业务和个人业务，需要分开。

（3）免费情况处理。如果业务"永远免费"，跳过。免费是特殊的多边式商业模式，请探索愿意为免费用户买单的另外一个群体。如果免费仅仅是流量入口，将来会局部收费，请写付费用户。

二、价值主张

（一）板块内容

1. 内容要求

价值主张板块用来描绘为特定客户群体创造价值的系列产品和服务，是商业模式中的驱动因素,也是最重要的环节。

新创企业通过价值主张来解决客户痛点和满足客户需求。价值主张值得创业者花更多时间去思考和设计。

价值主张通过迎合客户群体的需求来创造价值。价值可以是定量的,如价格、服务速度;也可以是定性的,如设计、用户体验。

2. 独特性

可以从以下十个方面探索价值主张的独特性:

(1)新颖。有些价值主张满足客户从未感受和体验过的全新需求。比如,滴滴出行可以有效提供高效出行体验。

(2)设计。客户愿意掏钱购买出色的产品(或服务)设计。在时尚和消费电子产品领域,设计是价值主张特别重要的部分。

(3)性能。改善产品和服务性能是传统意义上价值创造的普遍方法。但是,性能改善似乎有其局限性。比如,近年来,计算机更快的 CPU(GPU)、更大的磁盘存储空间和更高像素的图像显示,未能在用户需求方面促成相应的增长。

(4)定制。定制产品或服务以满足个别客户或细分客户群体的特定需求来创造价值。特别是,大规模定制和客户参与制作尤其被客户认同。比如,尚品宅配在家居定制方面赢得客户认可。

(5)品牌或身份地位。客户通过使用和展示某一特定品牌而发现价值,让客户感到与众不同,身价倍增。

(6)价格。省钱也是吸引客户选择特定服务的原因。免费产品和服务正在越来越多地渗透到各行各业,如报纸、软件、电子邮件等。

(7)成本削减。帮助客户削减成本是创造价值的重要方法。企业可通过削减成本以实现收入增长。比如,租用云服务器,降低设备投入成本。

(8)便利性。为客户节省时间、减少麻烦是一项重要的收益。苹果公司的 iTunes 为用户提供便捷的信息搜索、购买软件、下载资源等服务,并主导了市场。

(9)可达性。把产品和服务提供给以前接触不到的客户是另外一个创造价值的方法。比如,共享游艇,可以让小康家庭尝试新颖的度假生活。

(10)风险降低。当客户购买产品(或服务)的时候,帮助客户抑制风险,可以为客户创造价值。比如,信息不对称会给民间借贷带来巨大的潜在风险。有的企业能提供独特的信息服务,实时监测借款人向多家平台同时提出的融资需求,可以抑制民间借贷中的恶意融资行为。

（二）画布探索

1. 提问

你给用户带来什么好处?

2. 要求

(1)避免空泛概念,如"价值";

(2)尽可能明确价值点,如"降低运营成本""降低获客成本"。

(3)多思考与竞争对手差异点、价值点。

三、渠道通路

（一）板块内容

渠道通路板块用来描绘新创企业如何沟通、接触目标客户，传递价值主张。

沟通、分销和销售构成新创企业与客户的接口。客户接口在客户体验中扮演着重要角色。

渠道包括自有渠道和借助合作伙伴渠道等。

1. 功能

（1）认知。提升产品和服务在客户中的认知。

（2）评估。帮助客户评估价值主张。

（3）购买。协助客户购买特定产品和服务。

（4）传递。向客户传递价值主张。

（5）售后。向客户提供售后支持。

2. 实体渠道

常见实体渠道主要有：

（1）直接销售。企业聘请销售人员拜访最终用户或向中间商销售产品。

（2）销售代理。企业通过代理机构销售产品。一家代理机构往往代理多家企业产品。

（3）分销商。分销商扮演制造商和零售商之间的媒介角色，负责各地铺货和库存管理。

（4）经销商。经销商需要事先购买产品。企业通常为了保障经销商利益，在定价上给经销商留足利润空间。

（5）大型零售商。企业通过沃尔玛、联华等大型连锁零售商销售产品。未经小范围成功试销，大型零售商很少贸然推出新产品。试销成功后，企业需支付"上架费"。

3. 网络渠道

常见网络渠道主要有：

（1）电子商务。通过成熟的电子商务平台或自建企业网站销售产品。

（2）移动商务。通过手机平台软件销售产品，如微信公众号、小程序、手机 App 等。

（3）社交媒体。通过微信、微博、QQ、Facebook 等社交网络，利用其巨大的用户基础，转变为商务平台。

（4）免费+付费渠道。利用微信、头条、百度等平台精准推送，实现网络平台引流。

❯ **延伸阅读 2：互联网流量的六种形态**

❯ **延伸阅读 3：互联网流量的本质**

（二）画布探索

1. 提问

如何让用户知道你？

2. 要求

（1）避免宏观概念，如"市场营销""网络营销"。

（2）尽可能明确可视化途径，如搜索排名广告、微信精准推广、现场路演推广等。

3. 探索技巧

（1）了解客户习惯。重点调查、认知目标客户的工作、生活习惯。

（2）探索有效的途径与方法，并根据有效性进行渠道排序。

四、客户关系

（一）板块内容

客户关系板块用来描绘新创企业与特定客户群体建立的关系类型。

把产品传递给消费者的同时，新创企业也在每个细分市场建立和维护客户关系。客户关系深刻影响着全面的客户体验，用于创造需求。

1. 功能

做好客户关系管理，具有以下功能：

（1）获取客户。

（2）维护客户关系。

（3）客户价值挖掘。

2. 类型

（1）个人助理服务。基于人与人之间的互动，在销售过程中或者售后阶段，客户可以与客户代表交流并获取帮助。特别是对于重要客户，企业要安排专门的客户代表，建立深层次、亲密的关系。

（2）自助服务。这是一种与客户不发生直接关系，为客户提供自助服务的平台。特别是，整合更加精细的自动化模式，能提高客户自助服务的消费体验。

（3）社区。这是一种利用线上社区与客户/潜在客户建立更为深入的联系，促进社区成员之间的互动的平台。比如，小米的米聊。

（4）共同创作。它超越传统客户与商家关系，让客户参与价值创造。比如，亚马逊邀请客户来撰写书评，为其他读者提供价值。

（二）画布探索

1. 提问

你与消费者如何联系？

2. 要求

（1）避免空泛管理，如"客户关系管理"。

（2）尽可能明确具体做法,如客户微信交流群、客户分享会、营销层级管理等。

（3）建立客户反馈渠道,发现客户价值、潜在需求。

五、收入来源

（一）板块内容

收入来源板块用来描绘新创企业从每个客户群体中获取的现金收入（需要从创收中扣除成本）。收入来源产生于成功（满足客户需求）的价值主张,是从不同客户群体获取的收入。创业者需要弄清楚客户愿意为哪些价值主张付费,接受何种支付方式。

1. 来源特征

（1）一次性收入。指通过客户一次性支付获得的交易收入。比如,苹果手机、手表等产品销售。

（2）经常性收入。指针对产品、服务、售后维修或支持等项目的连续性收费。比如苹果服务、软件下载。

2. 定价机制

每种收入来源都可能有不同的定价机制,不同的定价机制会对收入产生巨大影响。

（1）固定定价。指根据静态变量而预设价格的定价。比如,标价、基于产品特性的定价、基于客户细分的定价、基于客户购买数量的定价。

（2）动态定价。指根据市场变化而调整定价。比如,协商定价、基于库存量和购买时间的定价、实时市场定价、拍卖定价等。

3. 来源方式

（1）产品销售。这是最为人熟知的收入来源方式。

（2）使用收费。通过特定的服务收费,客户使用越多,收费越多。比如,电信运营商按照流量收费。

（3）订阅收费。来自销售重复使用的服务。比如,在线音乐服务,用户通过按月订阅付费。

（4）租赁收费。来自特定资产在某固定时间内的排他性使用权的授权。比如,共享汽车。

（5）授权收费。将受保护的知识产权授权客户使用,获得授权费用。比如,专利授权。

（6）经纪收费。来自为双方或多方之间提供中介服务而收取的佣金。比如,房地产经纪人。

（7）广告收费。来自为特定的产品、服务或品牌提供广告宣传服务。近年来,互联网平台具有精准推广能力,广告收入快速增长。

（二）画布探索

1. 提问

你有多少种赚钱途径？

2. 要求

（1）避免概念性回答，如"产品销售"。

（2）表达尽可能清晰、准确，如某产品销售利润、售后服务收入等。

（3）挖掘你的盈利点。

 六、关键任务

（一）板块内容

关键任务板块用来描绘新创企业为确保商业模式的可行性必须做的事情。如生产制造、产品研发和市场营销等。

新创企业需要运用价值链模型，甄别核心增值环节，确定关键任务模式。它通常包括制造、销售、支持等环节。按照行业特点，关键任务分为以下几类。

1. 制造产品

对于制造业而言，生产一定数量或满足一定质量的产品，是商业模式的核心。

2. 提供方案

新创企业为客户提供解决问题的新方案。如咨询公司、医院和其他服务机构的关键任务都是提供方案。这需要企业有强大的知识管理和业务培训能力。

3. 提供服务

新创企业为客户提供独特的服务，以满足客户的消费体验。如网络服务、交易平台、软件服务等都可以看成产品服务。此类商业模式的关键任务与平台管理、服务提供、平台推广相关。

（二）画布探索

1. 提问

你的关键任务是什么？

2. 注意事项

（1）避免空泛概念，如"融资服务"。

（2）尽可能列出实现商业模式的核心工作，如运用微贷技术，为小微企业提供间接融资服务。

（3）拓展价值创造空间。

 七、核心资源

（一）板块内容

核心资源板块是用来描绘新创企业有效运作的最重要因素。

核心资源是提供和交付价值主张所必备的重要资产，是保证商业模式有效运作所必需的资源，是商业模式的基础。核心资源可以是实体资产、金融资产、知识资产或人力资源。

1. 资源观念

（1）核心资源可以是自有的，也可以是从重要合作伙伴那里获取的。

（2）不同的商业模式，所需的核心资源也不同。

（3）创业者要非常清楚创业项目的核心资源所在。

2. 资源类型

（1）实体资产。包括生产设施、不动产、机器、系统、销售网点和分销网络等。

（2）知识资产。包括品牌、专有技能、专利、版权、合作关系等。知识资产日益成为商业模式中重要的组成部分。通常知识资产开发难度越大，可以带来的价值空间也越大。

（3）人力资源。任何新创企业都需要人力资源。但是，在某些商业模式中，人力资源尤为重要。如在知识密集型和创意产业中，人力资源至关重要。

（4）金融资产。有些商业模式需要金融资产或财务担保。

（二）画布探索

1. 提问

你拥有或能够获得哪些重要资源？

2. 注意事项

（1）盯住核心资源。需要清晰梳理新创企业的核心资源，包括有形资源、无形资源和人力资源。比如，创业伙伴、启动资金、技术团队、推广渠道等。

（2）策略性整合资源。不求所有、但求所用，拓展资源视野。

◢ 八、重要合作

（一）板块内容

重要合作板块是用来描绘保证商业模式有效运作所需的供应商与合作伙伴的网络。有些业务要外包，有些资源需要从新创企业外部获得。

1. 合作类型

（1）与非竞争者之间的战略联盟。

（2）与竞争者之间的战略合作。

（3）为开发新业务而构建的合资关系。

（4）为确保可靠供应的供应链关系。

2. 功能

（1）达成规模经济。企业与合作伙伴合作，达成规模经济，降低成本。

（2）降低经营风险。企业建立合作伙伴关系，减少环境不确定性的影响。比如，合作研发，可以摊薄研发费用，降低投入风险。

（3）获取特定资源。很少有企业拥有所有的资源。企业只有通过合作，才能主动获取某方面的优势。

（二）画布探索

1. 提问

谁能帮助你？

2. 要求

（1）理清合作思路。根据新创企业资源、能力，按照轻重缓急列出战略联盟、合资关系、供求关系、竞争者之间的合作关系等。如渠道商、供应商等。

（2）善于借助外力。企业间构建共赢机制，寻求多元合作。

九、成本结构

（一）板块内容

成本结构板块是用来描绘运营一个商业模式所引发的所有成本。

获得核心资源、实施关键任务、展开重要合作，都会产生成本。简单地说，成本结构可分为固定成本和可变成本。

1. 构成

（1）固定成本。它是不受产品或服务产出业务量的变动影响，保持不变的成本。如薪金、租金。制造业具有高比例的固定成本的特征。

（2）可变成本。它是伴随着产品或服务产出业务量，而按照比例变化的成本。

2. 关键要素

（1）可升级性。可升级性是成本结构和商业模式中的一个重要概念，是指为每个增加的客户提供服务的额外成本逐渐下降而非持续上升。比如，一旦软件公司完成软件开发后，一款软件就可以很低的成本复制销售，公司为新增客户服务的边际成本几乎为零。

（2）竞争类型。一是成本驱动。成本驱动的商业模式侧重于在每个环节尽可能降低成本，创造和维持最经济的成本结构。它采用低价的价值主张，最大程度自动化和广泛外包。二是价值驱动。某些新创企业专注于价值创造，强调高度个性化服务，满足用户消费体验。

（3）优势来源。一是规模经济。企业享有产量扩充所带来的成本优势。二是范围经济。企业由于享有较大经营范围而具有的成本优势。比如，大型企业同样的营销活动可支持多种产品。

（二）画布探索

1. 提问

你需要负担多少成本？

2. 要求

（1）避免笼统预算，如启动资金、流动资金。

（2）尽可能按照业务模式分类测算投入预算，如采购设备清单及费用、采购材料清单和费用、员工工资等。

3．注意事项

（1）根据业务运作，核算分类成本，然后汇总。切忌遗漏。

（2）员工工资是新创企业最大的成本。

本章小结

商业模式描述了企业创造价值、传递价值和获取价值的基本原理，具有整体性、价值性、复制性和创新性的特点。商业画布是一种用来描述、可视化、评估、改变商业模式的通用语言，包含客户细分、价值主张、渠道通路、客户关系、收入来源、关键任务、核心资源、重要合作和成本结构等板块。

商业画布基本逻辑在于：基于客户细分认知，明确价值主张，不仅通过渠道通路传递价值，而且通过客户关系提升价值，从而获得收入来源；为了实现价值主张，投入核心资源，开展关键任务，寻求重要合作，形成成本结构；收入来源能否覆盖成本结构，是检验商业模式是否可持续的基本标准。创业者根据每个板块的内容，尽可能具体探索板块要素，拒绝空洞、抽象的名词或概念，剔除存在的矛盾因素，做好产品的持续迭代，设计出独特的商业模式。

复习思考

1．简答题

（1）简述商业模式的概念和特征。

（2）简述商业画布的主要板块。

（3）简述商业画布的基本逻辑关系。

2．自测题

请扫描二维码，进入本章知识点的测试。

3．案例题

腾讯的产业互联网商业模式

一、何为产业互联网

简单来说，产业互联网是指应用互联网的技术来连接、重构产业，从而让产业效率得到提升的实践活动。产业互联网连接的对象包括人、设备、软件、工厂、产品，以及各类要素，其潜在的连接数量可能达到数百亿。在互联网的流量红利已经见顶，消费互联网市场已经越来越"红海"化的今天，产业互联网这片"蓝海"显得尤其诱人。

二、腾讯的产业互联网商业布局

强调长期价值主义的腾讯产业互联网，无论做出什么战略选择和业务布局，最根本的还是基于需求，回归产业本质。

1．助力实体产业，做好产业的"数字化助手"

（1）社会公共服务持续发展，普惠化、即时化成为趋势，腾讯的产业互联网可以助力提升服务的效率和体验,帮助乡村振兴、城市治理、应急救灾等领域。腾讯助力武汉,建设公共卫生应急指挥系统,成为全国标杆。腾讯积极参与武汉的智慧城市建设,该项目帮助武汉获得了"2021世界智慧城市大奖"。

(2)借助云、AI、大数据等工具,生产、制造各环节变得可测量、可优化,助力中国制造向高端智能、绿色低碳升级。例如,通过数字孪生技术,90%的自动驾驶测试可以通过云端仿真完成,大大减少了路面测试的不安全和能源消耗。

(3)消费市场中,内循环为本土品牌提供了发展的土壤,数字化助力消费行业更加理解用户,助推国潮品牌的崛起。例如,泡泡玛特在微信里打造了"在线抽盒机",用户在抽盲盒的同时也能与朋友分享乐趣。泡泡玛特用企业微信运营了3万多个微信社群。2021年上半年,泡泡玛特小程序收入超过了3亿元,同比翻了一倍。

对实体产业的价值助力有多少,是衡量产业互联网发展的重要标准。腾讯也一直坚持要为产业降本增效,做好产业的"数字化助手"。

2. 以四大引擎,助力各行各业

腾讯立足其优势能力,打造用户、技术、安全和生态四大引擎,助力各行各业,发掘数字化新动能。

(1)打造用户引擎,将用户理解引入产业全流程,助力企业服务于人,激活增长因子。腾讯助力玲珑轮胎,打造了智慧营销云平台,通过企业微信、腾讯会议,连接了300家经销商、1.5万家加盟店。通过理解客户行为,精准触达需求;基于库存、渠道与门店销售数据,优化排产计划。2020年,在新冠肺炎疫情暴发的状况下,玲珑轮胎销售量逆势增长了50%。

(2)打造技术引擎,将前沿数字技术与产业落地融合,为产业升级提供好用、易用的工具。腾讯的分布式数据库TDSQL,服务国内银行系统,打造银行传统核心系统上线的国产数据库。腾讯服务了超过3 000家金融政企客户。腾讯自研的视频转码芯片"沧海",压缩率比业界芯片平均水平提升30%以上。在新一代国际视频编解码标准H.266中,腾讯有超过100项技术提案被采纳,数量全球领先。

(3)打造安全引擎,以云原生、零信任为核心,塑造产业互联网时代的安全底座。2021年,腾讯助力江苏人力资源和社会保障部门,搭建起一体化的信息平台,为全省1亿多人、上千万家企业、上万亿元的社保资金保驾护航。

(4)打造生态引擎,持续推动产业互联网的开放战略。腾讯构建了生态产品库,引入近500个精品应用和2 000款行业的优选应用,并与数据、音视频技术深度融合;向合作伙伴开放自研的交付服务,推出"城市合伙人计划",共同深耕区域市场,先后推出了人工智能、SaaS、区块链、云原生四个产业加速器,以及智慧城市、教育、出行、金融科技等行业共创营。目前,在腾讯的生态体系中,年收入破千万元的伙伴达到数百家。

"用户为本,科技向善"是腾讯公司的使命愿景。腾讯新增的价值观是"健康可持续"。产业互联网是一个长跑的历程,每个垂直领域也极为专业和复杂,这就要求腾讯既要保障当下的发展,也要坚持长期价值、练好内功,深入产业,平衡好长期目标与短期目标。

本案例根据《产业互联网的中国路径》等网络资源整理而成。

结合案例,请分析:

(1)简述腾讯产业互联网的渠道通路。

(2)简述腾讯产业互联网的价值主张。

第八章 模式创新

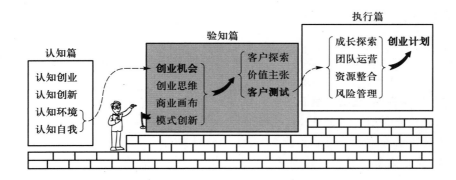

学习目标：

1. 掌握商业模式创新。

2. 熟悉商业模式的核心环节。

3. 掌握五大现代商业模式及其特征。

核心观点

1. 价值发现是对创业机会识别的延伸。

2. 价值分享是商业模式是否可持续的关键。

3. 多边市场是一个重要的商业现象。

4. 免费式是特殊的多边式商业模式。

导入案例：疫情催生新零售商业模式五大变革

　　自从新冠肺炎疫情暴发以来，中国的新零售业受到了两个层面的影响。一方面，受新冠肺炎疫情影响，国内很多线下零售企业被迫倒闭，损失惨重。以鞋服类品牌为例，暴发的疫情让本来是销售旺季的春节几乎无收；另一方面，超市、便利店、生鲜平台的销售火爆，尤其是线上、到家部分表现突出，如 2020 年，京东到家总交易额同比增长 107%。

　　越是这种时候，越是变革的契机，正如 2003 年非典型肺炎疫情催生了中国零售业的大变革，让淘宝、京东强势崛起，新冠肺炎疫情也必然带来一场前所未有的中国零售业变革。这里我们分析一下新冠肺炎疫情给零售商业模式带来的五大深刻变化。

变革之一：私域流量彻底觉醒

如果说之前私域流量的火爆更多的是在电商圈，那么新冠肺炎疫情，让整个零售圈，尤其是线下零售企业彻底觉醒：当线下门店门可罗雀，创建社群、盘活粉丝、搭建自己的私域流量池成为当务之急。

线下零售企业纷纷试水私域流量，如斐乐、太平鸟等服装品牌发动自己的员工建亲友特卖群等方式销售商品；《河南商报》报道，正弘城、大卫城、锦荣悦汇城等多家商场利用小程序、微信群实现线上营业等。线下品牌要搭建和运营私域流量池，最好的策略是借势，即借专业的平台之势，获得私域流量。

2020 年是私域流量觉醒和爆发的元年，商家不再局限于纯货主、零售商，而是进化到流量运营者，会员资产才是真正核心的资产。

变革之二：短视频、直播带货正兴

线下门店停摆倒逼众多的线下零售企业试水短视频/直播卖货。例如，银泰百货就联合淘宝邀请了近千名导购在家直播卖货，实现了无接触购物。

短视频/直播之所以带货能力突出，本质上是重构了"人、货、场"。在"货"上，短视频/直播通过主播的介绍，附着了情感、内容，让"货"活了起来；在"场"上，借助了抖音、快手等各种平台高流量、高关注度的场景优势；更重要的是，短视频/直播带货是以"人"为中心，不仅是主播和用户的深度互动，更是让用户加入内容创作、传播中，形成了强大的带货势能。

变革之三：前置仓库商业模式火爆

以日常生鲜食品为例，企业通过前端供应链，在最近的地方（周围 1~3 千米）设立仓库，方便快速送货上门，同时对"人、货、市"进行重组，给生鲜零售带来了巨大的变化。由于前端仓库离客户足够近，客户下单后一小时内就可以实现发货甚至到货，可以快速解决客户在家吃饭的大问题。新冠肺炎疫情期间，每日优鲜销售火爆，就是很好的说明。

前置仓库商业模式的本质，是分布式的去中心化，是将数字化的实体网络变细、变密，更加贴近用户。

变革之四："共享 XX"流行

新冠肺炎疫情，也让我们重新认识"共享"。有"共享物流"：京东物流开通了全国驰援武汉物资特别通道，在此次"战役"中将累积多年的供应链基础设施全面开放；有"共享员工"：餐饮企业上万名员工待业，而生鲜零售平台订单大增、人手缺乏，共享员工应运而生，如西贝、云海肴等餐饮员工被临时租借给盒马生鲜；有"共享人才"：京东七鲜发布"人才共享"计划，邀请临时歇业的餐饮、酒店、影院及零售联营商户员工前去"打短工"，阿里本地生活服务公司推出"蓝海"就业共享平台，餐饮商户可以通过该平台推荐员工报名成为"蜂鸟"骑手……

变革之五：社交新零售的崛起

随着私域流量和去库存化的兴起，新的零售业正在逐渐出现。人们需要互动、体验和分享。熟人的推荐更容易促进交易，通过用户扩散裂变，企业营销以极低的成本带动新用户的增长。

零售业的巨大深刻变革已经正在发生，你准备好了吗？

本案例根据腾讯、百度等网络资料整理而成。

第一节　商业模式优化策略

一、商业画布优化

商业画布可以从资源驱动、产品/服务驱动、客户驱动、财务驱动、多中心驱动来进行优化。

（一）资源驱动

企业基于现有的基础设施或合作关系的积累，去改变现有的商业模式。

下面以阿里金融为例，分析资源驱动。阿里金融利用阿里巴巴的信息优势，为在线经营户提供小微金融服务（见图8-1）。

1. 驱动板块

从核心资源上，因为阿里巴巴积累了海量的电子商务交易数据，以及实时动态的平台交易数据，这些核心资源可以有效解决阿里金融在线经营户的信用信息评价与管理问题。

（1）历史数据，可以对经营户经营能力做出准确评价。

（2）交易数据，可以对经营户风险进行动态监测。

（3）结算平台，可以实现信贷风险管控。

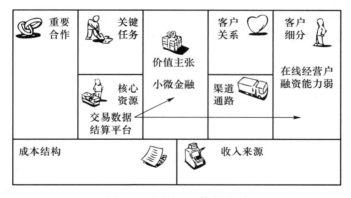

图8-1　阿里巴巴资源驱动

2. 调整板块

（1）客户细分。在线经营户是阿里巴巴电子商务平台的合作伙伴，也是阿里金融服务的重要对象。因此，如何提升经营户的经营能力十分重要。客户痛点在于：部分经营户融资能力不足，特别是面临"双11""聚划算"等大型网络销售活动，小规模经营户面临着备货资金不足影响经营能力等问题。

（2）价值主张。阿里巴巴新增为在线经营户提供小微金融服务。核心资源解决了金融业务的信息不对称、客户风险动态监测和管理复杂等问题，保障了金融服务。

（二）产品/服务驱动

企业通过建立新的价值主张来影响商业画布的其他板块，从而形成具有竞争力的商业模式。

下面以京东为例分析产品/服务驱动。京东刚刚上线时，以正品、低价吸引消费者。之后却发现，消费者在网购商品时希望更快、更好地收到商品，因此，它选择打造自己的物流体系，从而为消费者带来更好的购物体验。

1. 驱动板块

从关键任务上，京东通过自建物流体系，提供优质物流服务。

2. 调整板块

（1）客户关系。通过"京东小哥"，京东与消费者建立强关系，有效解决了"最后一公里"的物流痛点。

（2）价值主张。京东利用客户关系的提升，为"双向物流"奠定基础。一是物流开放。向第三方开放京东物流，摊薄运营成本。二是代收货款。低成本的代收货款服务，有助于促进京东白条的金融服务。

（3）客户细分。随着京东物流向第三方开放，电商、微商等有高质量物流服务需求的公司大量增加。

（三）客户驱动

企业基于客户的需求及其变化，实时优化商业模式。

下面以星巴克为例，分析客户驱动。2008年，星巴克在官方网站上开辟了一个客户交流社区，能够及时抓住客户的需求变化，并及时调整自己行为，深受客户欢迎。

1. 驱动板块

从客户细分上，星巴克客户不满足于线下平台的交流，还提出线上平台的交流需求。

2. 调整板块

（1）价值主张。即建立在线交流平台。

（2）客户关系。星巴克通过在线交流平台，缩短与客户的距离，提升了客户关系。通过该举措能及时掌握客户需求及其变化，为产品创新和服务创新带来空间。

> **延伸阅读1**：小企业如何利用 Web 2.0 技术收集客户意见？

（四）财务驱动

财务驱动指企业以收入来源、定价机制或成本结构来驱动商业模式的改变。

下面以惠普为例，分析财务驱动。惠普善于运用财务驱动，不断提高产品性价比，获得消费者持续认可。

1. 驱动板块

从成本结构上，惠普通过精益生产、规模经济等途径，获得成本优势。

2. 调整板块

（1）客户细分。高性价比的产品，带来了消费者盈余，创造了更多客户价值。

（2）客户关系。客户价值的提高，促进了客户重复下单和口碑推广。

（五）多中心驱动

由多个板块共同驱动并且显著影响商业模式的其他板块，称为多中心驱动。

下面以亚马逊为例，分析多中心驱动。亚马逊一开始只销售图书，业务多元化后，改变了原有的价值主张，重新定义了客户细分。同时，亚马逊还提供了云服务。

1. 驱动板块

（1）价值主张。亚马逊经过两次转型：一次是从线上书店向最大的综合网络零售商转型，为客户提供数百万种独特的全新、翻新及二手商品。另一次是打造以客户为中心的公司，开始大规模推广第三方开放平台、网络服务、外包物流服务、自助数字出版平台等，超越网络零售商的范畴，成为一家综合服务提供商。

（2）客户细分。亚马逊每一次新增上线产品和服务项目，均有明确的客户细分。

2. 调整板块

（1）渠道通路。亚马逊利用电子商务的领先优势，通过精准广告、交叉销售等途径，快速提升新增产品和服务销售能力。

（2）客户关系。亚马逊通过折扣策略刺激消费者增加购买，弥补折扣费用和增加利润。

（3）重要合作。亚马逊积极寻求合作伙伴，为网站引流。

伴随着业务多元化，亚马逊需要不断同步调整其他板块的内容，满足业务拓展的需求。

二、商业模式创新

商业模式设计体现在三个关键环节，在创造客户价值的基础上，为股东带来投资回报，为商业伙伴提供合作价值。商业模式创新可从价值发现、价值创造、价值分享三个方面入手。

（一）价值发现

价值发现是对创业机会的识别与延伸。它是基于客户探索，从客户视角拓展价值空间，塑造全新的价值曲线的过程。

1. 重塑价值曲线

按照"四步框架"法重塑价值曲线（见图8-2）。

（1）剔除。哪些被产业认定为理所当然的元素，需要剔除？

（2）减少。哪些元素的含量应该减少到产业标准以下？

（3）增加。哪些元素的含量应该增加到产业标准以上？

（4）创造。哪些产业需要创造新元素？

2. 案例分析：小米电视

价值主张：小米电视创新设计，通过剔除、减少、增加和创造四个环节，创造了独特的价值主张（见图8-3）。

（1）剔除：小米电视设计剔除了遥控器的复杂按钮、高投入的市场营销。传统遥控器设

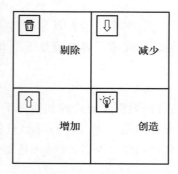

图 8-2 价值曲线重塑

计来自设计师的思维,并没有考虑用户体验。高额的市场营销成本导致过高的产品价格。

（2）减少:移动互联时代,WiFi 已经是大多数家庭的标配,小米电视设计减少了闲置功能和闲置配件。

（3）增加:小米电视设计增加了最简遥控器、友好用户界面、高分辨率。这些元素有助于增强消费体验。

（4）创造:小米电视设计创造了支持 WiFi、蓝牙等功能,互联网应用升级。这些元素极大提升了电视的功能和应用场景。

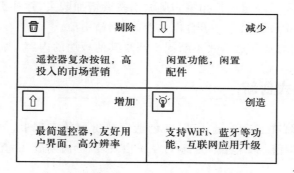

图 8-3 小米电视价值重塑

> **延伸阅读2**:社区团购模式简析

> **延伸阅读3**:波特价值链

（二）价值创造

1. 价值创造原则

新创企业借助价值链分析方法来进行价值创造,以明确自己在价值链上的位置,以及合作伙伴的选择与定位,从而拓展价值创造空间。

（1）新创企业根据核心能力选择关键任务。

（2）非关键任务应该外包给合作伙伴。

（3）价值创造核心在于优化价值链。

2. 价值创造新思维

（1）从 B2C 思维转向 C2B 思维。个性化是消费升级的重要特征，要求企业生产从 B2C 规模化制造模式向 C2B 个性化定制模式转变。转变的关键在于运用精益生产理念，实现低成本、柔性制造。

（2）从生产思维转向平台思维。企业需要树立战略性竞合的理念，如果能够将原有的竞争对手纳入合作伙伴来考虑，可以获得更大的发展空间。比如，小米公司，由手机软件服务转向小米生态链。2014 年小米最先在消费电子行业开展生态链建设计划，致力于推动更多行业和领域进行供给侧结构性改革。小米生态链带动了多个行业的变革，成就了一大批创业者。

（三）价值分享

1. 价值分享原则

价值分享是商业模式可持续的关键，涉及供应商、客户、员工、股东、政府、社会公众等利益相关者分配价值的基本制度安排。新创企业需要构建多方共赢的分配制度，建立可持续商业模式。

（1）内部体现效率。新创企业通过成本控制、绩效管理等措施，降低成本，增加收益来源。

（2）外部拓展价值。一方面，新创企业通过制定竞争策略，提高消费者盈余价值。另一方面，新创企业要确保供应商等合作伙伴利益，建立可持续运作模式。

2. 价值分享新思维

（1）从有偿思维转向免费思维。免费不等于不赚钱。免费降低流量入口成本，颠覆了传统商业模式。

（2）去中间化。新创企业往往选择直销模式，剔除或减少经销商环节，去掉中间成本。这有助于建立"轻营销"模式，降低创业风险。

第二节　五大现代商业模式

亚历山大·奥斯特瓦德和伊夫·皮尼厄在《商业模式新生代》一书中总结了五个现代常用的商业模式，包括非捆绑式、长尾式、多边式、免费式和开放式。创业者在商业模式设计时，可以灵活组合使用。

一、非捆绑式

（一）模式概念

1. 背景

传统企业开展经营活动时，存在三种不同基本业务类型。分别是：产品领先型、客户亲密型和运营卓越型。每种类型都包含着不同的经济驱动、竞争驱动和文化驱动因素。

（1）产品领先型。专注产品领先，创新速度是关键；倡导以员工为中心，鼓励创新文化。

（2）客户亲密型。专注客户价值，范围经济是关键；寡头占领市场，倡导"客户至上"的文化氛围。

（3）运营卓越型。专注卓越运行，规模经济是关键；寡头占领市场，倡导标准化和低成本管理。

2. 定义

如果上述三种类型同时存在于一家企业中，理论上，可以将三种业务分拆成独立的实体，形成非捆绑式商业模式，以避免管理冲突或不利的权衡妥协。

（二）模式应用

信息技术和管理工具的发展，允许企业以更低成本对捆绑商业模式进行业务分拆，并在不同商业模式中实现高效协作。下面以移动电信行业为例，分析非捆绑式商业模式的应用。

1. 业务分拆

（1）网络运营。基于资源驱动，企业将部分业务外包给电信设备制造商，从规模经济中获益，并可以更低的成本运营网络。比如，电信运营商将一部分网络运营和维护外包给电信设备制造商。

（2）客户运营。基于客户驱动，客户关系成为业务分拆的电信运营商的核心资产与核心业务。想要获得大规模的客户份额，范围经济是关键。将基础设施业务分拆后，电信运营商聚焦改进自己的品牌和客户服务。通过改善客户获取和客户维持，提高客户的贡献率。

（3）平台运营。基于产品驱动，电信运营商与大量第三方（内容供应商）在创新技术、新服务和媒体内容上开展合作，其中，创新和速度是关键。对于产品（或服务）创新而言，分拆业务后的电信运营商可以成为规模更小、更具创新性的企业。

2. 模式评价

（1）降低运营成本。基础设施管理实现了规模经济，网络运营成本更低。

（2）丰富产品创新。内容供应商多元化，带来丰富多彩的产品（或服务）创新，满足了用户多样化消费体验的需求。

（3）提升客户价值。运营商一方面专注于客户关系管理，拓展客户服务价值；另一方面，重视与竞争者共享网络等资源，提高用户体验。

二、长尾式

（一）模式概念

克里斯·安德森研究了媒体行业商业模式创新，提出长尾概念。

1. 背景

媒体行业从面向大量用户销售少数拳头产品，到销售庞大数量的利基产品转变。每种利基产品都只产生小额销售量，但是，其销售总额等于甚至超过拳头产品。

2. 原因探析

安德森认为三个经济触发因素引发这种现象：

（1）生产工具的大众化。不断降低的技术成本，使任何人都可以轻松使用拍摄或编辑软件，制作小视频。

（2）分销渠道的大众化。互联网使得数字化的内容分发成为商品，且能以极低的库存、沟通成本和交易费用开拓新市场。

（3）搜索成本不断下降。强大的搜索引擎、用户评分和社交媒体，使连接供需双方的搜索成本不断下降，让企业便捷地找到潜在客户。传统模式下，企业追求凭借少量畅销产品取得巨大销售额，实现成功商业活动。

互联网的应用，大幅度降低运营成本，为客户群体低成本服务带来空间。

3. 定义

长尾式商业模式的核心是多样少量，为利基市场提供大量产品，每种产品卖得都很少。长尾式商业模式需要低库存成本和强大的平台支持，可以获得与传统模式相媲美的效果。信息技术发展和运营管理水平的提高，允许企业以低成本针对数量庞大的长尾客户群体提供量身定做的产品（或服务），实现其价值主张。

（二）模式应用

下面以乐高（LEGO）、余额宝等创新案例为例，分析长尾式商业模式在媒体行业以外的应用。

1. 乐高

丹麦的乐高成立于 1932 年，以生产积木玩具闻名于世。乐高成功推出各种主题的玩具套件，如空间站、海盗、中世纪主题等。

（1）乐高创新。2005 年开始，乐高开始尝试用户参与设计的运营模式，让用户组装乐高套件并在线订购。用户通过"乐高数码设计师"软件可以发明和设计自己的建筑物、汽车、主题和人物，由被动的客户变成了主动的设计者，参与到乐高的设计体验之中。

同时，乐高向用户开放电子商务平台，允许用户在乐高平台销售自己设计的产品。

（2）模式评价。一是拓展业务领域。乐高从传统的设计、制造、销售模式，探索个性化定制新的业务领域。二是增加消费体验。乐高通过用户参与设计模式，提升核心用户的消费体验，提高用户黏度。三是新增渠道通路。乐高新增以人脉、社交媒体为主导的关系型营销渠道，让用户分享、销售自己设计的玩具。

2. 余额宝

余额宝是由第三方支付平台支付宝打造的一项余额增值服务，于 2013 年 6 月 13 日正式上线，客户将支付宝账户中的余额转入余额宝之后，里面的资金将用于购买货币市场基金。

余额宝具有操作简单、门槛低、收益高等特点，取得了极大成功。

针对低价值客户提供新的（或附加的）价值主张，累积收入同样有利可图。

三、多边式

多边式商业模式的典型是多边平台。多边平台被广泛应用，经济学家认为多边市场是一个重要的商业现象。

（一）模式概念

1. 定义

多边式商业模式将两个或者更多有明显区别但又相互依赖的客户群体集合在一起，通过促进客户群体之间的互动来创造价值。

2. 价值

（1）互动价值。只有相关客户群体同时存在的时候，该模式才具有商业价值。多边式商业模式通过促进各方客户群体之间的互动来创造价值。

（2）网络效应。多边式商业模式需要提升其价值，直到达到可以吸引更多用户的程度，实现网络效应。

（二）模式应用

随着信息技术的快速发展，多边平台迅速兴起。例如，信用卡连接了持卡人、银行和商家，计算机操作系统连接了硬件供应商、软件开发商和用户，报纸连接了作者、读者和广告商。

下面以百度百科和网络游戏为例，分析多边式平台。

1. 百度百科

百度百科是百度在2006年推出的第三个基于搜索平台建立的社区类产品，是其知识搜索体系的深化。百度词条划分为三类：锁定、保护、普通类。

（1）模式运作。百度用户在百度百科上免费搜索和参与编辑（见图8-4）。参与编辑用户可获得奖励积分，分为经验值和财富值，财富值可用于在商城兑换虚拟特权、徽章和实物礼品，经验值可晋升等级头衔。

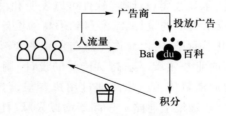

图8-4　百度百科商业模式

百度百科的访问量，可吸引广告商精准投放关键词广告。

（2）模式评价。一是动态维护。百度百科让用户参与编辑和管理的模式，低成本、高质量地实现百度百科词条的动态更新。二是海量用户搜索点击。百度词条的正确性、科普性，带来海量搜索用户的点击和查阅。三是精准引流吸引商家。百度百科围绕用户主动搜索，带来精准引流功能，吸引广告商。

2. 网络游戏

网络游戏运营商也经常采用多边式平台来设计商业模式（见图8-5）。

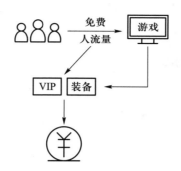

图 8-5　网络游戏运营商业模式

（1）免费引流。平台通常为入门级用户提供免费试玩机会。免费引流的关键在于,能否为平台吸引足够的用户基数。

（2）价值开发。网络游戏运营商通过会员充值、装备销售、交叉销售等服务,获取收益。价值开发的关键在于,平台另一边是否可以产生充足的收入覆盖游戏开发运营成本。

四、免费式

（一）模式概念

1. 定义

在免费式商业模式中,至少有一个庞大的客户群体可以享受持续的免费服务。免费式是特殊的多边式商业模式,关键在于存在一个客户群体愿意持续为免费客户群体提供财务支持。

> **延伸阅读4：免费式商业模式**

2. 免费产品特征

免费产品不能是质量低劣让客户不满意的产品,只有比竞争对手的产品还要好,才能快速开发客户并留住客户。它有四大关键点:

（1）必须是客户最需要,平时不得不付费的。

（2）必须让客户感觉比付费获得的产品还要好。

（3）必须长期锁定客户,保持客户活跃度与参与度。

（4）必须自然引发增值产品的销售。

（二）模式应用

1. 免费增收

大量的基础用户受益于没有任何附加条件的免费产品或服务,企业通过另外的增值服务来获得收益。

比如,问卷星向消费者免费提供普通产品,消费者如果想要获得专业产品服务,就需要付费。问卷投放一定时段后,客户都会收到问卷推广的服务提示。从免费到付费,客户转换率是关键。

2. 免费平台

免费平台通过免费手段销售产品或服务,建立庞大的消费群体,然后通过增值服务、广告费等方式取得收益。

比如,腾讯 QQ。客户免费使用软件,通过在 QQ 秀(网络个人形象装扮系统)推出帽子、衣服等个性化虚拟产品增加收益。庞大、活跃的 QQ 用户,吸引广告商精准投放广告。

3. 诱导式

通过低价的、有吸引力的甚至免费的初始产品来促进相关产品的重复购买。

比如,吉列剃须刀。20 世纪初金·吉列将第一款可替换刀片的剃须刀推向市场。他以极低的价格销售剃须刀架,创造消费者重复购买刀片的需求。

五、开放式

(一)模式概念

1. 定义

开放式商业模式通过与外部伙伴系统性合作,来创造和捕捉商业价值。既可以将外部创意引入新创企业内部,也可以将内部闲置的创意和专利提供给外部伙伴。

2. 运营理念

与封闭式商业模式相比较,开放式商业模式在人才、开发、研究、创意、创新等环节均存在很大的差别。

(1)人才。封闭式商业模式,强调本领域人才为我所用;开放式商业模式,需要内部人才和外部人才一起工作。

(2)开发。封闭式商业模式,要求必须自己调研、开发和销售;开放式商业模式,认为外部开发可以创造巨大价值,内部开发成为价值中的一个部分。

(3)研究。封闭式商业模式,认为只有掌控行业绝大多数的研究,企业才会赢;开放式商业模式,认为不必从头开始研究,可以充分借鉴和运用行业成果。

(4)创意。封闭式商业模式,认为只有掌控行业绝大多数的创意,企业才会赢;开放式商业模式,认为如果利用好内部和外部的创意,企业就会赢。

(5)创新。封闭式商业模式,认为企业需要控制自己的创新过程,避免竞争对手从中获益;开放式商业模式,认为可以让其他组织使用企业的创新获益。无论何时,其他组织的知识产权只要扩大企业的利益,就应该购买。

(二)模式应用

1. 由外而内

将外部创意引入企业内部。例如,随着联合办公的概念越来越广为人知,微软、IBM 等大公司开始注意到这一点并派员工到联合办公空间工作,希望提高员工满意度且为他们提供与领域之外的人建立联系的机会。

2. 由内而外

将内部闲置的创意和资产提供给外部伙伴。典型案例如华为。华为拥有 3 200 多项 5G 专利,由于芯片被"卡脖子",华为通过专利转让获得相应收益。2019—2021 年的三年里,华为从全球专利许可中获得约 12 亿美元的收入,即每年数亿美元。

> **延伸阅读 5:十种高效的商业模式**

本章小结

商业画布可以从资源驱动、产品/服务驱动、客户驱动、财务驱动、多中心驱动来优化。商业模式创新可以从价值发现、价值创造、价值分享等方面入手。价值发现是对创业机会识别的延伸。它能基于客户探索,从客户视角拓展价值空间,塑造全新的价值曲线。运用价值链分析,新创企业合理选择价值配置,扩展价值创造空间。价值分享是商业模式可持续的关键,需要构建多方共赢的分配制度。

现代商业模式主要包括非捆绑式、长尾式、多边式、免费式和开放式五种常用式样。创业者在商业模式设计时,可以灵活组合使用。传统企业开展经营活动时,同时存在产品领先型、客户亲密型和运营卓越型三种基本业务类型,创业者可以将三种业务分拆成为非捆绑式商业模式。随着信息技术和运营管理的发展,在利基市场,"多样少量"的长尾式商业模式可以获得成功。多边式商业模式通过将两个以上的客户群体聚集在一起,通过客户群体之间的互动来创造价值。免费式是特殊的多边式商业模式,关键在于如何引发增值产品销售。开放式商业模式通过与外部伙伴系统性合作,来捕捉和创造商业价值。

复习思考

1. 简答题

(1)常见商业画布优化路径。

(2)简述非捆绑式商业模式。

(3)简述免费式商业模式。

2. 自测题

请扫描二维码,进入本章知识点的测试。

3. 案例题

公共厕所的商业化

公共厕所的建设与管理对于改善城市环境,实现城市现代化建设与发展有重大意义。

近年来,我国公共厕所投资规模快速增长,从2012年的30亿元增长到2017年的150.3亿元。2017年我国公共厕所改建新建市场规模增长至127.9亿元,其中华东地区市场规模为42.73亿元,华北地区市场规模为20.92亿元。

一、公共厕所的弊端

2018年11月,住房和城乡建设部城市建设司相关负责人表示,全国城市和县城环卫部门管理的公厕数量达到18.2万座,比2016年增长了近万座。

目前公共厕所普遍存在以下问题:

首先,不便于寻找。在人们急需的情况下,公共厕所并没有那么好找。另外,很多公共厕所的男女厕所的分配比例不够协调。

其次,使用体验不好。免费的公共厕所,主要是政府资金资助。清洁人员的工资都由政府补贴,但在实际考核中对于清洁工作的标准相对不统一。公共厕所的异味、缺纸等问题比较突出。

最后,公共厕所的广告内容比较有局限性。公共厕所中,广告主要集中在办证制章、如厕相关药品等领域,而且广告内容比较粗俗,形式比较单一。

二、公共厕所的商业化设想

公共厕所属于公益性服务,本身不创造任何价值,但在公共厕所中引入商业化运营已成为共识。商业化运营可以大幅提高公共厕所的服务质量,改善如厕体验并满足多样化需求,也可以开发有效的商业模式,实现公共厕所的商业价值。

1. 提升使用体验

公共厕所的改变,先要以用户为中心,提升使用体验。公共厕所里可以配备WiFi,门上可以放置显示屏,马桶蹲位前方也可以放置显示屏。当用户连接到公共厕所的WiFi时,就用探针技术识别用户手机信息,进行大数据画像,从而在显示器上提供精准的广告。另外,可以按照星级标准的要求来考核公共厕所的清洁卫生情况,提升用户的使用体验。

2. 开发收入来源

公共厕所所用的电力可由太阳能实现,排便物还可以进行沼气储备。两大能源在支撑公共厕所本身运营后会有剩余。公共厕所运营方可以直接与国家电网合作,进行新能源发电。另外,公共厕所作为人流量比较密集的区域,收入的来源可以从以下三个方面进行拓展:

一是品牌商的广告投入。使用公共厕所的大部分都是长期生活在这座城市的人,所以同城品牌商很希望用户能看到自己的广告。在大数据背景下实施精准投放,效果会更加明显。

二是共享生态。推出一款App,主打共享厕所。打开App,用户能看到附近厕所的位置、最快路径等提示,还能看到厕所拥挤程度。

三是无人零售。公共厕所的App可以与其他商户进行联动,商户可以选择性地入驻App。App应注重内容与互动反馈信息的收集。用户数据的活跃情况直接影响到整个共享生态的发展。

公共厕所属于公共设施,不是暴利行业。当然,如果探索出可行性的商业模式,回报也会较为稳定。

本案例根据首席商业评论、智研数据、新浪财经等资料改编而成。

结合案例,请分析:

(1)公共厕所商业化设想属于哪类商业模式?

(2)该商业模式盈利的内在逻辑是什么?

第九章 客户探索

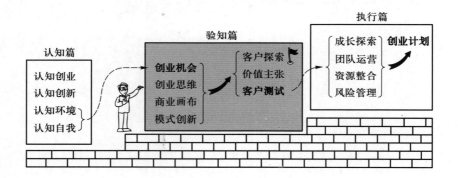

学习目标：

1. 掌握天使客户概念及其获取渠道。

2. 熟悉客户概况及其构成。

3. 掌握客户探索方法。

4. 掌握客户画布。

核心观点

1. 客户探索的第一目标：把对市场和客户的初始假设变成事实。

2. 对客户而言，不是所有工作都具有相同的重要性。

3. 只有准确测量客户痛点的严重度，才能设计好的价值主张。

导入案例：蔚来已来

蔚来是一家全球化的智能电动汽车公司，于 2014 年 11 月成立。在中国造车新势力中，蔚来创造了一系列骄人的成绩：最早累计交付达 20 万辆车；第一家推出换电模式；第一家发布电池租用服务……蔚来还通过一系列服务创新，让用户在拥有和使用电动汽车时获得一种全新的独特体验。截至 2022 年 7 月底，蔚来累计交付 22.8 万辆电动汽车，在中国造车新势力中排名第一。

对于蔚来的使命，创始人李斌表示，蔚来不仅仅是一家汽车公司，蔚来的使命是为用户创造愉悦的生活方式。蔚来致力于成为一家在移动社交时代所有用户共同拥有的用户企业。

一、刨根问底，用户痛点调查

2012 年，李斌在自己创办的易车网站上做了一次有关"你为什么不买电动汽车"的用户调查，有 6.4 万人参与了这次调查。调查的结果显示，充电没有保障（占比 46.8%）和电池价格高（30.9%）是最主要的两个原因。这两个用户痛点，决定了日后蔚来技术和商业模式创新的方向和路径。而李斌对用户企业的定义则奠定了日后蔚来一切决策的总原则和总基调。蔚来成立之后在技术、产品、服务、商业模式等各方面的创新决策，都以此为准则。

二、以人为本，从客户到用户

蔚来以"用户企业"打造了一个品牌与用户"共同体"，包含共享利益、共建品牌、共伴成长。

共享利益，与用户分享企业发展红利。2018 年赴美上市时，李斌在至股东信中明确，捐出个人所持股份的 1/3（5 000 万股蔚来股票），成立用户信托基金。在保持其投票权的同时，这部分股票的收益，将由蔚来的车主用户通过一定的机制来讨论和决定如何使用。由此，李斌成为国内第一位上市当期拿出如此多股票与用户分享的企业家。

共建品牌，用户参与产品与服务迭代。在产品的开发过程中，蔚来通过各种方式，如"用户面对面"、体验沙龙、蔚来 App 等，收集用户的反馈建议，让用户参与产品的共创和迭代。与用户共建社区、沉淀品牌内容。蔚来 App 上呈现的所有内容，基本都是品牌与用户共创的结果；打通线上和线下的融合社交。蔚来不仅在线上 App 打造内容社交，也会采取线上线下融合的方式，让用户深度参与。最直接的方式就是通过蔚来中心（NIO House），打造车主专属休闲、娱乐、社交空间。

共伴成长，用户与品牌长期陪伴。蔚来关注用户的全周期，通过各种服务形成陪伴，成为用户生活的一部分。蔚来的运营中非常重要的一环，就是 App 内的用户成长体系。以 AARRR（拉新、促活、留存、转化、推介）模型为基础，将用户整个成长生命周期都囊括到体系内，使用户的每个动作都能被量化。这个用户成长体系包含三个指标：蔚来积分、蔚来值（牛值）和蔚来卡券。

三、重构体验，从汽车到生活方式平台

蔚来的用户体验有多极致？蔚来被称为汽车界的海底捞，从车辆交付的那一刻开始，通过产品体验、服务体验（充电换电、服务无忧 2.0）、环境体验（蔚来中心、蔚来空间）、沟通体验（官网、App、社群、工作人员）等提供独特、极致的"整体体验"。在很长一段时间，蔚来的用户体验成为汽车圈的天花板。比如，全球首创智能能源服务体系蔚来能源（NIO Power）给用户提供"可充可换可升级"的全场景加电服务，其中换电服务和一键加电服务是亮点；服务无忧和保险无忧两个服务套餐，几乎涵盖所有售后用车项目；蔚来构建了一个打通车内车外的从线上到线下的完整的数字化体验，主要产品是自动辅助驾驶（NIO Pilot）、语音交互（NOMI）和手机触点（NIO App）；蔚来 App 基于它的服务人群打造了"三大创新体验"，即内容与社交的创新体验、生活方式的体验以及购车、用车的体验。蔚来 App 也是"车以外的生活"（NIO House 俱乐部、NIO Life、NIO Day）的载体。

四、真实关系，从"友人"到"家人"

不少旁观者认为，蔚来的用户很特别，主动地维护蔚来，对品牌具有高度的忠诚，与品牌

深度价值连接,这恰恰是"家人"关系的特征。大部分品牌与用户的关系,都是匀速逐渐演进的,从"陌生人"到"熟人",到"友人"再到"家人",关系层层加深,数量逐渐减少。蔚来的用户关系发展比较特别,从"陌生人"到"熟人"阶段比较慢,远慢于其他汽车品牌;从"熟人"到"友人"阶段,会因为试驾而快速转变;购入车辆后,用户会因为各类优质服务极速转为"家人",入驻生活方式平台,开始活跃互动。

蔚来的"家人"用户中,"超级用户"占比非常高。"超级用户"就是在个人社交领域拥有超强口碑影响力的普通人。"家人"用户在品牌遭遇攻击时,会主动维护。"超级用户"则不断主动地分享自己的体验。

本案例根据网络资料整理。

第一节　客户探索概述

创业活动源于创始人的信念飞跃。创业者提出一系列大胆假设,包括产品(或服务)、客户需求、商业模式等方面的假设。这些假设仅仅是理性的预测,与现实之间存在很大差距,需要通过客户探索来验证,去伪存真。

一、客户探索的基本问题与目标

初创企业源于创始人的愿景,这既是一种关于新产品或新服务的愿景,能够解决客户的痛点,满足其需求,同时也是一种关于产品或服务如何向客户销售的愿景。

1. 基本问题

客户探索,在于回答如下四个基本问题:

(1)是否发现客户亟待解决的痛点?

(2)产品或服务能否解决客户的痛点?

(3)产品或服务能否创造价值?

(4)商业模式是否切实可行,确保盈利?

2. 目标

客户探索的第一目标是:把创始人对市场和客户的初始假设变成事实。具体来说:

(1)寻找早期支持者,提出并检验客户的假设。

(2)持久性检验,创业机会是否处在一个持续放大的机会窗口下。也就是说,验证市场容量是否足以满足创业活动的需要。

> **延伸阅读 1**:从"特殊人群"身上找机会

二、客户探索对象

探索客户就是要求创始人团队与目标客户面对面,通过拜访客户,调查、验证创业假设。

（一）客户分类

按照客户解决痛点的迫切心情，早期客户可以分成以下五类：

1. 申请预算购买产品的客户

客户已经承诺或者可以快速申请一笔预算来购买解决方案。这些客户对于创业者来说最为重要，需要尽可能多方位、跨领域挖掘这些客户。一旦推出的产品服务能够覆盖这些客户的痛点，创业者可以马上获得订单或业务。

2. 已经拼凑出解决方案的客户

客户工作很重要，作为权宜之计，客户已经自己动手制定解决方案。

3. 主动寻找解决途径的客户

这些客户正在研究解决方案，并且已经有具体的时间表去寻找解决方案。

4. 意识到问题存在的客户

这些客户已经遇到这些痛点，但是自认为不属于极端痛点，尚未有动力去主动解决这些痛点。

5. 未意识到问题存在的客户

创业者认为的这些痛点，对于这些客户群体来说并不严重。

（二）天使客户

天使客户指愿意试用产品（或服务），并具有购买能力和推广热情的群体，是最贴心的客户。创业者应该在客户分类的前两类中寻找天使客户，发展他们成为第一批客户。他们不但会反馈中肯的意见和建议，积极推广产品，甚至可以参与产品的后期开发。

1. 筛选要求

（1）筛选标准。尽量选择影响力高的、活跃度高的客户作为产品使用者。

（2）注重质量。质量比数量重要。引进天使客户要讲究精挑细选，客户的性格要尽量与产品的调性吻合，或者客户的影响力要尽量能覆盖目标客户群体。

（3）有效反馈。优秀的天使客户不仅会经常使用产品，还会活跃于产品社区，经常发表言论，带动其他客户讨论和互动；他们能够为产品开发者提供中肯的意见和建议，帮助产品不断提升性能和功能，具有主人翁精神。

（4）团队参与。创业者吸引团队成员成为天使客户。根据产品的定位，创业者设置一个内部客户激励计划，并告诉团队的每一位成员，他不是在测试产品，而是在体验产品。

2. 获取渠道

（1）QQ 群。寻找具有相同兴趣爱好的客户的首选方式就是 QQ 群。创业者通过简单搜索，就能寻找到大量的以某个主题建立起来的 QQ 群，而且大多数群主都是热心肠。通过与群主沟通，创业者可以迅速了解群内大部分客户的特点，完成初轮客户筛选。

（2）微信群。微信群比 QQ 群能更好地联系具体客户，但是马上找到某个领域的微信群则比较困难，只能将其作为寻找客户的辅助手段。

（3）引擎搜索。通过搜索引擎寻找天使客户的方式经常会被忽略。除在百度中搜索外，创业者还可在微博、搜狗、知乎中搜索，通过搜索优质内容锁定客户。

（4）垂直社区及竞品网站。在垂直社区及竞品网站中，通常聚集了大量优秀的作品。

这些作品的作者都是"重度互联网玩家"。这些地方是天使客户运营人员必须经营的阵地。

（5）线下资源导入。在线下的各种行业协会、俱乐部中有很多注册会员；另外在各种线下主题沙龙、行业会议中，也有很多爱好者参与。创业者可以多参与这些活动，与客户先成为朋友再谈合作。

（6）行业资源导入。创业者可以利用自己或者朋友的社交关系，导入符合定义的目标客户。

第二节 客 户 概 况

了解客户概况就是基于市场假设，观察和验证客户的基本特性。

一、客户概况与客户画布

（一）定义

客户概况是以结构化、细致化的方式描述商业模式中特定的客户群体。客户概况包括客户工作、痛点和收益探索。

（1）客户工作。以客户自身的语言描述了他们在工作和生活中正试图完成的事项。

（2）客户痛点。描述与客户工作相关的坏的结果、障碍和风险。

（3）客户收益。描述客户希望获得的结果或正在寻找的具体收益。

客户画布是从客户视角，以可分享的格式可视化揭示：对客户而言什么是重要的？创业团队认为对客户的工作、痛点、收益有多少了解？以图展示客户的概况（见图9-1）。

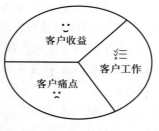

图 9-1 客户画布

客户概况和客户画布主要应用有两方面：

一是认知客户。创业者选定一个现有的客户群体，逐一进行客户探索，分别绘制出客户概况。

二是构建创意。如果创业者着手一个新的创意，以图展示自己正要为之创造的客户群。

（二）制作方法

1. 基本要求

（1）可视化。画布以可分享的格式显示对客户而言什么是重要的，详细说明客户的工作、痛点和收益。

（2）简洁化。画布可以是一页篇幅的可行性文件，创业团队据此沟通客户概况，达成共识，跟踪确认客户概况假设的真实性。

2. 准备工作

（1）下载客户画布模板。

（2）准备一套小的便签。

（3）开始描绘客户概况。

3. 制作流程

（1）选择客户群。选择想描述的客户群。

（2）识别客户工作。了解客户正努力完成的工作，在每张便签上记下他们的工作。

（3）识别客户痛点。客户有什么痛点？把想到的尽可能多地记下来，包括所遇到的障碍和风险。

（4）识别客户收益。客户想获得怎样的结果和效益？把想到的尽可能多地记下来。

（5）优先排序。将工作、痛点、收益按行排列。把最重要的工作、最极端的痛点、最需要的收益放在最顶部，中等的痛点及最好能有的收益放在最底部。

二、客户概况构成

（一）客户工作

创业者要从客户的视角，分析客户在工作和生活中正试图完成的事项。请注意，创业者的客户视角未必是客户真正的视角。比如，要探索银行柜台服务，创业者应该以银行家的视角观察银行内部的业务流程，而不是像普通储户仅仅盯着存取款业务。

裁艺轩是一家知名的男装定制品牌，专业为客户量身定做西服。下面以裁艺轩计划推出"职业装高端定制"业务为例，分析如何做好客户工作探索的每一个环节，有关内容可补充于图9-2中。

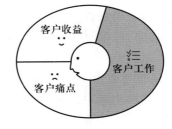

图9-2　客户画布——客户工作待补充

1. 工作内容

识别以下客户要完成的主要工作和辅助工作。

（1）功能性工作。客户试图执行、完成特定的任务或解决特定的问题。如上班、上课、撰写报告、健康饮食等。

具体到本项目，从职业装高端定制市场需求分析，高频率使用职业装的客户群体主要有银行、保险、品牌汽车4S店的职员，以及企业高管等。机关、事业单位的主要领导也有一定使用高端职业装的需求。裁艺轩需要根据不同岗位、不同职位的客户，进行分类探索。比如，高管偏向于追求品质和舒适性，职员关注耐用性和经济性。

（2）社会性工作。社会性工作描述了客户想呈现给他人的气质，使其看起来符合职业需求。比如，看起来很时尚，或者让人感觉非常专业、干练等。

裁艺轩的客户都包含社会性工作的需求。比如,机关、企事业单位的领导经常需要出席重要场合,并要求穿正装。不同场合、不同级别领导,对于着装要求自然不同,裁艺轩需要分类进行调查。

（3）个人/情感性工作。客户寻求特定的,诸如感觉好、感觉安全的情感依托。比如,作为投资者寻求内心的平静,或在工作场所获得职业安全感。

具体到本项目,客户穿着正装时,会产生职业、庄重的感觉,呈现精干、积极、严谨的精神状态。

（4）支持性工作。客户会从消费者及专业人员角度做一些采购和消费价值领域方面的支持性工作:

一是价值购买方面。与购买价值相关的工作,如报价对比、决定买哪类产品、准备结算、完成购买或接收所购买的产品或服务。

二是价值共同创造方面。与业务方共同创造价值的工作,比如发布产品评论及反馈或参与产品及服务的设计。

三是价值转移方面。产品周期末端的相关工作,比如取消订单、报废产品、将产品转卖等。

裁艺轩需要调查集团客户采购管理及其相关内部流程。一般情况下,办公室（或后勤）负责业务的直接对接,财务部门把握经费预算,分管领导做出采购决策。

2. 工作背景

客户工作的开展常常基于他们所处特殊背景而进行,这些背景可能会存在某种约束或限制。比如,在高铁上旅行时给别人打电话和正在开车时给别人打电话是不同的。

裁艺轩需要了解不同工作背景对于着装要求的差别。如果银行职员不穿正装上班,大家会觉得很奇怪,除非临时有特殊工作安排。高校教师穿正装上课,大家反而会有些不适应,除非还有其他社会活动的应酬。而公务员要根据不同场合选择合适的着装。

3. 工作重要性

按照工作对客户的重要程度进行排序。对客户而言不是所有工作都具有同等的重要性。在客户的工作或生活中,有些重要工作不能完成,会导致严重的后果。

裁艺轩的客户都会有多项工作。以公务员为例,工作包括:日常办公、参加重要会议、出席重要活动、外出考察调研、指导下属工作、向上汇报工作等。裁艺轩需要按照工作重要性进行排序,并调查每项工作对着装的要求。

（二）客户痛点

痛点是指妨碍客户完成工作或客户在完成工作过程中产生的问题。痛点也是风险,往往导致潜在的不良结果或工作不能很好地完成。

下面以大学生寝室装饰项目为例,分析如何做好客户痛点探索,有关内容可补充于图9-3中。

1. 痛点分类

客户痛点分为三类:

（1）不想要的结果、问题。涉及客户不喜欢的、不想要的特性。

一是功能层面。一个解决方案效果不理想、运行不好或有其他负面影响。如线下财务报销流程比较复杂。具体到本项目，大学生寝室存在以下问题：插座不够；灯源单一；空间太小；在室内无法简单活动与锻炼。

二是社会层面。做这事看起来不好。如传统银行柜台太高。具体到本项目，大学生寝室面临以下问题：朋友来访时，接待不便；在寝室娱乐，影响他人。

图9-3　客户画布——客户痛点待补充

三是感情层面。每次做这事都感觉很差。如某单位信息采集，要求手持身份证拍照，与罪犯管理类似。具体到本项目，大学生寝室面临以下问题：色调单一，无法彰显年轻人活泼、时尚等个性；布局不够美观。

四是辅助层面。每次做起来都比较麻烦。如菜鸟驿站的服务，一般快递员不送件上门。具体到本项目，大学生寝室面临以下问题：在上铺住宿，离天花板很近，感觉比较压抑，不小心会经常撞头；没有自己喜欢的元素。

（2）障碍。妨碍工作，影响效率。如Mac系统与很多软件不兼容。具体到本项目，大学生寝室面临以下问题：室友相互影响；床铺舒适度不够；铺位无法立体使用。

（3）风险。导致错误，产生重大负面影响。如滴滴顺风车的安全风险。具体到本项目，大学生寝室面临以下问题：上床下桌的设计存在跌落的安全隐患。

2. 痛点具体化

创业者将客户工作、痛点、收益清楚区分，并尽可能具体化。比如，客户抱怨"在线等待是浪费时间"。创业者需要了解客户具体等待超过多少分钟，感觉是在浪费时间。

3. 问题衡量表

创业者针对每类重要客户设计问题衡量表，准确把握客户对痛点的认知程度。

（1）潜在问题。客户尚未意识到的问题。

（2）被动问题。客户意识到问题的存在但缺乏改变问题的动机或机会。

（3）主动问题（迫切问题）。客户意识到问题或痛点，正在寻求解决方案，但尚未有效解决。

（4）个人愿景。客户对问题已有自己的看法并已琢磨出权宜之计。他们已经准备好付费采购更好的解决方案。

优秀的新创企业善于在客户已经尝试过自行解决问题的领域里发现商机。

▶ **延伸阅读2**：痛点启发性问题

4. 痛点严重度

与工作重要性一样，从客户视角来评估客户痛点的严重程度，痛点依次从极端到中等排列。创业者特别需要识别极端的痛点。

创业者只有准确测量客户痛点的严重程度，才能在价值主张中设计更好的痛点缓解方案。

不同类别的客户,痛点内容、痛点程度均不尽相同,需要分别进行探索,不能混为一谈。

(三) 客户收益

创业者需描述客户想要的结果或效益,即客户收益。有些收益是客户所需要、期望或渴望的,有些是令客户惊讶的。收益包括功能效用、社会收益、积极情绪及费用节省,

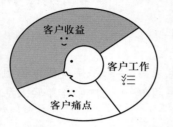

图9-4 客户画布——客户收益待补充

同学们可以一个熟悉的项目为例,将有关内容补充于图9-4 中。

1. 收益分类

创业者需要识别四种类型的客户收益:

(1) 必需的收益。如果解决方案中没有此项收益,整个方案就不能运行。比如,智能手机无论如何创新,不能没有通话功能。同样,寝室装饰必须体现宜学、宜居。

(2) 期望的收益。在解决方案中属于基本收益,无此项收益会影响整个方案的运行。例如,苹果每次更新提出 iPhone 新版本时,果粉们寄予厚望,希望手机变得更加美观。寝室装饰需要考虑便于同学之间串门交流、小组讨论等。

(3) 渴望的收益。指远远超出客户的期望,但客户非常喜欢的一些收益。向客户了解有关情况时,他们通常会提出一些想法,比如,希望智能手机与其他电子产品之间进行关联。苹果公司通过 iTunes,可以轻松实现手机、计算机、手表等设备之间的轻松连接和重要信息交互。寝室装饰后,获得"文明寝室"称号,得到班级、学院、学校的认可属于渴望的收益。

(4) 意外的收益。超出客户的认知,给客户惊喜。这些收益,即使向客户询问了解,他们往往也无法提出。比如,苹果公司推出触摸屏功能前,没有人想到触摸屏会成为现在智能手机的标配。寝室装饰时,如果让室友获得"家"的感觉,体现时尚、梦幻等主题,会大大超出室友的期望。

2. 收益关联性

按客户观点来评估收益,将客户的收益从必需到最好能有排序。有些是必需的,有些是最好能有的。

创业者只有准确评估客户收益,才能在价值主张中更好地设计收益图。使收益具体化,可便于清晰地区分客户工作、痛点及收益。

> 延伸阅读3:收益启发性问题

三、常见错误

在描绘客户概况时,需要避免下面常规错误。

（一）客户群混淆

（1）常规错误。将几个不同客户群混在一个客户概况中。

（2）最佳实践。为每一个客户群绘制一个客户画布。如果面对公司客户,创业者需要探析公司内是否有不同类型的客户。

（二）工作与收益混淆

（1）常规错误。工作与结果混淆。

（2）最佳实践。工作是客户正在努力完成的事项,正尽力解决的问题,正尽力去满足的需求。收益是客户想要获得的有形输出结果(或想避免、排除的痛点)。

（三）工作探索不全面

（1）常规错误。仅仅关注功能性工作,遗忘社会性、情感性工作。

（2）最佳实践。有些时候,社会性和情感性工作比功能性工作更重要。比如,陶冶户外公司以"爱好运动"为主题,建立企业家会员之间的信任。

（四）角色错位

（1）常规错误。按照自己的想法罗列客户的工作、痛点及收益。

（2）最佳实践。开始客户探索时,要忘记自己提出的价值主张。创业者应从客户视角,拟出潜在客户的重要工作、极端痛点及基本收益。

（五）识别内容过于简单

（1）常规错误。对客户工作、痛点及收益识别太少。

（2）最佳实践。一份好的客户概况是内容丰富的。大部分客户都有很多痛点及希望得到的收益。创业者需要找对客户,深入开展调查。

（六）描述模糊不清

（1）常规错误。痛点、收益描述过于模糊。

（2）最佳实践。痛点、收益尽可能具体、有形。比如,收益不能仅写"增加工资",应该详细说明客户希望增加多少。在痛点上,不能仅仅列出"花费太长时间",而应该具体了解"太长"有多长。

第三节　洞　察　客　户

一、洞察流程

（一）约见潜在客户

创业者应走出舒适的办公室,去寻找潜在客户,虚心了解他们的需求。

1. 物色调查对象

筛选 50 位客户作为首批调查对象。调查对象包括朋友、同事、投资人、律师、会计、其他创业者等。

2. 扩展人脉关系

请首批调查对象推荐相关朋友，扩展人脉。比如，相关技术专家、产品顾问等。

3. 探索陌生拜访

让熟人推荐，事先做好准备，学会陌生拜访。

（二）验证创业假设

进入正式调查阶段，让潜在客户验证你的假设。

1. 验证方法

创业者把对问题的理解展示给客户，听取客户的反馈意见。展示方式要灵活多样。

2. 注意事项

万一客户不认同你的假设，不要说服客户接纳你的想法。调查的目标是了解客户的想法。

如果客户认同你的假设，请他们解释为什么这些问题很重要，不解决会造成哪些损失？

（三）深入理解客户

创业者应了解客户的工作（或生活）细节，进而寻找天使客户。

比如，什么情况下客户愿意改变工作（生活）方式使用新产品？询问优秀受访者，是否愿意再次受访？是否愿意加入产品团队？是否愿意将产品推荐给熟人？

（四）收集市场信息

创业者可向竞争对手员工了解情况，找业界分析师和媒体记者了解情况，参加行业贸易展销会，收集市场信息，更好地掌握目标市场。

1. 行业生态环境

通过熟人推荐，寻找业内人士，向他们了解市场信息。

2. 查阅权威信息

获取行业专业分析报告，了解分析师如何看待市场趋势、商业模式、竞争格局、关键指标等。

3. 参加行业活动

尽可能参加行业会议、贸易展销会，捕捉市场行情信息，发现天使客户。创业者需仔细观察竞争对手产品，与销售人员沟通，了解他们如何看待未来的产品，让自己沉浸到行业中去。

二、洞察技巧

这里介绍常用洞察客户的技巧，便于创业者深度了解客户。

（一）数据侦察

从现存信息开始，创业者使用可用的数据资源作为洞察客户的起点。

优点：可为深入研究提供良好的基础。

缺点：数据来源不同，可比性较差。

> **延伸阅读4**：数据智能：未来商业的核心

1. 搜索趋势

比较关于创意的不同趋势的检索项目。创业者通过找到五个有关创意的最多搜索项目，了解对于潜在客户来说什么是流行的。

2. 现存信息资料

通过网络确定与创意相关的来自政府、世界银行、国际货币基金组织等权威渠道信息。筛选三份现成的研究报告，作为研究客户的出发点。

3. 社交媒体分析

创业者调查现存公司和品牌，认知谁是品牌领导者，了解媒体经常提及的正面和负面的内容。

4. 客户追踪调查

从与客户的日常互动中获得数据，由此列出客户最重要的三个问题、抱怨和需求。创业者通过网络平台，列出最重要的三种接触客户的方法。

（二）媒体记者

创业者充当"媒体记者"角色，与潜在客户交谈，提高对客户的洞察力。

1. 优缺点

（1）优点：可以快速、廉价地启动早期的调查。

（2）缺点：客户并不总是了解自己真正的需求。

2. 基本流程

（1）梳理客户概况。描绘已知的客户概况。

（2）制定采访提纲。询问最重要的客户工作、痛点和收益。

（3）实施采访。遵循采访原则实施采访。创业者应以初学者的心态多听少说，探寻客户真正动机，并牢记采访客户不是推销，不要太早提及解决方案。

（4）捕捉。在空白客户画布上，标明在采访中捕捉到的商业模式信息，写下重要的见解。

> **延伸阅读5**：通过测试网站收集信息

（三）人类学者

创业者充当"人类学者"角色，潜入客户世界，从现实生活中观察客户，得到真实行为和好的见解,并记录让客户困扰的痛点和客户希望取得的收益。

1. 优缺点

（1）优点：提供无偏见的数据。

（2）缺点：很难得到客户对新创意的见解。

2. 探索路径

（1）融入生活。在潜在客户家里待几天,和他的家人生活在一起。

（2）一起工作。花时间跟着潜在客户一起工作。

（3）观察消费。到潜在客户购物的商店,观察人群几个小时,看看能否发现什么模式。

（4）模拟影子。变成潜在客户的影子,跟着他,记录观察到的客户所有工作、痛点和收益。

> **延伸阅读6**：在"下沉市场"生活的一个月

（四）其他技巧

1. 演员

创业者充当"演员"角色,花一天时间扮演客户,换位思考,实际体验自己的产品和服务。

优点：直接体验客户工作、痛点和收益。

缺点：往往不能代表真正的客户。

2. 共同开创者

创业者让客户参与价值创造的过程,并向他们学习,与客户一起去探索和发展新创意。

优点：与客户的近距离接触有助于获得较深的见解。

缺点：不一定能在所有客户群里推广。

3. 科学工作者

创业者让客户参与实验,从中得到认知。

优点：通过真实世界现象得出以事实为依据的见解。

缺点：不容易在现存组织中运用。

比如,在大型车展上,汽车厂家推出概念车,向人们展示新的设计和技术,其目的在于从客户那里得到反馈,而不是直接进入批量生产。

本章小结

创业活动源于创始人的信念飞跃,包含了一系列大胆假设,需要通过客户探索来验证。客户探索的第一目标,是把创始人对市场和客户的初始假设变成事实。天使客户是客户探索的重点对象,他们愿意试用产品（或服务）,并有购买能力和推广热情,是最贴心的客户。天使客户的发掘既要通过 QQ、微信、百度等线上平台搜集,又要通过社区、行业协会、专业沙龙等线下平台拓展。

客户画布以结构化、细致化的方式描述商业模式中特定的客户群体,包括客户工作、痛点和收益。从客户的视角,分析客户工作和生活中正试图完成的事项,包括功能性工作、社会性工作、个人/情感性工作和支持性工作。客户痛点是指妨碍客户完成工作或客户在完成工作过程中产生的不想要的结果、障碍和风险。客户收益描述客户想要的结果或效益,包括必需的、期望的、渴望的和意外的收益。客户的工作、痛点、收益存在优先次序,重点在于识别最重要的工作、最极端的痛点和最需要的收益。创业者需要走出办公室,现场实地洞察客户的工作、痛点和收益。

复习思考

1. 简答题
(1)简述客户工作的内容。
(2)何为天使客户?
(3)简述洞察客户流程。

2. 自测题

请扫描二维码,进入本章知识点的测试。

3. 案例题

拾 味 行

在农产品供销领域,一边是水果基地卖不出去的水果,一边是城市对新鲜水果的高需求。为了搭建一个平台将两边直接打通,拾味行得以出现:不通过中间商,直接让消费者和水果基地面对面交流。

一、关于拾味行

拾味行作为浙江探索发现文化传播有限公司开辟的一档新的电视栏目,以发现者的视角,讲述当代果蔬种植户培育农产品的故事,继而延伸至当地人文风貌、风俗民情、经济发展。

拾味行旨在探寻优质原生态的国内外水果基地,打造高品质、最具品牌潜力和价值的水果生鲜品牌。目前,平台和全国上千家生态水果基地签约并达成战略合作,公司投入大量的优势资源,力图成为中国果业品牌的缔造者和传播者,推进中国果业的品牌化、生态化和现代化。

为了还原果农和水果基地的真实情况,拾味行拍摄团队走访全国各地的水果基地,让消费者了解到每个送到他们果盘上的水果究竟是处于一个怎样的生长环境,并通过一个个独一无二的故事,赋予了水果新的内涵,也在无形中赋予了水果品牌价值。

二、拾味行的客户探索

拾味行通过帮助坚持良心种植和生产的果农,通过“超级真人秀”式的视频讲述果农背后的真实故事,体现每一位果农传承的匠心。从2017年开始,拾味行针对发展模式、客户、商户合作等方面进行探索(见图9-5)。

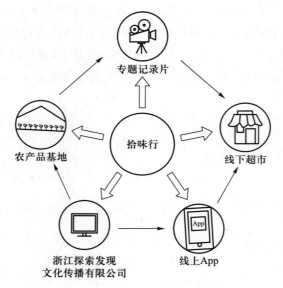

图 9-5　拾味行模式探索

1. 台州探索

2017 年,拾味行栏目成立。食天下、探美味,是拾味行创建的初衷。拾味行始于台州,深耕美食垂直领域,用心去发现那些用良心播种、以匠心种植的好产品。

2. 国内探索

2018 年,拾味行团队历经千辛万苦,行驶 12 万多公里,走遍祖国 18 个省市,6 个国家,探寻最优质的生态农业生产基地,并运用互联网+运营模式将基地原生态健康绿色农产品带给千万户家庭!

同时拾味行举办多场线下美食分享会、线上产品发布会及基地采摘游,为很多用户提供自由的创业共享平台。

3. 双边模式探索

2019 年,在辛勤和努力的基础上,拾味行团队着手新的产业模式,以产品服务衍生服务产品,以人民需求为最终需求,开展拾味行新时代,让消费者体验最真的服务。

拾味行致力于打造高品质、最具品牌潜力和价值的水果生鲜品牌。基于拾味行团队的优势,拾味行的传播从传统渠道的电视台到新兴的网络媒体,同时对接网络商城、线下超市、万家实体店消费等,形成一个从生产基地—电视宣传—线上商城—线下超市—万家实体店—物流公司—展览会—旅游项目配套和大数据用户的新型经济发展循环产业链。

本案例根据拾味行公众号资料整理而成。

结合案例,请分析:

(1)拾味行创业初期的客户画布。

(2)拾味行双边模式中消费者的客户画布。

第十章 价值主张

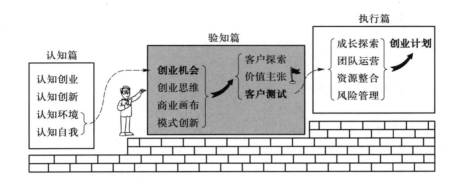

学习目标:

1. 掌握价值主张设计。

2. 熟悉价值图及其构成。

3. 掌握原型制作及其要求。

核心观点

1. 价值主张的作用在于创新、改进商业模式。

2. 高附加值工作＝重要的＋有形的＋令人不满的＋有利可图的。

3. 产品原型必须做到粗糙、廉价、快速。

导入案例:桌上美食

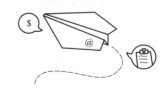

一、桌上美食起步时

纽曼尔·罗素在美国奥斯汀创办了桌上美食公司,起初公司仅从服务一位顾客开始起家,没有菜谱,没有软件系统,没有商业合作协议,甚至没有一位厨师,当顾客需要相应服务时,才逐步加上。如今桌上美食公司的服务可以支持美国几千家食品杂货店。

二、早期顾客的贵宾待遇

桌上美食刚开张的时候选定了一家杂货店,而这家杂货店不是创始人自己选定的,是由他们的第一位顾客选定的。而他们寻找顾客的方式就是逛家乡奥斯汀的超市和杂货店。在逛超市和杂货店的过程中，他们的主要任务之一就是观察顾客，将观察发现的灵感纳入设计理念和其他技术构想。

他们会向顾客提问，试着推销桌上美食，说明每周服务的定制费用，邀请其加入，在被大多数顾客拒绝的过程中也收获了早期使用者。而这些早期使用者享受到了贵宾式待遇，得到了公司首席执行官罗素本人的每周登门拜访，根据早期使用者的喜好精心选择菜单，甚至了解到早期使用者为家人经常烹制的食物。每周，罗素和副总裁会亲自把准备好的小包裹交到早期使用者手里，里面包括购物清单和相关菜谱，更为惊喜的是里面还包括一张 9.95 美元的支票。

三、桌上美食的演进与增长

如果按照传统标准衡量，这一系统实在太烂，没有规模化，实在浪费时间。但是从精益创业的角度看，他们的进展非凡。每过一周他们都会更了解如何让产品成功。几周之后，他们已经准备好接待下一位顾客。多争取一位顾客，就更容易说服下一位。每位顾客也都获得了专人上门拜访和服务的贵宾待遇，但是再多一些顾客之后，提供一对一服务的费用开支就逐渐提高了。

罗素和团队无暇再接纳新顾客时，他们开始投入自动化，比如通过电邮提送菜单，软件自动分析折扣产品清单，采取信用卡网上支付。这一服务产品起先在奥斯汀获得成功，最终推广到全美范围。在开发有用的功能过程中，他们浪费的时间与精力比传统情况下要少得多。在小企业中，首席执行官、创始人、总裁和企业主亲自服务顾客是极为常见的。贵宾式最小化可行产品的情形，是企业增长模式的一种学习认知活动，可证明公司原本设定的增长模式是否有效，是在真实顾客那里系统地检测增长。

本案例根据埃里克·莱斯所著《精益创业》相关资料整理。

第一节　价值主张设计

价值创造是创业活动的核心。价值主张设计是商业模式构建中的核心环节。

一、价值主张

（一）相关概念

价值主张是描述客户从创业者的产品和服务中所期望得到的收益。

好的价值主张能够使创业者的设计更加吸引客户。创业者通过反复搜寻客户想要的、好的价值主张，使其与客户相关联。

> **延伸阅读1：产品策划的实质是提出价值主张**

价值主张设计是指创业者运用管理和更新价值主张的工具,将价值主张和商业模式用于新创企业,创建一种创造价值的共同语言,持续创造和改进价值主张来满足客户的需求。

> **延伸阅读2**:霸王洗发水诠释日化中国功夫

价值主张画布包含客户画布和价值图两个部分,是价值主张设计的重要工具。客户概况阐明你对客户的理解,价值图描述你打算如何为客户创造价值。当客户画布和价值图相吻合时,就能在这两者之间实现契合(见图10-1)。

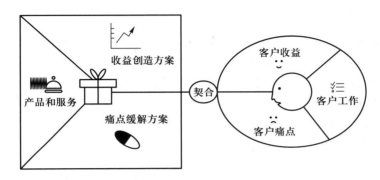

图 10-1 价值主张画布

(二)发掘价值

1. 用途

寻找满足客户工作、痛点和收益的价值主张是一项持续、反复的工作。价值主张设计的目标在于尽快验证创意,以便学习、创建更好的商业模式,经过"设计—验证—优化"循环,多次迭代商业模式。价值主张设计主要用于以下两个方面:

(1)创新。创业者运用合适的商业模式创造客户所期待的、新的价值主张。

(2)改进。创业者管理、测量、挑战、改进和更新当前的价值主张和商业模式。

2. 价值

价值主张设计可以带来以下价值:

(1)获得清晰的商业模式。创业者以简单的方式整理客户相关信息,理解价值创造模式,使得价值创造模式清晰明了。创业者以客户最迫切、最重要的工作为目标,更加有效地设计价值主张和商业模式。

(2)使团队行动协调一致。创业者通过策略性的交谈、创新练习以及行动上的协调一致,平衡团队中的经验和技术,使创业团队有共同的语言,克服无效沟通,从而使议题更加充满活力,产生更多给客户创造价值的可行性方案,而不仅仅关注技术、产品和特点。

(3)降低失败风险。创业者通过测试商业创新潜在的、最重要的假设,避免无效创意浪费时间。

（三）基本出发点

价值主张依靠技术推动还是依靠市场拉动，创业者需要根据自身偏好和环境做出相应的可行性选择。

1. 技术推动

技术推动是指从自己拥有的一项技术或者一个创意开始设计价值主张。它是从一项发明、创新或资源（技术性）出发，提出一个涉及客户工作、痛点和收益的价值主张。

创业者与其技术、创意感兴趣的潜在客户群一起探索基于自身发明、创新或者技术性资源的价值主张原型。

2. 市场拉动

市场拉动是指基于客户实实在在的工作、痛点和收益开始设计价值主张。创业者从一个明显的客户工作、痛点或者收益方向去设计一个价值主张，并学习每个涉及客户实际工作、痛点和收益的价值主张原型所需要的技术和其他资源。

3. 高附加值工作

成功创业者需要精通价值主张中重要的客户工作、收益和痛点，判断价值主张是否为高附加值工作。高附加值工作在客户的痛点和收益方面具有以下特征（见图10-2）：

（1）重要的。当客户在完成工作时，成功或失败的结果能够带来重要的收益或导致严重的痛点。工作失败是否会导致严重的痛点？是否会导致错失重要的收益？比如，滴滴顺风车发生"乐清事件"后，顺风车的出行安全问题引起全社会的关注。

（2）有形的。一个客户的工作、痛点和收益方向能够被感觉到或者能很快、经常体会到。比如，滴滴出行被临时限制夜间服务期间，很多大城市出现交通资源紧张。

（3）令人不满的。目前的价值主张不能用一种令人满意的方法帮助缓解客户痛点或创造收益，或者就没有这种价值主张。是否有未解决的痛点？是否有未意识到的收益？

（4）有利可图的。它指很多客户都有的相关痛点和收益的工作，或者少数客户愿意花大价钱的痛点和收益。

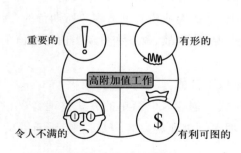

图 10-2　高附加值工作

高附加值工作＝重要的＋有形的＋令人不满的＋有利可图的。

（四）价值主张演进

从创业者产生创意到组建企业，其价值主张演进一般经历以下三个阶段（见图10-3）。

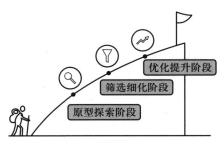

图 10-3　价值主张演进过程

1. 原型探索阶段

创始人基于信念飞跃,启动具有创建原型可能性的价值主张设计。

2. 筛选细化阶段

创业者通过客户探索细化价值主张,然后通过做出选择,明确需深入探究的价值主张,并且发现正确的商业模式——基于持续为客户创造价值,带来创业活动的价值回报。如果新创企业创造收入低于成本,则表明这是不可持续的,无法实现价值主张到商业模式的演进。

3. 优化提升阶段

新创企业如果已经进入企业实体运作,通过价值主张设计,去发现更多的特性,改善现有的价值主张,并创造出一个新的价值主张。价值主张设计理念需要从"发明"向"改进"转换。目的是寻找价值主张新的定位,拓展现有的商业模式。核心在于找到新的增长引擎,比如在现有投资模式和平台上投资盈利。

(五)成功的价值主张特性

新创企业成功的价值主张一般具有以下特性:

1. 嵌入成熟模式

把价值主张嵌入一个成功的商业模式之中。比如,微商建立在微信成熟的社交平台基础上。

2. 盯住客户画布

(1)关注客户最为重要的工作、痛点和收益。

(2)关注令客户不爽的工作、客户未解决的痛点和未意识到的收益。

(3)关注那些只需要解决一点就可以给客户带来很大改善的工作、痛点和收益。

(4)超越功能性工作,涉足情感性和社会性工作。

3. 对标竞争对手

(1)区别竞争对手关注的客户工作、痛点和收益。

(2)至少在某一方面远远超越竞争对手。

(3)商业模式很难被竞争对手复制。

二、价值图

（一）概念

1. 定义

价值图以结构化和细致化的方式描述商业模式里特定的价值主张的特点,包括产品和服务、痛点缓解方案和收益创造方案(见图 10-4),从而使价值主张有形、显而易见、易于讨论和管理。创业者使用价值图证明自己的产品和服务能够缓解客户痛点和创造收益。

图 10-4   价值图

2. 作用

（1）团队沟通。用一页篇幅的文件向你的创业团队沟通价值图,使他们了解你打算如何创造价值。

（2）客户验证。当你对客户进行验证时,跟踪确认你的产品是否能够真正缓解痛点和获得收益。

3. 制作流程

（1）罗列产品和服务。列出价值主张相关的所有产品和服务。

（2）概述痛点缓解方案。创业者概述产品和服务如何消除或缓解客户的痛点。

（3）概述收益创造方案。创业者说明自己的产品和服务如何对客户创造价值和效益。

（4）按重要程度进行排列。创业者根据客户的必要性对产品和服务进行排列。

（二）构成要素

1. 产品和服务

新创企业的产品和服务能够帮助客户完成功能性、社会性或情感性工作,或能够帮助他们满足基本需求。产品和服务不能单独创造价值,仅当其与特定客户群及客户的工作、痛点和收益相关联时,才能创造价值。

（1）内容。价值主张可能由各种不同的产品和服务构成:一是有形的,如商品;二是无形的,如版权或售后服务;三是数字的,如音乐下载或在线推荐服务等产品;四是财务的,如投资基金、保险或商业融资服务。

（2）关联性。对客户而言,不是所有的产品和服务都有相同的关联性。有些产品和服务是必需的,有些则是最好能有的。

  2. 痛点缓解方案

  它描述创业者的产品和服务如何减轻特定客户的痛点,明确描述创业者如何帮客户减少或避免在完成一项工作时的烦心事。

  好的价值主张总是关注客户最重要最极端的痛点。价值主张无法解决客户画布中识别的每一个痛点,往往聚焦减少最极端的、有限的几种痛点。

  (1)痛点缓解路径。以下问题清单,有助于创业者找到帮助客户减少痛点的方式:

  • 能实现节省吗?关于时间、金钱或努力程度。

  • 能使客户感觉更棒吗?能消除挫折、烦恼和其他客户头痛的事。

  • 能解决表现不佳的方案吗?通过引进新的特性,实现更好的表现或提升质量。

  • 能解决客户所遇到的困难和挑战吗?使事物更容易或消除各种障碍。

  • 能消除客户担心的负面社会影响吗?比如,避免其丢面子,失去权力、信任及威望。

  • 能消除客户担心的风险吗?如消除财务、社会、技术风险或其他潜在的导致错误的事项。

  • 能有助于客户安心睡觉吗?通过解决重大问题,减少客户的担忧或帮助客户消除烦恼。

  • 能限制或根除客户常见错误吗?帮助客户使用正确的解决方案。

  • 能降低投资成本吗?

  (2)关联性。痛点缓解方案或多或少为客户解决存在的痛点。务必区分哪些是必需的,哪些是"锦上添花"的。

  3. 收益创造方案

  它是描述创业者的产品和服务如何创造客户收益,产生使客户感到惊讶的结果及效益,包括功能效用、成本节约、积极情感体验。

  收益创造方案无须提及客户概况中识别出的每一种收益,只需关注与客户相关的,并使产品及服务具有差异性。

  (1)收益创造路径。以下问题清单,有助于创业者思考产品及服务如何帮助客户获得需要的、预期的或超预期的收益:

  • 能在时间、金钱上实现节省,使客户高兴吗?

  • 能给客户带来所期望的结果,或者超越客户的预期吗?

  • 特性、表现或质量等方面,能优于当前的价值主张并使客户高兴吗?

  • 能使客户工作或生活更轻松吗?如产品更实用、更便利、更低成本。

  • 能为客户创造积极的社会影响吗?如提升权力及威望。

  • 正在做一些客户正在寻找的特殊事情吗?如产品设计、保障。

  • 能完成客户梦想的愿望吗?如帮助客户实现抱负或在困苦中得到慰藉。

  • 能得到与客户自身成功、失败标准相吻合的积极结果吗?如提升个人、工作业绩或降低成本。

  • 能使应用更简单吗?通过成本更低、投资更少、质量更好、功能更多或设计更好。

  (2)关联性。收益创造方案或多或少为客户带来相关的结果或效益。务必区分哪些是必需的,哪些是最好能有的。

（三）常见误区

1. 产品服务与客户脱节

（1）常见错误。创业者罗列所有的产品和服务，而不是针对某一具体的客户群。

（2）最佳实践。产品和服务仅当与特定的客户群相关联时才能创造价值。对于每个特定的客户群，创业者仅列举与价值主张相关的产品和服务。

2. 临时添加产品及服务

（1）常见错误。在痛点缓解方案及收益创造方案中增加产品及服务。

（2）最佳实践。痛点缓解方案及收益创造方案详细说明了产品和服务如何创造价值、有何特点。

3. 痛点与收益不匹配

（1）常见错误。对客户概况中的痛点和收益，创业者提供无效的痛点缓解方案及收益创造方案。

（2）最佳实践。创业者要牢记产品和服务不能孤立地创造价值，而是与客户的工作、痛点及收益息息相关。

4. 尝试解决所有的痛点及收益

（1）常见错误。创业者进行一些无谓的尝试，试图解决客户所有的痛点及收益。

（2）最佳实践。伟大的价值主张是在客户工作、痛点及收益中进行取舍。没有任何价值主张能够顾及所有。如果能够做到，很可能因为未将客户所有的工作、痛点和收益罗列齐全。

5. 甄别需求的真伪

（1）常见错误。很多时候，创意来自创业者的一个执念，这个需求可能是非常个性化的。比如，奶奶去世后小张一直心怀思念。小张在都市生活，不便经常去现场纪念，于是，他想到利用互联网创建网上祭祀园。

（2）最佳实践。判断一个需求是否为真实需求很重要。需求真实性可以从以下三个标准进行检验：一是强烈指数。当你提出价值主张后，客户是否愿意付费接受你的产品服务。如果客户不愿意付费，则强烈指数较低。二是市场容量。是否存在足够的客户群体需求。如果市场规模太小，获客就难，获客成本就高。三是需求频次。如果需求频次太低，需要高频项目带动。如网上祭祀，大量需求来自一年一度的清明节，需求频率过低。

第二节　创建创意原型

新创企业快速创建可替代的价值主张原型。不要过度沉迷早期创意，适时放弃、更新早期粗浅的模式，这样才能得以发展和改进。

一、原型形态

通过对你的创意进行快速和简单的学习，探索多种可替代原型，形成你的价值主张，并从中发现最好的商业模式。

创建原型正如在设计专业中制作手工样品一样。在测试与产生实实在在的产品和服务之前,创业者使用它将价值主张去概念化并快速探索各种可能性样品。

在细化原型之前,创业者使用不同的原型形态快速探索同一个创意的不同阶段和不同方向。

(一) 餐巾纸草图

餐巾纸草图是价值主张和商业模式的一种粗略的表现形式,着重突出核心创意,并不体现如何运作。它主要在创建原型的早期使用,用于探索和讨论多种可替代项。

1. 要点

(1) 快速。创意快速可视化,创业者可以快速分享和评估创意。

(2) 粗糙。餐巾纸草图粗糙到让创业者可随时抛弃之前的创意,进而探索更多的可替代项。

(3) 反馈。创业者可以使用餐巾纸草图,收集客户的早期反馈。

2. 注意事项

(1) 一张草图只包含一个核心创意或方向。

(2) 只解释创意是什么,不描述创意怎么运作。

(3) 简单明了,一眼就能看明白,10~30 秒就能讲清楚。

(二) 即兴思维模型

即兴思维模型,是一种为创业者的价值主张快速找到可替换方向的方法。创业者通过简短的即兴思维模型填空,来查明不同替换项是如何创造价值的。

1. 要点

(1) 目标。快速找到价值主张方向。

(2) 产出。以"可解说的"句子形式呈现可替换的价值主张。

2. 做法

创业者在以下模型中填空,塑造 3~5 个不同的方向。

我们的(产品/服务)帮助(客户群),希望通过解决(客户痛点)和创造(客户价值)完成(客户工作)。

(三) 最小可行产品

最小可行产品(MVP)是精益创业倡导的一种重要概念,旨在完整制造产品之前,创业者可通过 MVP,有效测试市场对产品的兴趣,测试、调整其价值主张。

MVP 是价值主张的原型或实物展示,用于测试一个或多个假设。如低仿真 MVP、高仿真 MVP。

1. 要点

(1) 最简功能产品。创业者用最小的代价、最快的速度、最具可视化的效果,做出最简的功能产品。

(2) 价值主张可视化。创业者通过 MVP,让价值主张更真实、更实际,并可被潜在客户和合作伙伴触及,进而挖掘客户的兴趣。

(3)开启认知流程。创业者制作MVP,给价值主张赋予生命,快速、廉价、高效地进行测试,以此验证基本的创业假设,开启学习认知的流程。

2. 常见MVP

(1)手动式MVP。让客户以为你已经有了产品的全部功能,实际上为客户提供的都是虚拟产品。客户以为正在体验实际产品,事实上这都是人工模拟完成的。比如,Zappos创始人尼克·斯威姆(Nick Swinmurn)将当地鞋店的照片手动上传到网页上,测试市场反馈,有人下单后,他就去当地鞋店买下那双鞋。

(2)定制型MVP。它与手动式相似,但明确告知客户,产品和服务是人为干预的(如告知客户是代购)。将这样高度定制化的产品或服务提供给特定的客户。

(3)拼接型MVP。将市场上现有的工具和服务组合起来,变成一个可运行的产品演示。

(4)电子原型。通过实物模型、框线图以及产品原型以最接近产品实际用途的方式展示产品的功能。你可以借助设计工具,清晰地表达你的想法。

(5)纸质原型。与电子原型相似,创业者通过折纸或纸上草图来展示产品以及产品的客户体验。

(6)产品演示视频(demo)。用产品演示视频来展示预期功能。比如,Dropbox创始人德鲁·休斯敦(Drew Houston)创新推出"收纳盒"文件夹,资料自动上传云端服务器,并复制到用户所有的计算机等设备上。他制作了3分钟微视频,演示该技术的工作情况并配音,众多网民在微视频下留言表示了强烈的使用意愿。微视频为Dropbox带来了成百上千的准用户。

二、原型制作

(一)基本原则

1. 有形可视

创业者把创意、价值主张变得有形,通过可视化原型,激发客户和合作伙伴讨论,避免陷入漫无目的的空谈之中。

2. 空杯探索

创业者抱着一种初学者的"空杯"心态,将创意塑造成原型,考虑"还有什么没有找到"的方面,又要在探索时抱着全新的思维,不要受已有经验的影响。

3. 多项替代

创业者不要满足最初的创意,要创建多个可替代项。太早沉迷于不成熟的创意会阻止你的创造和探索。

4. 液态可塑

原型探索初期,一般方向都是不太明确的。创业者轻松保持"液态"状态探索原型,不要把事情固化得太早。

5. 粗糙廉价

开始时,不要细化原型,使原型保持粗糙、快速和廉价,对原型保持低忠诚度。深入了解、筛选后,再进行迭代细化。

6. 及早反馈

创业者尽早公布工作,接受批评意见,及早寻求反馈,这些意见对于改进原型非常有价值。特别注意,不要过于主观化对待负面反馈。

7. 廉价试错

从早期常犯的、代价小的错误中更快地学习。敢于创建并使用粗糙、快速的原型,开展探索活动,使得试错成本变得廉价。

8. 持续迭代

创业者持续跟踪所有可替代原型、所学的知识和见解,用于原型迭代。

(二)制作要点

产品原型制作的基本要点:

1. 节约时间

(1)花 5 ~ 15 分钟描绘你的早期模型。

(2)不要花太长时间讨论原型的一个可能方向,快速多找一些方向,然后比较。

(3)创建原型仅仅是探索工具,不要花时间去细化原型。随着探索的深入,它可能会发生根本性变化。

2. 摒弃完美

质量与设计在 MVP 中的角色,挑战了传统的质量观念。MVP 遵循的质量原则有:一是如果我们不知道谁是顾客,我们也不知道什么是质量。二是顾客并不在意新创企业在功能开发上花费多少时间。

以第一代 iPhone 为例,早期使用者用自己的想象来填补产品的不足部分。他们是第一个使用新产品或新技术的人,成为周围第一位炫耀新潮手机的人,自我感觉良好。虽然当时苹果手机缺少复制功能、3G 网速和企业电邮的支持,但是消费者仍然趋之若鹜,专卖店门前排起长龙。

3. 化繁为简

大多数创业者和产品开发人员过分高估了一个 MVP 所具备的功能。遇到疑问时,创业者一定要化繁为简,放弃对必要的认知没有直接用处的一切功能、流程或努力。MVP 需要创业者有勇气验证自己的假设,尽快进入"经证实的认知"环节。

一项重要的经验教训是,不管某项工作在当时看起来多么重要,只要在开启认知流程所需之外,都属于浪费。

本章小结

价值主张是描述客户从创业者的产品和服务中所期望得到的收益。价值主张画布包含客户概况和价值图,当两者相吻合时,实现了两者之间的契合。价值主张设计目标在于尽快验证创意,以便学习、创建更好的商业模式,经过"设计—验证—优化"循环,多次迭代。

价值图以结构化和细致化的方式描述商业模式里特定的价值主张的特点,包括:产品和服务、痛点缓解方案和收益创造方案。产品和服务仅当与特定客户群及客户的工作、痛点和收益相关联时,才能创造价值。收益创造方案描述创业者的产品和服务使客户感到惊讶的结果及效益。从关联性来看,产品和服务、痛点缓解方案和收益创造方案均要区分哪些是必需的,哪些是最好能有的。

原型是客户检验重要的载体,创业者要灵活掌握不同原型及其应用场景。常见原型包括:餐巾纸草图、即兴思维模型和最小可行产品(MVP)。通过 MVP,创业者测试客户和市场,调整价值主张。

复习思考

1. 简答题
(1)简述价值主张的意义。
(2)简述原型制作要点。
(3)简述价值图及其构成。

2. 自测题

请扫描二维码,进入本章知识点的测试。

3. 案例题

共享厨房来了

一、共享厨房的起源

韩国四成以上的餐饮店在开业不到一年后倒闭,存活期很短。除了最低时薪上调和商圈租金上涨等因素,韩国大多数餐饮从业者为了谋生而仓促开店,准备不足、手艺不精也是其无法长期经营的原因。

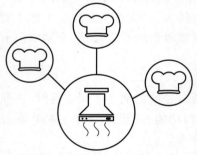

图 10-5　共享厨房示意图

为了给经济注入新活力,韩国近年来大力发展共享经济,2018 年起,韩国餐饮业开始出现共享厨房模式,通过空间和设备的共享,把开店成本降到了最低,如图 10-5 所示。借着共享经济的势头,不到一年的时间里,共享厨房的总数已达到十多家。韩国社会期待,新出现的共享厨房能顺利发展下去,缓解韩国餐饮业关店率高的痛点。

二、共享厨房的经营方式

韩国某家共享厨房位于首尔市热门商圈的商务楼内,入驻的都是有餐饮从业经验的人。在大约 230 平方米的厨房空间里,总共设置了 9 个明亮的隔间,每一间都配有冰箱、水槽、烹饪区和各类厨具。

厨房开设了对外营业的就餐区,让每名创业者用 2～3 个月的时间来这里测试自己新菜品的受欢迎程度。目前入驻厨房的 70 多人中,有两成通过了厨房内部的评审,把菜品搬上了就餐区。

韩国餐饮从业者金抬炯说,2018 年他几乎是空手来到了共享厨房,一次性缴纳了 900 万韩元的押金和 160 万韩元的月租金,加起来约合 6.4 万元人民币,只有自己开店成本的大约一成。他抱着试试看的想法搬进来,也不知道共享厨房行不行得通,没想到很快就安顿下来。现在好的时候他的月销售额能有 2 500 万韩元,约合 15 万元人民币。韩国消费者说这里的厨师经常更换,菜单也跟着变,总能品尝到新推出的菜品,很不错。共享厨房经营方式如图 10-6 所示。

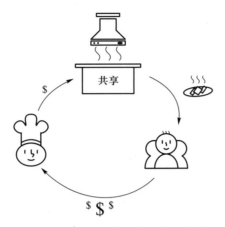

图 10-6 共享厨房经营方式示意图

三、共享厨房的收益来源

图 10-7 为共享厨房的商业模式示意图。韩国的共享厨房都是由专业的平台来运营的。平台的员工具有数据分析、品牌设计、风险管理等方面的专长,同时还拥有餐饮业背景。负责人介绍,他们平台的盈利主要来自场地的租金和销售的提成。为了提高运营效率和提升利润空间,他们找到一些企业当合作伙伴,包括韩国的多家外卖配送平台和共享办公室运营商等。

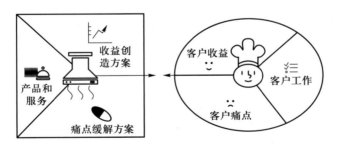

图 10-7 共享厨房商业模式示意图

受到韩国发达的互联网经济影响,有的共享厨房平台还推出了线上商城和支持手机购物的应用程序,销售创业者开发的甜品和调味料等来获得分成。在共享厨房经营过程中,管理入驻者是最棘手的问题。平台会通过严格的面试,筛选出菜品完成度高、热爱餐饮业的申请者。因为一旦有人违反了食品安全规定遭到消费者投诉等,就会对平台的形象造成打击。

韩国某共享厨房平台负责人林太润表示,他们会分析商圈,保证厨房选址在外卖需求量最大的地段,并且会与大型经销商合作,以最优惠的价格购入食材,供所有入驻者使用。

韩国餐饮市场研究所研究员徐庸熙说,共享厨房吸引了很多创业青年,平台也期待着未来能有更多的发展机遇,比如利用无人机或自动驾驶的汽车配送外卖。

　　韩国的外卖市场保持着年均 **20%** 的增速,为共享厨房的发展提供了一定空间。还有餐饮业人士乐观估计,未来韩国半数以上的外卖餐厅可能都会进驻共享厨房。不过按照韩国现行法律规定,共享厨房运营平台需要对入驻者的食品卫生、安全等问题承担全部责任,运营平台为此分散了大量精力。若韩国相关法律不能放宽限制的话,共享厨房的数量或难以显著增长。

　　本案例根据央视财经相关新闻改编而成。

结合案例,请分析:

(1)共享厨房的客户画布。

(2)共享厨房的价值图构成。

第十一章　客户测试

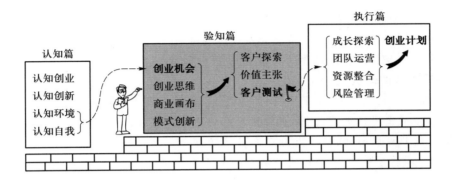

学习目标：

1. 理解客户测试概念、原则。

2. 掌握客户测试内容、对象和方法。

3. 熟悉客户测试过程。

4. 了解客户测试价值。

核心观点

1. 优先测试创意杀手。

2. 测试无效，回到画布，重新审视。

3. 再好的创业机会都应该经过客户检验和认可，验证价值假设、增长假设是否成立。

导入案例：罗辑思维

一、罗辑思维的发展历程

罗辑思维，创始人罗振宇，其长视频脱口秀从 2012 年开播至 2017 年停播，期间累计播出了 205 集，在优酷、喜马拉雅等平台播放超过 10 亿人次，在互联网经济、创业创新、社会历史等领域制造了大量现象级话题。罗辑思维的内容产品包括微信公众号、知识类脱口秀视频节目《罗辑思维》、知识服务 App 得到。

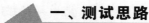

二、罗辑思维的内容测试

《罗辑思维》以聊天的方式介绍书籍的主要观点,让观众有眼前一亮的感觉。为了提高节目的体验感,罗振宇每次录制节目的时候都极其严苛,快20分钟的视频会因为一个小的停顿而重录;40分钟左右的脱口秀,他能录制8个多小时。

在罗辑思维的微信公众号里,罗振宇每天早上都会发60秒钟的语音。另外,节目的选题也是按照互联网思维来策划的,罗振宇关注网络动态,挑选观众最感兴趣的话题,在微信公众号的"日课"里公布选题过程和难度,让观众完全开放和透明地接近主持人和节目。在初期节目的结尾,制作组总会请一位观众做最终编辑,让他分享观看节目的感受。这些内容的设置,使观众对节目一直保持着一定程度的参与感。

三、罗辑思维的价值观

罗辑思维在发展过程中,始终坚持:用户至上、体验为王、单点突破、颠覆式创新。用户至上,重要的是创造用户价值,把用户价值放在公司收入之上。体验为王,是要快速持续地改进产品,让用户可以感知,并超出用户预期,让用户离不开。对于单点突破,要做到:

(1)从不起眼的地方、大公司没看到或看不起的地方起步,打边缘战和侧翼战,远离主流市场,进入新兴市场。

(2)多点试错,最低成本、最小规模、快速试错。

(3)聚焦单点,找准定位,持续聚集,极其专注,做到极致。

(4)引爆单点,比如,用一句话说服用户,不做砸钱式推广等。

至于颠覆式创新,已经融入前面三点思维当中,在这个时代,创新才是唯一的出路。

虽然长视频脱口秀已正式停播,但并不意味着罗辑思维作为一个自媒体品牌和产品退出舞台,《罗辑思维》仍在得到App平台以短音频的形式延续。

2015年12月31日,罗振宇在北京的水立方举办了第一场"时间的朋友"跨年演讲,截至2021年,已经连续举办7场,跨年演讲收入主要由赞助收入、门票收入及版权收入构成。2018年至2021年4场跨年演讲的收入高达2.08亿元。这也是罗辑思维线下知识服务的主要收入来源。

本案例根据搜狐财经、人人都是产品经理等网站资料整理。

第一节　测试实验概述

当创业者开始探索新的创意时,通常处于充满不确定性的空间之中,不知道自己的创意是否会起作用。因此,要通过价值主张和商业模式设计,对创意进行提炼,确认其是否具有价值。最好的方式是开始实验,测试所有的创业假设,降低创业风险。

一、测试思路

创意基于创业者的信念飞跃,包含了一系列假设。创业者通过设计廉价的实验,进行系统的改进,减少存在的不确定性,继而加大实验、原型的投入,以增加确定性。创业者应从客户到合作伙伴等多维度测试价值主张和商业模式的每一个方面。

通过实验测试,可获得相关证据。根据证据的可靠性,可衡量创业基本假设是否符合逻辑。由此,创业者通过实验得以学习与成长,获得新的认知和见解。

（一）从概念原型到产品和服务

创业活动源于信念飞跃。创业者在创业探索过程中,逐步将概念清晰化、可视化,一般经历以下三个阶段:概念原型、假设、产品和服务。运用精益创业理念、设计恰当实验,有助于高效率地推进认知进程。

1. 概念原型

快速设计概念原型来塑造创始人的创意,可以清晰地映射、跟踪、迭代和分享创意和假设。创业者需明确要取得创业成功,哪些假设必须是真实存在的。

（1）设计/创建。创业者设计商业模式与价值主张,通过画布勾画出创始人的创意。

（2）衡量。概念模型的性能包括客户画布、价值图、商业画布的基本板块。它能帮助创业者从理论上推演商业模式是否符合逻辑。

（3）学习。创业者需要预先设想商业模式的财务收益,预先设定契合点,预先设定基本假设。

2. 假设

设计和构建实验来测试假设,从能毁灭创意的最关键的假设开始测试。

（1）设计/创建。创业者从概念原型出发,使用访谈、观察和实验方法,测试最初的价值主张画布和商业画布。

（2）衡量。与原有的假设（认知）对比,观察在实验中实际发生了什么?

（3）学习。如果商业画布的任何一个板块需要改变,知道为什么。

3. 产品和服务

创业者构建最小可行产品来测试价值主张。

（1）设计/创建。开发最小可行产品,测试产品和服务的优势和特点。

（2）衡量。产品和服务是否真的能够为客户减轻痛点、创造收益?

（3）学习。请思考哪些价值主张对减轻痛点和创造收益起作用,哪些不起作用?

（二）测试价值

测试带来的价值如下:

1. 认知客户真实需求

认识客户真实需求要以从客户那里收集到的实证数据为基础。只有对客户真实需求进行探索,调整产品和战略,让企业愿景与客户接受程度相匹配,才能改进产品和服务。

> **延伸阅读 1**：传音手机在非洲为什么能成功？

2. 系统排除资源浪费

精益创业思维方式将价值定义为“向客户提供利益”。新创企业中,谁是客户、客户认为什么东西有价值都是未知数。如果创业者所做的与学习认知无关,便是一种浪费。如所有那些耗费在产品功能特性、工作优先排序上的争论是没有必要的。通过客户测试,创业者终会学会预见浪费所在,并系统地排除它们。创业过程中,创业者往往给自己制造很多问题,需要从客户视角确认哪些是真问题,哪些是伪问题。

3. 客观评价创业进展

客户测试改变了原来的战略,让创业者更聪明地探索客户的真实需求。测试时,衡量指标的积极变化成为一种量化的证据,说明创业者学到的东西是真实的。这让员工、投资人等利益相关者看到了真实的进展。

4. 避免"零的愚勇"陷阱

某些情况下,比起有少量营业额,零收入、零顾客、零进展的情况更容易筹集资金或寻求其他资源。"零"让人有遐想空间,而低收入则令人质疑高收入能否实现。

一种常见的非理性观点是推迟数据收集,直到确认能否取得成功。这种延误造成的消极结果是浪费大量工作、减少重要信息反馈、增加创业风险。

创业者用低价、快速的客户测试来减少"零的愚勇"造成的浪费,需要摆脱"虚荣指标",不粉饰太平,不吹嘘成功,要凭借产品和服务开发上的努力,走向更大的成功。

二、契合检验

(一)契合概念

1. 定义

当客户因为创业者的价值主张感到非常高兴时,代表着创业实现了契合。契合发生在创业者帮助客户完成重要工作、缓解极端痛点和创造基本收益时。契合是难以发现和维持的,创业者应努力地在价值主张设计中找到契合。契合的基本问题是:

(1)解决客户最极端的痛点了吗?客户有很多痛点,没有一个价值主张能够解决所有痛点。应关注客户最头痛而未能解决的问题。

(2)实现客户最基本的收益了吗?客户对产品和服务有很多希望,然而他们也知道这些希望不能全部实现。应关注能使客户获得惊喜或很重要的收益。

客户是"法官""陪审团"和价值主张的执行者。如果创业者未能找到契合,他们将毫不留情。

2. 检验契合度

(1)目标。目标是验证能否解决客户最重要的事项。创业者应结合价值图和客户画布,把痛点缓解方案及收益创造方案逐条通读,看这些方案是否能与客户工作、痛点及收益相契合。应对每一条已经检查项目做好标识。

(2)结果。结果是判断产品和服务是否与客户的工作、痛点及收益相契合的依据。如果痛点缓解方案和收益创造方案未能与任何一项客户工作、痛点和收益相契合,则表明不能给客户创造价值。

(二)契合三个阶段

寻找契合是创业者围绕客户真正关心的工作、痛点和收益来评价产品和服务,是设计价值主张的一个过程。契合发生在以下三个阶段:

1. 第一阶段:问题与方案契合

这种契合也称"逻辑上"的契合,可证明创业者的价值主张能解决客户关心的工作、痛点和收益。

(1)发生条件。一是有证据表明创业者真正认识到客户的工作、痛点及收益。二是设计了一个能解决工作、痛点及收益的价值主张。

(2)基本特征。创业者相信自己的价值主张能够覆盖所识别的客户工作、痛点和收益。但是,尚未有依据证明客户对创业者的价值主张感兴趣,价值主张仅仅停留在"逻辑上"的契合,尚未得到验证。

2. 第二阶段:产品与市场契合

这种契合也称"市场上"的契合,即证明客户想要创业者的价值主张。

(1)发生条件。有证据表明创业者的产品与服务、痛点缓解方案及收益创造方案能真正创造客户价值,受到市场欢迎。

(2)基本特征。创业者需要努力验证价值主张潜在的假设。找到第二阶段的契合是一个漫长反复的过程。创业者无法避免早期的许多想法并不能创造客户价值,此时需要重新设计价值主张。

3. 第三阶段:商业模式契合

这种契合也称"银行里"的契合,即证明创业者的价值主张打造的商业模式可实现、可盈利。

(1)发生条件。有证据表明创业者的价值主张能植入可盈利、可持续的商业模式中。

(2)基本特征。一个好的价值主张,如果没有好的商业模式,则意味着不理想的财务收益,甚至会导致失败。寻找商业模式契合是一个费时费力的过程,需要在为客户创造价值的价值主张与为组织创造价值的商业模式之间来回探寻。只有收入来源大于成本结构,才能实现商业模式的契合。比如,不粘锅涂层修复项目。一方面低档不粘锅销售价格只有100元左右,限制了涂层修复服务的定价。另一方面,涂层修复服务涉及双向物流,物流成本居高不下。哪怕是客户痛点强烈指数非常高,也难以实现商业模式的契合。

(三)多重契合

有些商业模式需要在多个价值主张与客户群相结合时才有效,因此需要在每个价值主张及其相应的客户群中找到契合。

比如,空中食宿是一个将有多余空间可用于出租的当地居民与正在寻找住所的旅游人士相连接的双边网络平台。在此情况下,商业模式需要满足两类价值主张:一是用于当地居民;二是用于旅游人士。

三、传统创业与精益创业

(一)模式比较

传统创业观念中,创业者开启创业探索之旅,第一步就是撰写创业计划。创业计划是在已知的环境中,有充分信息的情况下编制的执行文件。对于新创企业而言,传统创业与精益创业在理念、方法，以及风险防范与管理等方面均存在巨大差异（见表11-1）。

表 11-1　传统创业与精益创业比较

项目	传统创业	精益创业
看法	我们知道	我们的客户和合作伙伴知道
工具	创业计划	商业模式和价值主张画布
过程	计划	客户开发和精益创业
场所	办公室内	现场
聚焦	执行一个计划	实验和学习
决定基础	过往经验和借鉴	实验事实和洞察力
风险	没有充分解决	通过学习使其最小化
看待失败	避免	将失败作为学习和提高的途径
不确定性	通过详细的计划掩盖	承认不确定性并通过实验来减少
细节	细化文档和电子表格	依赖于实测证据级别
数量	假定设想	以证据为基础

资料来源：亚历山大·奥斯特瓦德，等. 价值主张设计[M].余锋，等，译. 北京：机械工业出版社，2015.

（二）学习速度比较

面对高度不确定性的环境，精益创业认为应系统地测试创意、认知客户、获得信息，逐步降低管理风险和不确定性。

1. 传统创业做法

（1）创业计划。创业计划是一种比较精练的文件，创业者大幅度修改往往费时费力。当创业团队对商业模式已经有清晰的认识且正在接近创业执行阶段，就可开始编制详细的创业计划。

（2）第三方市场调研。第三方市场调研费用大、周期长。这种方法在创业初期不能有效支持创业团队进行快速调整。当成熟企业需要对现有价值主张进行改善时，这种方法比较有效。

（3）试验性项目。试验性项目通常是企业内测试创意常用的方法。大多数试验性项目是基于相对成熟价值主张的优化，需要大量时间和大规模的财务成本支持。

2. 精益创业做法

（1）生成假设。快速塑造创意，不断迭代更新，生成假设。

（2）快速实验。创业者面对高度不确定的环境时，通过与客户、合作伙伴访谈，快速获得第一手关于市场的洞察信息，需采用廉价、快速的小实验，分步验证假设。当有证据表明创业团队已经沿着准确方向行进时，创业者再考虑更加可靠、比较慢速的方法继续探索。

3. 速度优先

在价值主张设计的早期，创业者面对的不确定性最大。创业者不知道自己关注的工作、痛点和收益能否引起客户共鸣，更无从谈及让客户对自己的价值主张产生兴趣。

因此，早期设计一些快速的实验，并获得客户洞察力很重要。如果在早期就开始撰写创业计划或者启动大型的第三方市场调研,往往是错误的行为。这些行为在后期更加有效。

第二节　测试实验操作

一、测试设计

（一）测试内容

测试内容包括对客户画布、价值图、商业画布的测试。

1. 客户画布测试

客户画布测试也称圆形测试。除了最初的客户调研以外,创业者还需开展可提供证据的实验来测试哪些工作、痛点和利益对客户来说最重要,用证据确认客户描述、初步研究、观察以及访谈洞察力是正确的。

（1）测试目标。它能更加明确什么工作、痛点及收益是客户真正关心的。

（2）测试次序。创业者在专注于为客户提供价值主张之前,提供证据说明客户关心的是什么。创业者只有完成圆形测试后,才能设计价值主张,避免把时间浪费在客户并不关心的产品和服务上。

（3）测试方法。创业者需要找到有创意的方法来测试客户的喜好,而不是依赖最小可行产品。

2. 价值图测试

价值图测试也称正方形测试,是测试客户是否或有多在乎创业者打算提供的解决方案。创业者设计实验,提供证据证明客户在乎且相信自己的产品和服务能帮助他们完成工作、消除痛点、创造收益。

（1）测试目标。在没有全面实施价值主张之前,请尽可能廉价、快速地进行测试。

（2）测试次序。首先,测试客户对创业者的产品和服务的接受程度,了解哪类产品和服务是客户真正需要的。其次,测试哪些是客户真正需要消除的痛点,哪些是客户真正需要和渴望的收益。再次,测试创业者的价值主张是否可以减少客户痛点或创造客户收益。

3. 商业画布测试

商业画布测试,也称为矩形测试。它是测试价值主张所在的商业画布最关键的假设,并提供证据证明创业者打算创造、交付和获得价值的方式是有可能发挥作用的,能创造比成本更多的收益。

（1）测试目标。测试商业模式的可持续性。高度重视利润方程式"利润＝收入－成本"。

（2）关键问题。评估商业模式的关键问题:

一是转换成本。客户转换到新创企业是简单还是困难?

二是循环收益。每次销售是一次性交易,还是会带来有保证的后期收益和订单?

三是收入与支出。可以产生比实际花费成本更多的收入吗?

四是成本结构。与竞争对手相比,现有成本结构是否有本质的不同?

五是可拓展性。现有商业模式能否发挥更大的作用?

六是竞争保护。现有商业模式在竞争环境中能提供多大的保障？强大的商业模式，通常竞争对手难以模仿，如苹果应用商店提供了强大的保护屏障。

创业者要注意：再好的价值主张，如果没有健全的商业模式，也会失败。

（二）测试对象

1. 天使客户

天使客户能够接受不太完美甚至有些缺陷的早期产品，并且愿意和新创企业一起试用、验证和反馈，甚至参与产品开发，共同完善产品。他们具有以下共性：热爱产品，能从口碑、产品改进等角度促进产品从小众走向大众。

创业者进行客户细分，寻找天使客户，通过客户访谈确定产品方向。

2. 合作伙伴

轻资产创业有助于降低创业风险。创业团队往往通过策略性地整合资源，推进创业活动。

合作伙伴主要包括关键资源拥有者和重要合作对象。创业前期对于关键资源和重要合作的假设，均来自创业者的自我认知和猜想。创业者应确认自己的价值主张是否能够得到他们的理解和支持。

（三）测试原则

1. 事实胜于雄辩

创业团队要树立"证据胜过意见"的准则。无论创业者是创始人、投资人，还是合作伙伴，都要达成共识，尊重市场事实，用证据战胜一切。

> 延伸阅读2：客户测试实践案例

2. 失败是成功之母

创业团队通过拥抱失败、更快学习来降低风险。测试创意的过程往往伴随着多次失败。然而，一系列低成本的失败能引导团队成员从中学习，从而降低创业风险。

3. 先测试后细化

创业者在详细思考或描述自己的创意之前，应收集早期测试实验的洞察信息。

4. 实验不等于现实

创业者需要牢记：实验只是一个透视镜。通过它可以尝试了解现实，但是它不等于现实。创业者需要反复实验，透过表象探寻本质。

5. 平衡收获和想象力

将测试结果集成为一体，当测试结果和想象力存在差异，也不要完全推翻自己的想象力。

6. 识别创意杀手

优先测试最重要的假设：那些可能毁掉创意的假设。

7. 始终围绕目标客户

在测试解决方案之前,应先测试对客户的工作、痛点与收益的假设。

> **延伸阅读3:** 用户调研实践案例

8. 确保测试结果可衡量

好的测试可以带来可以衡量的学习体验,进而助益创业者的行动。

9. 评估证据的可靠性

受访者可能一心二用。因此,创业者并不能照单全收,需要客观评价已经获得的证据的可靠性。

10. 多次测试不可逆转的决策

反复测试这些重要决策,确保那些不可逆转的决策已被相关人员知晓,促使创业团队达成共识。

二、测试实验

(一)测试类型

常见的测试类型包括概念测试、样品测试和销售测试。

1. 概念测试

为了提高准确率,测试需要一定的样本量。概念测试比较适合用市场调查的方式,如问卷调查。

(1)从多个产品概念中选择最合适的进行测试。

(2)测试该产品概念是否能够带来商业价值。

(3)测试这个商业价值能否得到目标客户和潜在客户的认可。

(4)研究如何更好地实现产品概念,以便实现商业价值。

2. 样品测试

通过概念测试后,创业者应尽快制作产品样品进行样品测试,以检验概念能否很好地转化为产品,以及产品能否受到消费者的喜爱。

(1)内部测试阶段。让员工参与试用新产品,找到明显的产品缺陷,加以改进。

(2)公开测试阶段。邀请部分客户进行测试,并进行客户调查。

(3)持续测试阶段。提供给客户一部分样品,让他们持续使用。其目的是检验客户是否真正需要这些产品,是否会持续购买这些产品。

3. 销售测试

经过样品测试后,创业者需要进行销售测试(试销)。一是检验增长假设,预测产品销售的前景和利润;二是检测增长引擎,测试产品营销策略是否妥当,根据反馈进行修正。

(1)试销方案。通过试销获取数据和后期评估的标准。

(2)试销区域。选择局部区域进行试销。

(3)试销方法。选择渠道、媒体进行试销推广。

（4）试销周期。确定试销的时间窗口。

（5）成本预算。安排试销的预算。

（6）试销评估。收集信息，并进行评估。

（二）测试方法

常用测试方法主要有以下四种：

1. 客户访谈

创业者通过与天使客户进行互动，一是了解客户的需求信息，验证价值假设是否成立，二是向客户解释产品功能，并了解客户对产品功能的排序，为产品调整提供依据。

访谈可以通过线上或线下进行。线上，通过微博、微信、论坛等社交媒体与客户进行互动交流，获取客户的需求信息；线下，通过与天使客户面对面交流，以最直接的方式获取客户反馈。

2. 产品预览

产品预览可能仅仅是一个网络页面，但是，它可以让潜在客户了解产品概貌，并让创业者通过客户的点击获得反馈意见。产品预览既是介绍产品特性的一种营销手段，也是进行客户测试的方法。新创企业可以借此了解产品能否达到市场预期。比如，增加一个单独的页面来显示不同产品的价格、客户可选价格套餐等相关产品价格信息。客户的点击情况可以帮助企业修订定价策略，使产品更具有竞争力。

3. 产品众筹

许多产品众筹网站为新创企业进行客户测试提供了良好的平台。新创企业可通过发起产品众筹，根据人们的支持情况，判断客户对产品的态度。产品众筹可以帮助新创企业接触到对产品有浓厚兴趣的天使客户，获得他们的反馈意见，这对创业活动至关重要。

4. 小规模客户测试

创业者假定某产品已经具备预期的功能，通过为小规模客户提供个性化的人工服务，检验商业模式的假设。

例如，台州学院王呈斌教授领衔的精益创业团队与创业者迭代开发"精益创业基础"知识体系后，于2021年8月，发动拱东医疗、肯特催化、汇宝科技和力唯装饰开启"社交销售"商业实验，通过为期一年的商业实验，验证了"专家形象+信任建立"社交销售商业逻辑。在此基础上，团队计划开启一系列后续的商业实验。

（三）测试步骤

测试过程可以分为六个步骤：

1. 生成假设

为成功实施创意，创业者必须测试哪些假设是真的。

结合创意，围绕商业模式、价值图和客户概况三个画布的每一个板块，逐一细化提出需要检验的假设。

2. 将假设排序

所有的假设并不都是同等重要的。有些假设会毁掉创意，称为"创意杀手"；有些是派生出来的假设，在最重要的假设为真时才起作用。因此，创业者需要从最重要的假设开始测试。

（1）重要性排序。按照对创意生存和发展的重要性次序来排列假设。对于生存至关重要的假设排在最上面。比如，关于客户极端痛点的假设，如果这个痛点实际上并没有那么严重，那么基于这个痛点提出的价值主张重要性就会大打折扣。

（2）高风险排序。同等条件下，优先挑选最冒险的假设来测试。比如，广告销售的媒体业务有两个基本假设：能否持续捕获既定客户细分市场的注意力？能否把这种注意力卖给广告商？显然，前者风险更高。因此，第一个实验应该涉及内容制作，而不是广告销售。公司制作一个试映片段或试刊，用以观察其如何吸引客户。

3. 设计测试卡

设计简单的测试卡将所有实验结构化（见图 11-1）。

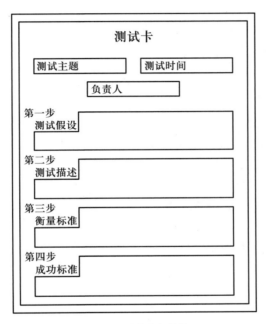

图 11-1　测试卡结构

（1）测试卡内容。测试卡卡头包括测试主题、测试时间和负责人等管理信息。测试卡内容包含：描述假设、测试描述、衡量标准和成功标准。描述假设需要展示该测试的关键程度；测试描述需要展示测试需要投入的成本和收集数据的可靠性程度；衡量标准需要展示测试需要的时间；成功标准需要明确，比如测试关键词广告，成功标准为：达到 2% 点击转化率。

（2）测试卡排序。应将最关键的假设排在最优先测试的位置，同时将可以廉价和快速进行的测试放在早期进行。随着确定性的增加，创业者逐步增加测试预算，进行更精确、更可靠的测试。操作技巧是：为一个相同的假设，创建不同成本的几个测试卡。

4. 运行测试

从排在顶部的实验开始测试。如果第一次实验就检验出最初的假设无效，应停止后续测试。创业者不得不回到画布，重新设计创意。

5. 获取认知

使用简单的学习卡，使创业者的洞察力得以结构化（见图 11-2）。

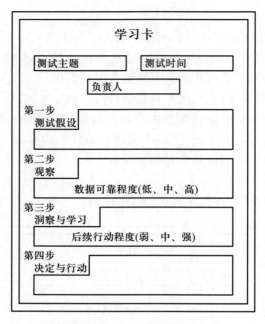

图 11-2　学习卡结构

学习卡卡头包括测试主题、测试时间和负责人等管理信息。学习卡内容包含:测试假设、观察、洞察与学习、决定与行动四个板块。观察需要特别标注测量数据的可靠程度。洞察与学习需要突出标注后续行动的强度。比如,关键词广告测试获得"2.5%的点击转化率",可以发布一个关键词广告,开发市场。

6. 取得进展

通过实验测试,获取洞察信息,取得如下三种进展结果:无效、延伸测试和通过测试(见图 11-3)。

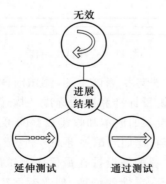

图 11-3　测试进展结果

(1)无效。回到画布,重新审视。当测试遇到第一个假设就被证明无效时,应毫不犹豫地从头再来。重新寻找新的细分市场,设计新的价值主张和商业模式,让创意得以执行。

(2)延伸测试。一是寻求确定。基于少量快速和早期的测试,需要采取更有力的行动,进一步设计测试。比如,潜在客户在访谈过程中对需要高投入的产品和服务感兴趣,创业者需要跟进设计一些实验,生成更可靠的数据。二是加深理解。当发现某个趋势正在发生,创业者应设计实验进一步测试了解它为什么会发生。比如,实验表明潜在客户对价值主张不感兴趣,应跟进访谈,了解他们为什么不感兴趣。

(3)通过测试。每一次实验测试通过后,就可以获得对于新的假设的确认。一是扩展到下一个模块。当创业者对获取的洞察信息和数据的可靠性感到满意时,请继续前进,测试下一个重要的假设。二是执行。当创业者积累足够的洞察信息时,你可以进入执行阶段。

本章小结

创意是基于创业者的信念飞跃,包含了一系列假设。创业者需要通过设计廉价、快速的实验,测试价值主张和商业模式的每一个方面,进行系统的改进,减少存在的不确定性,继而加大实验、原型的投入,以增加确定性。科学测试有助于认知客户真实需求,系统排除资源浪费,客观评价创业进展,避免"零的愚勇"陷阱。创业者在设计价值主张和商业模式时,需要努力探寻问题与方案契合、产品与市场契合和商业模式契合。

精益创业主张的测试实验与传统商业计划在理念、方法、风险防范与管理,以及学习速度等方面均存在巨大差异。创业者通过对天使客户、合作伙伴等设计实验,分步测试客户画布、价值图、商业画布的每一个方面。测试类型包括概念测试、样品测试和销售测试。常用测试方法有:客户访谈、产品预览、产品众筹和小规模客户测试等。通过实验测试,创业者能获取洞察信息。测试取得三种进展结果:一是无效;二是延伸测试;三是通过测试。

复习思考

1. 简答题
(1)简述实验测试的价值。
(2)简述契合的三个阶段。
(3)简述测试常用方法。

2. 自测题

请扫描二维码,进入本章知识点的测试。

3. 案例题

数字时代,洞察营销演进逻辑

一、经营环境变迁

改革开放40多年,中国制造业快速崛起,2021年中国制造业增加值占全球比重近30%,位居全球第一。居民消费品从供不应求,到供过于求,到过度竞争。中国企业之间的竞争经历了以下三个阶段:

一是"制造为王"阶段。改革开放初期,产能是制造业的瓶颈。吉利、夏利和奥拓等国产汽车制造出来后均取得不错的销量。

二是"渠道为王"阶段。随着行业产能快速增长,企业要获得良好的经营成果,必须占据有利的渠道。比如,娃哈哈和宝洁等品牌,占据线下有利的销售渠道,获得良好的业绩。如今在移动互联网影响下,渠道从线下转到线上,线上线下融合,特别是线上渠道,从京东、天猫分化到了拼多多、抖音、快手等,给传统渠道带来诸多挑战。

三是"品牌为王"阶段。当前,大多数产品面临着产能过剩、渠道过多的困境。信息越碎片化,沟通成本就越高,企业必须构筑品牌势能,占领用户心智,才能获得商业机会。

因此,企业需要洞察用户习惯,从用户熟悉和常用的渠道展开产品营销活动。媒体的本质是:占用用户注意力时间长短×用户数量×互动性。

二、认知品牌逻辑

数字时代,网络流量改变了传统企业的品牌逻辑。从获客、激活、留存到变现,产品销售活动呈现漏斗模型。数据结合算法会让流量更加精准,但是竞价交易机制会让企业的获客成本越来越高。在销售漏斗模型中,企业如果没有品牌影响力,即使买了流量,流量变销量的转化率仍然很低。现在,企业都在争夺流量。名气越大、品牌影响力越强的企业转化率越高。比如,"双十一"期间,销量前十强都是大品牌。

流量逻辑是货找人,品牌逻辑是人找货。企业要根据自身类型和发展阶段,协同好"货找人"和"人找货"的逻辑。从长远发展来看,企业的产品力、渠道力、组织力和品牌力都要强大。但是,产品力和渠道力是基础,如果企业还没有迭代"好产品",最好少投品牌广告。

三、洞见广告逻辑

数字时代,个性化消费体验成为主流,进一步促进了消费升级,从而缩短了我国消费品新品牌诞生的周期。

从线上来看,一个新的在线品牌,通过小红书、抖音、B站和知乎等自媒体渠道推送信息,有机会提高认知度,获得快速成长的机会;结合知名网红直播推荐,以及在天猫、京东、拼多多和抖音等平台的运营,有望实现新品牌的塑造。

从线下来看,在线品牌要想进一步发展,企业就得"出圈",进入大众视野。"出圈"要做好以下四个方面:高频曝光、品牌印象、消费体验、忠实用户。20年前,品牌曝光的最佳媒体是电视。数字时代,消费者注意力被分散,品牌需要通过精准广告触达目标客群。比如,电梯广告可能成为品牌曝光的重要媒体。在特定客群等待电梯的时间播放广告,容易获得特定客群的注意力;持续投放广告,可以达成高频曝光的目标。

总而言之,数字时代,"渠道+品牌+广告"是企业营销的基本功。

本案例根据网络资源整理而成。

结合案例,请分析:

(1) 数字时代,企业广告如何契合消费者习惯?

(2) 根据环境变化,企业如何迭代广告模式?

第三篇 执 行 篇

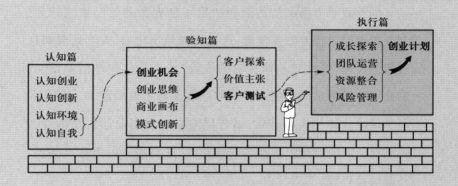

篇序

本篇包括:成长探索、团队运营、资源整合、风险管理和创业计划五章,是创业活动的执行环节。

认知篇检验了创业机会的价值假设,本篇则需要检验创业机会的增长假设。从客户开发思维来看,本篇内容已经由客户探索、客户验证的调查阶段,转入客户生成和企业建设的执行阶段。

创业者对市场类型的选择决定了创业活动的一系列行为。创业者要遵循精益创业理念,通过资源最小化、轻资产运营和自有资源使用,降低对外部资源的依赖,步步为营推进创业活动。创业风险管理是检验创业者驾驭创业不确定性的能力。创业者基于风险认知和风险评估,做好风险应对。创业计划是创业者从调查阶段向执行阶段推进的线路图,主要用于内部达成共识、外部对接资源。

第十二章 成长探索

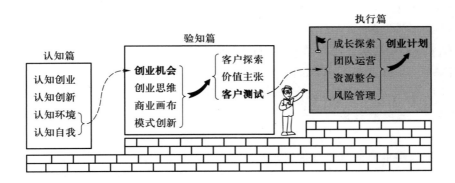

学习目标:

1. 掌握市场类型。

2. 掌握新创企业增长引擎。

3. 熟悉创新核算理念和方法。

核心观点

1. 市场类型决定一切。

2. 现有市场中,新创企业是力量最弱小、资源最缺乏的竞争者。

3. 全新市场进入成本最为高昂。

4. 创新核算时,谨防虚荣指标。

导入案例:抖音电商的全域发展

2022年5月,抖音将兴趣电商升级到全域兴趣阶段,通过覆盖用户全场景、全链路的购物需求,打通"货找人"和"人找货"的双向消费链路。

一、抖音电商探索

抖音电商探索大概分为三个阶段:

1. 工具探索期

2017 年年底至 2018 年年初,抖音把购物车、购物袋两款产品加到平台,主要目的是激发创作者在做更多优质内容的同时顺便带货。

2. 内容探索期

2020 年 6 月,抖音成立电商业务部门后迎来内容爆发,做出"达人自播"和"商家自播"两大关键决策。

3. 全域建设期

基于达人自播、商家自播基础探索,2021 年抖音电商正式提出"兴趣电商"的理念和 FACT 经营矩阵的思路。FACT 经营矩阵:F(field)即商家自播阵地、A(alliance)即海量达人阵地、C(campaign)即主题营销活动、T(top-KOL)指头部达人。商家从最初把抖音电商当作销售渠道,到全面布局,通过不断优化经营思路,持续打造特色内容,实现生意总量稳定、高效可持续增长。"流量、转化、沉淀"是电商经营基本三要素,经营店铺犹如阵地,随着用户的积累,其交易规模会因为用户转化、沉淀而持续扩大,这样店铺就可以实现滚雪球式增长。

二、全域兴趣电商的重点与价值

抖音全域兴趣电商最重要的两点在于"用户触达方式的转变",以及"内容场"和"中心场"的双管齐下。

1. 用户触达方式的转变

用户触达方式从漏斗模式,转变为链路更短更高效的线性模式。触达,指商家所做活动如何通过各种渠道让更多用户知道,并且整合起来,统一做流量收口,提高最终转化效果。

2. 在"内容场"的基础上,做好货架式的"中心场",撬动规模化增长

用户除看内容购买商品外,还会在抖音上主动搜索商品,甚至还会习惯在已购买过的店铺或直播间互动、复购。基于"内容场",抖音电商做好"中心场",一方面能够让商家自播撬动更多用户;另一方面也可以补齐用户体验(搜索和商城),充分满足各类购物需求。

抖音电商希望通过全链路经营设施,多维度助力商家更好地经营。

2021 年开始抖音电商联合字节跳动公益项目"山货上头条",通过优质内容和平台技术,让众多农村地区的特色商品和拥有潜在购物需求的消费群体连接起来。

2021 年 4 月,抖音电商推出"全民好书计划",让读者阅读的热情持续走高;2020—2021 年,图书赛道规模发展也非常迅猛,整体呈现翻倍增长。

在"遇见国货"方面,目前多个国货品牌处在抖音电商热销榜单前列。

抖音电商团队牢记"为用户带来更多优质体验,为商家带来生意增长"的使命,结合从抖音的"记录美好生活"到抖音电商的"没有难卖的优价好物,让美好生活触手可得"的双愿景,让团队坚持做难而正确的事。

本案例根据"笔记侠"微信公众号内容整理而成。

第一节 市场类型

一、市场类型划分

新创企业之间的重要差异表现在它们主张的产品、服务和市场的关系。总体来说,按照产品/市场关系,新创企业进入的市场可以分为现有市场、细分市场、全新市场和克隆市场四种类型。

> **延伸阅读1:** 只做最好的产品,只圈最硬的粉丝,只拼一个市场的生意

(一)现有市场

新创企业进入现有市场即生产(或提供)市场上已有的产品或服务。如新创企业计划生产市面上已有的产品(如手机、便携式计算机),又不打算进行大的改良和创新,只是有限地提高产品的性能或性价比。此种情况下,采用产品开发方法有可能取得成功。

1. 有利方面

客户和市场是现成的、成熟的,营销活动相对容易,客户能够描述对产品或服务的价值诉求和市场属性。

2. 不利方面

竞争对手已经在市场上占据一定的地位,它们已经界定了现有市场。新创企业通常需要更快、更好或更低成本地解决问题,或者是从其他方面改善产品和服务的性能。

(二)细分市场

在现有市场中,新创企业是力量最弱小、资源最匮乏的竞争者。新创企业往往基于对市场和客户的认知,重新细分现有市场。细分市场的关键在于能否发现竞争对手尚未涉及的市场机会,表现为以下两种形式:

1. 低成本式重新细分

新创企业大幅降低产品成本,向低端客户提供更高性能的产品。由于高端市场利润最大,低端市场常常被人遗忘。如果新创企业在保证利润的前提下,有效降低成本,通常会出奇制胜,如春秋航空的业务模式。

2. 利基式重新细分

新创企业解决现有产品未能解决的特殊需求,或者大幅度提高现有产品某方面的性能。新创企业要确保新产品有足够的吸引力,就要改变原有的市场规则,占领细分市场,通常沿用现有市场的盈利模式。

（三）全新市场

新创企业进入全新市场，即开发一种新的产品或服务，让客户达成以前无法实现的目标，或者是大幅降低成本重新定义客户类型。比如，康柏公司率先开发了便携式计算机。

面对全新市场，关键不在于竞争，而在于是否有足够大的客户规模，以及是否能够说服客户购买新的产品或服务。新创企业不能错误地认为"没有竞争压力"。

1. 有利方面

全新市场中没有竞争对手，也没有客户。因此，没有人知道产品或服务能做什么。产品性能是次要因素。

2. 不利方面

由于市场情况不明朗，客户不知道为什么要购买这样的产品或服务。这使得获取反馈和创造需求变得非常困难。产品对客户而言是未知的，市场也是不明确的。进入全新市场意味着需要长期的客户培养。全新市场的进入成本最为高昂。针对数百家高科技新创企业的调查表明，进入全新市场往往需要 3 ~ 7 年时间才能盈利。比如，便洁宝（智能马桶生产商）开拓国内市场，需要改变国人如厕的习惯，要花费较长时间。

（四）克隆市场

当一种商业模式已经在其他国家成功得到验证但尚未引入本国时，在本国市场克隆该商业模式往往非常有效。比如，百度是谷歌的复制品。

1. 有利方面

商业模式已经在其他国家得到证实，具有可行性。新创企业只需要结合当地经济环境和社会文化，进行本土化改造，优化商业模式运营环节。

2. 不利方面

由于社会环境、制度环境、文化环境的差异，在本国复制国外成功商业模式仍然存在一定的不确定性。当国内市场还没有此类产品或服务时，相当于进入一个全新市场。新创企业需要承担进入全新市场带来的风险和压力。

二、市场类型比较

市场类型影响着新创企业各个方面的行为。适合某个市场类型的战略战术在另外一个市场类型中可能根本不会发挥作用。

1. 市场特征比较

市场类型决定着新创企业的客户反馈、获客渠道和推广成本，能够改变客户的需求、复购率及产品的特征、定位、发布策略、渠道和活动。

不同的市场类型需要完全不同的客户探索方式、最小可行产品以及营销策略，它们的各因素比较见表 12-1。

表 12-1　不同市场类型的各因素比较分析

因素	现有市场	细分市场 （低成本/利基细分）	全新市场	克隆市场
客户	已存在	已存在	新客户或者开发老客户的新消费习惯	新客户
客户需求	产品性能	购买成本 感知需求或问题	简单、便利	复制国外市场已经成功的创意
产品性能	更快更强	满足低端市场需求 满足利基市场需求	忽略传统属性，按照客户新的需求创新产品	满足本地市场需求
竞争对手	已存在	已存在	无竞争或者其他新创企业	无竞争或存在国外竞争对手
面对风险	竞争对手存在	竞争对手存在 利基市场失败	市场冲突	文化冲突

资料来源：史蒂夫·布兰克，鲍勃·多夫．创业者手册：教你如何构建伟大的企业[M]．新华都商学院，译．北京：机械工业出版社，2013．

2. 创业行为比较

（1）从客户视角来看。不同的市场类型，决定了解客户需求的途径与方法。比如，新创企业进入全新市场，需要着重掌握客户接纳新产品和服务的速度，把握客户的工作、痛点和收益，考虑提出的价值主张是否能够满足客户的需求。

（2）从价值主张来看。不同的市场类型决定了产品和服务的定位、设计和开发。在全新市场，要满足客户新的需求；在细分市场，强调独特的性能，满足客户差异化的需求；在克隆市场，当国外竞争对手尚未进入该国市场时，参照全新市场运营。

（3）从营销视角来看。不同的市场类型决定市场规模和进入成本。比如，创始人经常犯的错误是在全新市场盲目投入大量营销资源。这种做法在现有市场比较适用，在全新市场毫无用处。

（4）从风险应对来看。在现有市场和细分市场需面对已有的竞争对手；在全新市场需面对市场规模、市场接受程度等方面的不确定性；在克隆市场需面对社会文化、消费习惯等方面的不确定性。

三、市场规模假设

市场规模假设是一项局外假设，不出现在商业模式画布之中。市场规模假设可以帮助新创企业评估市场机会大小。

（一）市场推动因素

市场机会大小受以下三种因素推动：

1. 活跃用户

现有市场中，已经存在大量活跃用户（或客户），为新创企业的价值主张提供探索机会和市场空间。

2. 潜在用户

市场内具备可预测的未来用户（或客户）的快速增长空间。比如,春秋航空的市场假设源于国内较低的人均航空乘坐率。随着机票价格大幅度降低,春秋航空有望激活一大批新客户。

3. 开发潜力

市场存在吸引活跃用户（或客户）的机会。

（二）市场层级

投资者经常把市场规模描述成以下三个层级（见图12-1）:

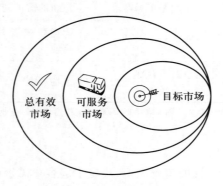

图 12-1　市场层级

1. 总有效市场

总有效市场是指全球市场总和。如对于新型智能手机应用程序开发商来说,总有效市场包括全球约 40 亿名智能手机用户。

2. 可服务市场

可服务市场是指创业者销售渠道可达市场。如开发商应用程序仅支持中文界面,可服务市场就相对有限。

3. 目标市场

目标市场是指可能成为消费者的潜在群体。如应用程序仅支持苹果操作系统,则目标市场仅限于苹果设备的用户。创业者下一步应细化分析哪些客户会掏钱购买,进一步缩小目标市场的范围。

创业者可以利用行业分析报告、市场研究报告、竞争对手年报,与投资者和客户交流,使用各种合适的衡量指标,如数量、价值、页面浏览量、访问量等,逐步研判产品或服务的整体市场规模。特别需要注意的是,各种研究机构提供的市场规模仅供参考,客户可以帮助你校正和检验市场假设。

第二节　增长引擎

产品、服务上市后,新创企业面临的最大困境是不知道如何确定下一步工作的优先顺序。如果毫无头绪地推进后续工作,新创企业往往面临着巨大的资源浪费。

增长引擎是新创企业用来实现可持续增长的机制,创新核算为新创企业提供了可操作的成长衡量指标。

一、可持续增长方式

可持续增长,要求新创企业剔除所有能够使客户量短期剧增,但无长期影响,不可持续的行动。比如,开展一次广告宣传或公关能实现客户量增长但是无法长期维持。

可持续增长的特征体现在简明规则假设之中:新客户是由以往客户的行动带来的。这需要新创企业用心领悟。可持续增长方式主要有以下四种:

1. 口碑相传

大多数产品的销量都有一个自然增长水平,由满意客户对产品的热衷程度而形成。比如,当客户购买新款 iPhone 后,会向亲朋好友展示 iPhone 的新增功能,带动他们认知产品新功能,为企业带来新增消费。

2. 衍生效应

客户使用新产品,会引发他人对该产品的跟风购买行为。当你看到有人穿最新款式的服装、驾驶某品牌的汽车,你可能会受到影响跟风购买。户外运动圈里,当某品牌推出新款运动装备后,队友率先购买和分享,会带动其他队友消费。

3. 广告推广

绝大多数情况下,新创企业需要通过广告推广来吸引新客户。要让这种方式成为可持续的客户来源,新增收入来源必须覆盖广告费用。只要获取一位新客户的成本(边际成本)低于新增的利润(边际收益),广告就可以用来获取更多客户。边际收益越多,市场增长越快。

> **延伸阅读2:** 低成本获客的邀请注册机制

4. 重复购买

重复购买指客户连续购买(或使用)同一种品牌的产品或服务的现象。复购率是衡量重复购买的直观指标,指客户重复购买产品或服务的次数。复购率越高,说明客户的忠诚度越高。

二、常见增长引擎

可持续增长为新创企业增长引擎的反馈循环提供了动力。增长引擎就像内燃机一样不停运转。反馈循环发生得越快,新创企业成长得越快。埃里克·莱斯在《精益创业》中总结了三个增长引擎,分别是:粘着式、病毒式和付费式增长引擎。

(一)粘着式增长引擎

粘着式增长引擎是一种促使客户一次性多购买、多次购买或长期购买的增长机制。使用粘着式增长引擎的新创企业,需要致力于吸引并长期留住客户。

比如,大型超市为了使进场客户一次性多购买商品,通常将低价值、高购买频率的大众商品放在最显眼的位置,并标上非常优惠的价格,形成"商品实惠"的口碑效应,为高价值商品引流。同样,淘宝店铺推出"爆款"商品的目的在于吸引更多的用户流量。

1. 客户流失率

客户流失率是指在任意一段时间内,没有继续使用企业产品的客户占客户总数的比率。使用粘着式增长引擎的企业要非常仔细地追踪客户流失率,通过售后服务的及时跟进并记录分析,查找出客户流失的主要原因。

2. 基本规则

控制粘着式增长引擎的规则:

(1)如果取得新客户的比率超过流失率,产品销量将会增长。

(2)增长的速度取决于复合增长率,即自然增长率减去流失率。

3. 常见错误

新创企业往往使用客户总数来追踪企业的发展速度。但即使企业采用可执行指标,如激活率以及单客收入,这些变量对增长的影响也很小。

4. 案例分析

某公司运营动漫收藏品交易平台,分析客户行为发现:客户保留率为61%,新客户增长率为39%。老客户流失和新客户获取比率几乎相当,复合增长率仅为0.02%。进一步分析后得到如下结论:

(1)新客户获取方面,无疑是成功的,新创企业能够有39%的新客户增长率是非常不错的。有大量新客户涌上门来。

(2)企业需要增加平台消费体验,提高客户保留率。比如,企业可以集中精力提供更多、更好的藏品目录,激励客户经常查询,或者把限时促销或特别优惠的消息以短信方式发给客户。

通常企业增长不足时,会直觉地考虑增加销售和市场营销方面的投入。而本例提示,提高客户保留率更加重要,与一般的直觉反应恰恰相反。

(二)病毒式增长引擎

病毒式增长引擎是指客户在使用产品和服务过程当中,自然而然地给产品和服务带来新客户的增长方式。产品认知度像病毒一样,在人群中快速传播。与口碑营销不同的是,具有病毒式增长特质的产品在人和人之间的传递,是正常使用产品的必然结果。

由于互联网具有无障碍、无边界、即时联通等特性,对互联网新创企业来说,病毒式营销是绝佳方式,能让产品的目标客户在很短的时间内得到爆发性增长。如2018年国庆期间,支付宝发布一条抽奖微博,奖品丰厚,抽中的人为"中国锦鲤",这条抽奖微博迅速吸引了300多万次转发。

❯ **延伸阅读3:支付宝"中国锦鲤"抽奖**　

1. 病毒系数

病毒式增长引擎由量化的反馈循环提供动力,这种循环称作病毒循环。其速度取决于病毒系数。病毒系数是指已有客户为新创企业带来新客户的倍数,用来衡量客户使用产品服务后分享、推广产品服务的效果。病毒系数越高,传播越快。病毒系数大于 1 时,病毒循环将呈几何级数增长,因为每位客户平均会带来超过 1 位新用户;如果病毒系数小于 1,病毒式传播动力很快就会衰竭。

2. 基本规则

(1)病毒系数依次减小。由于客户交际圈存在交叉,多轮病毒式传播后,病毒系数快速下降,病毒循环就会结束。

(2)筛选开发种子客户。新创企业需要投入资源,跨区域、跨行业、跨领域寻找种子客户,提高传播效果。

依靠病毒式增长引擎的新创企业必须关心如何提高病毒系数,病毒系数哪怕仅发生微小的变化,都会给企业未来带来戏剧性改变。很多病毒式传播的产品并不直接向客户收费,而是依靠广告等获取间接收入。

(三)付费式增长引擎

新创企业的价值主张与目标客户群体之间经常存在障碍。因此,新创企业可以通过付费方式(比如投入广告)来吸引客户,拉动客户购买产品服务,带来增长动力,这种增长引擎被称为付费式增长引擎。

1. 获客成本

吸引客户消费的付费推广的平均成本称为获客成本。如在百度上,不同关键词和不同时间段的展示带来不同的点击率和转化率。某公司研究了 3 000 多种关键词的组合,并通过半年时间测试,找出高转化率的关键词和点击费用偏低的时间段,获客成本不到业界平均的1/10,带来其客户流量运营层面的核心竞争力。

2. 生命周期价值

每位客户为消费产品服务支付一定的费用,扣除成本之后,剩余部分通常称为客户的生命周期价值。生命周期价值可用于购买广告决策参考。

3. 边际利润

边际利润=生命周期价值−获客成本。边际利润的高低决定了付费式增长引擎转动快慢。

4. 基本规则

长期边际利润趋于零。如果边际利润小于零,虽然可以暂时救急,但是不可持续。许多互联网公司靠长期补贴吸引客户,往往会加速死亡进程。

(四)使用技巧

从理论上来说,新创企业开展某项业务时,可以同时运行多种增长引擎:通过病毒式增长引擎快速积累客户,通过付费式增长引擎扩大客户基数,通过粘着式增长引擎降低客户流失率。实践表明,有的企业试图建立三种引擎的中控系统,但往往造成诸多混乱。

1. 专注一种增长引擎

新创企业开展一项业务时,最好仅选择一种增长引擎。创业者在信念飞跃阶段,已经有增长引擎选择的假设基础,需要走出办公室验证哪种增长引擎最适合自己。

2. 适时调整增长引擎

新创企业转型时,需要及时评估、调整增长引擎,以适应新的业务模式发展规律。

三、创新核算

新创企业需要选择可执行指标来衡量增长引擎的进度。传统的标准核算对创业者没有帮助。新创企业面临不确定性,难以精确预测和确立阶段性目标。创新核算用于评价新创企业的增长引擎是否有效。

(一) 核算理念

新创企业在运营理念上不同于成熟企业。

1. 成熟企业:优化

成熟企业只要努力执行计划,就可以获得回报。其市场营销人员和设计人员都擅长于优化工作。市场营销人员非常了解如何对价值主张进行对比测试,为相似的客户群提供不同产品或服务,测量不同反应率。设计人员有办法让产品或服务更容易使用。

2. 新创企业:认知

如果开发的产品是错的,即使优化产品或营销方式也不会成功。创业者需要围绕产品和服务,寻找证据论证业务可持续性,据此来构建商业模式。新创企业需要事先做出清晰、实际的预测,才能对这个标准进行评估。没有这些预测,产品和战略决策将极端困难并耗时耗力。

新创企业早期工作是严格评估企业目前的状况,正视评估中揭示的现实真相。创业者通过设计实验,努力让真实数据向创业计划中的理想目标靠近。

(二) 核算目的

1. 验证创业假设

创新核算能使新创企业客观证明,自己正在学习开发一项可持续的业务,还能把信念飞跃的假设转化为定量的财务模型。

2. 识别增长引擎

创新核算改变创业活动,有助于识别不同新创企业的增长引擎。有的经理人经常被一些"成功法宝"误导,如临时购买广告、产品充塞渠道等,以获得短期好看的一些数据。

3. 管理持续增长

新创企业的成功来自过去的正确决定,但是,这种决定对于现在从事的活动不一定起作用。新创企业停滞不前时,就需要改变方向。

(三) 核算要求

新创企业是否实现产品与市场的契合。每种增长引擎都可以被量化地定义,都有一套衡量指标来评估新创企业产品与市场契合的距离。

1. 病毒式增长

一家新创企业如果试图使用病毒式增长引擎,就应该把精力集中于影响客户行为的病毒循环上,不需要专注于市场、广告或销售职能。如果某公司病毒系数为 0.9 或更高,那么离成功就不远了。

2. 付费式增长

新创企业如果使用的是付费式增长引擎,就需要尽快建立市场和销售团队。

3. 粘着式增长

新创企业如果选择了粘着式增长引擎,就需要研究客户持续、重复购买的内在逻辑,识别影响复购率的关键因素,迭代优化。

新创企业在调整引擎过程中,使用创新核算评估每次"开发—测量—认知"的验知循环,来衡量自己是否向产品与市场契合靠拢。注意:不是使用原始数据或虚荣指标,而是根据企业进展的方向和速度来衡量。

(四) 创新核算流程

创新核算流程包括确定基准线、调整引擎和方向选择(见图12-2)。

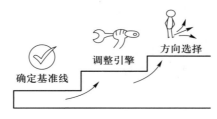

图12-2　创新核算流程

1. 确定基准线

新创企业使用最小可行产品,确定目前所处阶段的真实数据,为每个假设确定基准线。最小可行产品测试让新创企业在其增长模式中填入第一串真实的基础数据:转化率、注册和试用率、客户生命周期价值等。

2. 调整引擎

新创企业必须尝试把增长引擎从基准线逐步上调至理想状态,这期间可能需要经过多次尝试。每次产品开发、营销或新创企业的其他活动,都应该以提升增长模式中的某个驱动因素为目标。比如,新客户的激活率是增长的驱动因素。如果这个假设被验证,产品设计的改进就必须提高新客户的激活率;反之,新的设计就应该判定是失败的。

3. 方向选择

新创企业团队通过不断学习,朝着可持续业务的方向发展,将看到增长模式的各项数据超越基准线并逐步攀升,向着创业计划中的理想状态靠拢。这意味着新创企业团队认知得当,并有效运用了那些认知。

反之,企业无法推动商业模式中的驱动因素,就不会取得进步。新创企业如果看到理想与现实渐行渐远,就说明到了转型时刻。管理团队必须得出结论,承认产品战略存在问题,做出重大改变。

(五) 创新核算指标标准

1. 可执行

一个产品或服务成绩报告要可执行,必须清楚地显示因果关系,否则,就是虚荣指标。

虚荣指标迎合人性弱点。当数字上升时,人们往往认为是自己行动的结果;当数字下跌时,人们则忙于寻找借口。

如某网站本月创下点击量新纪录,需要进一步分析:新的点击来源于新客户,还是特别活跃的浏览者? 来源于新营销活动还是公关推广? 企业要得到更多点击量该怎么做?

2. 可使用

产品成绩报告本应该是员工和经理人用来决策的指南。但大多数报告存在滥用数据的现象,让人难以理解。有效对付数据滥用的方法有:

(1)把产品报告做得尽量简单,让每个人都能理解。

(2)让更多人能够方便获得产品报告。产品报告是解决产品争议的实际准则。

3. 可审查

在自己钟爱的项目失败时,经理人、开发者或者相关团队会质疑数据的真实性。糟糕的是很多数据报告系统无法回复他们的质疑。其解决方法有:

(1)创业者需要亲自测试这些数据,确保数据都是可信的,与客户交流查证报告是否属实。

(2)应确保生成报告的机制不太复杂。只要有可能,创业者应该直接从总数据中得出报告,减少出错机会,而不是通过中介的系统。

(六)核算技巧

下面以 IMVU 为例,分析创新核算的使用技巧。IMVU 是一个 3D 人物和场景聊天软件。

1. 漏斗衡量分析

IMVU 购买谷歌关键词广告上的点击(5 美元可以购买 100 个点击),从客户注册、下载应用程序、试用、重复试用到购买行为,进行漏斗衡量分析,追踪增长引擎。每次修正产品之后,IMVU 第二天就能获得一份新的产品成绩报告,继而逐一测试新的营销、新的功能、新的视觉设计或者新的网站排版。

2. 同期群分析

新创企业不能仅关注总收入和总客户数量这样的累积数,而要分别接触产品的每组客户(称为同期群)的表现。

通过同期群分析,开发团队可以有效找到以下问题的答案:为什么客户对产品的改进无动于衷? 为什么团队的努力付出得不到回报? 同期群分析让新创企业运行的实验比过去的实验更富有成效。

3. 小心虚荣指标

虚荣指标是指传统的注册客户总数、付费客户总数等总量指标,它们往往展示了美好的图景。它们让创业者看到传统的上升曲线,错误判断新创企业处于高增长的理想模式之中。

新创企业常会遇到以下情形:总量指标分析发现,过去持续的广告投入,吸引了新增客户。同期群分析表明,每个新客户群产生的收益却没有提高。增长引擎已经启动,但是,调整引擎的努力并没有见效。

新创企业如果被这些总量指标等虚荣指标误导,那么创新核算就无从谈起。创业者判断新创业务和认知阶段性目标时,需要避免使用这些虚荣指标,采用创新核算指标。

> 延伸阅读 4：八个需要警惕的虚荣指标

本章小结

新创企业进入的市场可以分为现有市场、细分市场、全新市场和克隆市场四种类型。现有市场的客户和市场是现成的、成熟的，竞争对手已经界定了现有市场。细分市场的进入是指新创企业基于对市场和客户的认知，通过低成本和差异化两种途径重新细分市场。全新市场的进入成本是高昂的。克隆市场的进入是指通过复制其他国家成功商业模式并将其引入本国。市场类型决定一切，影响着新创企业各个方面的行为。活跃用户、潜在用户和开发潜力决定了市场规模，投资者经常把市场规模分为总有效市场、可服务市场和目标市场。

增长引擎是新创企业用来实现可持续增长的机制。粘着式增长引擎是指促使客户一次性多购买、多次购买或长期购买的增长机制，新创企业致力于吸引并长期保留客户；病毒式增长引擎是指客户在使用产品服务过程当中，自然而然地给产品带来新客户的增长方式，产品认知度像病毒一样，在人群中快速传播，病毒系数决定了传播效果；付费式增长引擎是指通过付费方式（比如投入广告）来吸引客户，拉动客户购买产品和服务，带来增长动力。新创企业需要选择可执行的创新核算指标来衡量增长引擎的进度。创新核算的目的在于验证创业假设、识别增长引擎和管理持续增长。创新核算指标要求可执行、可使用和可审查。

复习思考

1. 简答题
（1）简述市场类型。
（2）简述病毒式增长引擎。
（3）简述创新核算指标要求。
（4）简述创新核算的目的。

2. 自测题

请扫描二维码，进入本章知识点的测试。

3. 案例题

拼多多的崛起

拼多多的崛起，让所有中心化电商平台表现出深度"恐慌"，它们不仅惊诧于拼多多崛起的速度和体量，更重要的是无法理解拼多多的"价值逻辑"。中信证券的一份报告指出："社交拼团"模式得到行业认可,传统电商巨头京东、苏宁均推出"拼团"产品提高引流效率、推进渠道下沉。但由于传统搜索电商的业务逻辑架构、用户认知习惯不同,其嫁接"社交裂变"玩法推出相似的"拼团"产品难以对拼多多构成实质性威胁。

一、拼多多的成长

2018年8月31日,拼多多App改版,在首页正中央的位置出现"品牌馆",与普通小型个人店铺区分开来,网易严选、阿玛尼、Bose等494个品牌正式入驻拼多多;10月,国美、当当网和小米又先后加入拼多多。此后,一批知名品牌陆续加入拼多多。

这部分高端品牌让拼多多的客单价得以提升。财报显示,2021年度,拼多多活跃买家平均消费2810元,较2020年度的2115.2元增长33%。而2017—2019年,拼多多活跃买家年度平均消费额分别为576.9元、1126.9元、1720.1元。这也意味着,5年间,拼多多活跃买家的年度平均消费额增长近4倍。

2021年全年,拼多多平台累计产生了610亿件订单,同比增长59%。年成交额(GMV)为24410亿元,同比增长46%。截至2021年年底,拼多多年活跃买家数达8.687亿,较上一年年底的7.884亿,同比增长10%。

二、拼多多的社交化价值

拼多多上的产品具备社交裂变的能力,然后成为"爆品"。流量便会随之而来。拼多多不主要运营店铺、品牌,而运营"爆品",运用自己的流量,赋予一些边缘企业全新的机会。另外基于"爆品"的逻辑,拼多多自身的流量与商家、用户可以形成相互补给和正向循环。借助在社交平台上的病毒式传播,拼多多在用户与流量的增长上一路狂奔变得更加合理。这也是拼多多能在其他电商的用户增长已经遭遇天花板的时候,成交额一路上涨的关键原因。

拼多多创始人黄峥在解释拼多多商业模式的时候说:"拼多多的'拼团'模式不仅能在短时间内聚集大量需求,也能模拟预测消费者未来的需求,并将预测传递给上游生产商。通过对生产商数据赋能,他们将会有更充足的时间来计划生产,开发出更符合目标客户群的特定产品。通过减少中间环节,生产商可以保留更多利润,消费者也可以得到更物美价廉的商品。"

拼多多能够利用社交关系和去中心化的算法和模型,比中心化电商平台更快实现"精准营销"从而实现"精准销售预测"。拼多多模式将产业价值链由原先的单向一维向交互式多维方向发展,使得零库存分销、精准营销、C2B定制等高效化商业模式得以更好实现,从而有助于提高电商行业整体效率。

三、拼多多的未来布局

拼多多以社交关系为基础,便捷、高效地进行数据和信息共享,使商家实现零库存,降低运营风险,这对独立的运作平台提出了较高的要求,包括前端的用户部分、中台的商家部分和后台的产业链部分。

2021年拼多多全年研发费用达到89.926亿元,同比增长30%。拼多多董事长兼CEO陈磊表示,拼多多在2021年把重点从过去的营销转向研发,这将为公司的长远发展打下坚实的基础。

单纯依靠电商平台,拼多多的盈利前景并不牢靠。随着营销费用的减少,未来用户数量不仅不增长,甚至很可能会减少。目前,拼多多正尝试向产业链上游发展,比如在农业领域推动整合和品牌化,从而提高溢价能力,这是一个合理的做法。未来在其他行业也可以逐步复制。

本案例根据网络资料、拼多多财报等改编而成。

结合案例,请分析:

(1)拼多多选择的市场类型是什么?

(2)拼多多的增长引擎是什么?它是如何发挥作用的?

第十三章　团队运营

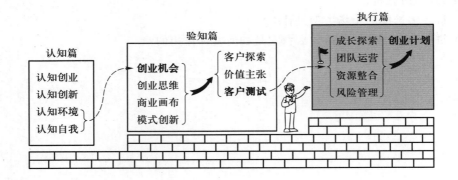

学习目标：

1. 掌握创业团队及其特征。

2. 掌握创业团队组建原则和流程。

3. 了解创业团队存在的风险。

核心观点

1. 创业团队在新创企业中起着关键作用。

2. 投资就是投人。

3. 基于团队成员贡献大小进行创业团队激励。

4. 合作是解决团队冲突的最佳办法。

导入案例：携程创业团队

创业的成功总是小概率事件。携程的成功可能来自团队精心谋划、市场空间、机缘巧合，甚至四位创始人的性格与心胸，这些都影响着这个团队的创业结果。

一、完美组合

1999 年，在美国接受教育并且工作多年的投资银行家沈南鹏、"技术神童"梁建章、"永不停息的创业者"季琦、国内旅游业的老手范敏，构成了中国企业史上的一个奇妙组合。

携程成立后，梁建章担任首席执行官，负责网站技术；季琦任总裁，负责开拓市场；沈南鹏任首席财务官，负责上市融资；范敏任执行副总裁，负责产品管理。

二、角色分工下的契约精神

携程创立初期,梁建章建议季琦负责运营,其他三位充当兼职创业者的角色,针对运营中的问题进行充分讨论。季琦发挥熟悉市场游戏规则的优势,让公司从初期的生存困境中存活下来,并获得了 IDG、软银、凯雷集团等 2 500 万美元的融资,于 2003 年 12 月 9 日在美国纳斯达克成功上市。在融资过程中,IDG 的章苏阳这样形容携程创业团队:"他们四个人有点像一个机构。四个人有各自不同的背景,大齿轮、小齿轮之间咬合得非常好。对于抱着'第一是投入,第二是投入,第三还是投入'理念的风险投资家来说,这个团队成员的背景很有吸引力,足够执掌他们将要操作的公司。"

在演变过程中,契约的约束力很强大,他们都选择了尽量遵守契约。从季琦身上可以看得最清楚,他创办了携程,但遵照董事会的决议让出携程首席执行官位置。后来季琦和沈南鹏又创办如家快捷酒店,而这是当时携程首席执行官梁建章提议的。携程和如家两家公司都是各自行业的开创者。两家公司在三年内相继于美国纳斯达克上市,均大获成功。

更重要的是,他们并未在这两项事业上止步,除范敏仍就职携程任首席执行官外,其他人均继续开创新事业,季琦继续创业汉庭商务酒店,沈南鹏执掌红杉中国风投基金。

合伙人之间,除了共享一些长期利益的关系,更共享一些创业理念和创业规则,能做到感情、利益都合在一块才是长期的合伙。

本案例根据朱瑛石、马蕾所著《第一团队》资料整理。

第一节　创业团队概述

一、创业团队的概念

(一) 定义

创业团队是指在创业初期,由一群才能互补、责任共担、愿为共同的创业目标而奋斗的人所组成的特殊群体。

创业既可能为创业者及其亲友带来就业机会,也可能创造出伟大企业。创业成功的关键在于组建一支高质量的创业团队。现代风险投资奠基人乔治·多里奥特认为,宁可考虑向有二流主意的一流创业者投资,也绝不向有一流主意的二流创业者投资。

(二) 要素

创业团队需要具备五大要素,包括目标、人员、定位、职权和计划。五大要素相互作用(见图 13-1)。

(1) 目标。目标是将人们的努力凝聚起来的关键要素。从本质上来说,创业团队的根本目标在于创造新价值。

(2) 人员。人员是创业团队最活跃、最重要的资源,团队目标必须通过人员来具体实现。团队成员所拥有的知识对创业活动的贡献程度将决定新创企业在市场中的命运。

(3) 定位。定位指创业团队在新创企业中处于什么位置,创业者在创业团队扮演什么

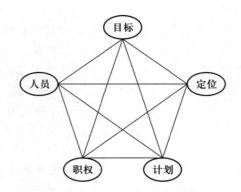

图 13-1　创业团队构成要素

角色,团队成员由谁选择、向谁负责、如何激励等。

（4）职权。职权是明确团队成员在新创企业中担负的责任和相应享有的权限,即团队的工作范围和在其范围内决策的支持程度。创业初期,创始人的职权比较集中,往往存在"一人多职"现象,以提高效率,降低成本。随着创业活动的推进,团队规模逐步扩大,创业团队越来越成熟,创始人需要不断授权、放权。

（5）计划。计划是用来指导团队成员在不同阶段分别要做哪些工作,以及如何实施。

（三）创业团队的作用

组建一个有能力、有经验的创业团队能帮助新创企业克服弱点,可以帮助创业者尽快适应新角色,有序推进商业模式的探索活动。成功、出色的创业团队具有以下作用:

（1）能够提高机会识别、开发和利用能力。

（2）能够提高新企业运作能力,发挥协同效应。

（3）有利于促进组织发展和创业实践探索。

（4）有利于营造更轻松愉快的心理环境。

二、创业团队的形成与特征

（一）创业团队的形成

创业关注的核心不是个人英雄主义的个体创业者,而是卓有成效的创业团队。创业者没有创业团队不一定会失败,但是,想要创建高成长性的企业是极其困难的。

创业团队的形成有关系、要素和价值三种驱动模式。不同的驱动模式适用的条件不尽相同。

（1）关系驱动。它是指以创业领导者为核心的人际关系圈内成员构成团队。团队成员因为经验、友谊和共同兴趣结成合作伙伴,发现商业机会后共同创业。其团队的稳定性相对较高。但是,关系的远近亲疏经常会成为制约团队发展的瓶颈。

（2）要素驱动。它是指创业团队成员分别贡献创业所需的创意、资源和操作技能等要素。由于这些要素完全互补，团队成员之间处于相对平等的地位。互联网创业团队大多属于这种模式。如果成员之间磨合顺利，可以缩短新创企业成功的时间。

（3）价值驱动。它是指创业成员将创业视为一种实现自我价值的手段，使命感很强，成功的冲动也很强。团队成员一旦产生分歧，就形成"路线斗争"，没有妥协的余地。

（二）与一般团队的比较

创业团队不同于一般团队。两者在团队创建目的、职位安排、权益分享、思维视角、领导管理、组织承诺和心理契约方面均存在显著差别（见表13-1）。创业团队具有更加明确的组织目标、更高的自我管理要求。

表 13-1　创业团队和一般团队的比较

指标	一般团队	创业团队
创建目的	解决某类具体问题	开创新企业或拓展新事业
职位安排	不限于高层管理者	均位于高层管理者
权益分享	并不必然拥有股份	一般情况下均拥有股份
思维视角	战术性、执行性的问题	战略性的决策问题
领导管理	由公司高层直接领导	以自我管理为主
组织承诺	较低	较高
心理契约	不正式且影响力小	特别重要，直接影响公司决策

资料来源：陈忠卫. 创业团队企业家精神的动态性研究［M］. 北京：人民出版社，2007.

（三）创业团队的主要特征

创业团队的主要特征有以下六点：

（1）开创性。创业团队的目的是开创新的局面，这意味着开发新的技术、开拓新的市场、应用新的经营管理思想、创立新的组织形式等。

（2）变动性。在创业过程中，团队成员和组织架构会经常变动。从短期来看，组织变动源于创业资源的不确定性，如创业资本、技术、人才等流失，增加创业风险；从长期来看，组织变动可能会形成更为合理、更多默契、更有力量的创业团队。

（3）平等性。立足于公正基础，对团队成员在创业活动中的贡献程度的评价是客观、公正的。团队成员往往都有高度的平等性。要注意，平等并不意味着股权的平均、权力的均等和利益的均分。事实证明，绝对平等往往不利于新创企业的发展。创业团队需要以能力和贡献为基础，建立科学、合理的薪酬制度和激励政策，推进创业活动。

（4）全面性。高度不确定的市场环境要求创业团队成员能力互补，具备较强的把握机遇、规避风险的能力。

（5）协作性。由于创业风险和机遇具有不可预见性，团队成员难以事先分工，这要求团队成员紧密协作，应对各种危机和挑战。

（6）凝聚性。团队成员要平等、合作,创造浓厚的团队氛围。同时,团队成员要对创业组织具有很强的归属感,可以全身心、全方位投入创业活动中。

三、创业团队类型

创业团队组建与创始人创业潜质和创业机会的把握密切相关。一般而言,创业团队可以分为星状、网状和虚拟网状等类型。

（一）星状创业团队

在星状创业团队中有一个核心主导者提出创意,并物色和招募创业伙伴,组成所需的创业团队。核心人物好比"1",有这个"1",带上一个"0"就是"10",两个"0"就是"100"。

1. 优点

（1）组织结构紧密,向心力强,核心人物对团队影响力巨大。

（2）决策程序相对简单,组织效率较高。

2. 缺点

（1）权力过分集中,决策容易出现"一言堂"。

（2）不利于冲突管理。当成员和核心人物冲突严重时,成员往往选择离开团队。

（二）网状创业团队

网状创业团队由志趣相投的伙伴组成。在创业之前,团队成员就有密切的关系,如同学、亲友、同事等。团队成员扮演的是协作者或者伙伴角色,没有明确的核心人物。

1. 优点

（1）团队成员关系较密切,较容易达成共识,发挥各自的特长和作用。

（2）团队成员的地位相对平等,有利于沟通和交流。

（3）发生冲突时,团队成员一般采取平等协商、积极解决的态度消除冲突,不会轻易离开。

2. 缺点

（1）缺乏团队核心,整体结构较为松散。

（2）采取集体决策,需要大量的沟通和讨论,决策效率相对较低。

（3）成员在团队中的地位相似,容易形成多头领导的局面。

（三）虚拟网状创业团队

它由网状创业团队演化而来,介于星状和网状创业团队之间。核心人物由团队成员协商推举,更像是代言人,在团队行动中必须充分考虑其他成员的意见。

1. 优点

（1）核心成员具有一定的威信,能够作为团队的领导。

（2）团队的领导是在创业过程中形成的,既不像星状创业团队那么集权,又不像网状创业团队那么分散。

2．缺点

核心人物的行为必须充分考虑其他团队成员的意见和建议，不像星状创业团队的核心人物那样有权威。

第二节　创业团队组建

一、团队组建目标与原则

（一）组建目标

（1）高效性。团队成员具有很强的行动力。

（2）稳定性。先前共事过的团队优于首次合作的团队。创始人和权力中心的稳定性很重要。

（二）组建原则

（1）互补性与相似性结合。团队成员在知识、技术、经验等方面实现互补性，在个人特质、动机等方面实现相似性。投资机构看重的创业团队通常创业目的、价值观一致，知识业务互补，处事风格互补。

（2）精简高效原则。为了减少创业期的运作成本，最大比例地分享成果，创业团队的人员构成应在保证企业能高效运作的前提下尽量精简。

（3）动态开放原则。创业过程是一个充满不确定性的过程。团队中可能因为能力、观念等多种原因不断有人离开，同时也有人要求加入。因此，在组建创业团队时，应注意保持团队的动态性和开放性，使真正完美匹配的人员能被吸纳到创业团队中来。

（三）组建流程

创业团队的组建流程包括人员招募、职权划分、团队整合。

1．人员招募

招募合适人员是创业团队组建最关键的一步。应该考虑两个方面：

（1）互补性。即能否与其他成员在能力或技术上形成互补。团队互补性有助于强化团队成员之间的合作，有助于提高团队的战斗力，更好地发挥团队作用。一般而言，创业团队需要管理、技术和营销三方面的人才。

（2）适度规模。适度的团队规模是保证团队高效运转的重要条件。成员太少无法实现团队的功能和优势，过多可能产生交流障碍。如果团队分裂成小团体，将大大削弱团队的凝聚力。一般而言，创业团队规模 2～12 人为最佳。

2．职权划分

根据创业计划的需要，具体确定每个团队成员的职责和权限。职权划分必须明确，既要避免重叠和交叉，又要避免遗漏和疏忽。

3. 团队整合

完美团队并非一开始就能建起来,往往是随着新创企业发展逐步成长的。团队运作过程中,往往存在人员匹配、制度设计、职权划分等方面的缺陷,需要动态持续地开展团队整合。

> **延伸阅读1**: 创业团队建设的阶段和方法

 二、角色管理

（一）角色配置

创业团队角色配置,不仅仅看团队成员的个人素质,还要看他们之间的契合程度。英国学者贝尔宾通过观察认为成功的创业团队包含3大类、9种不同的角色(见图13-2)。当团队具备这9种角色时,组织活动就运行良好。

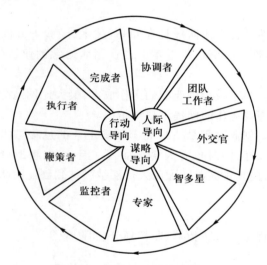

图13-2 创业团队的角色配置

1. 谋略导向

(1) 智多星。解决难题,富有创造力和想象力,不墨守成规。

(2) 专家。专注于专业知识的探索。

(3) 监控者。冷静,有战略眼光与识别力,倾向于三思而后行。

2. 行动导向

(1) 鞭策者。能激发人,充满活力,有进取心和克服困难的动力、勇气。

(2) 执行者。纪律性强,值得信赖,有保守倾向,办事高效利索,尽快把想法变为实际行动。

(3) 完成者。勤勤恳恳,尽职尽责,积极投入,找出差错与遗漏,准时完成任务。

3. 人际导向

（1）协调者。成熟、自信，是称职的主事人，凝聚力量向共同目标努力。

（2）团队工作者。性格温和，善于交际，防止摩擦，在团队中往往广受欢迎。

（3）外交官。外向、热情、健谈，发掘机会，增进联系。

（二）重要角色

1. 联合创始人

创始人发现创业机会后，需要寻找联合创始人开启创业之旅。创始人团队的特征及其早期决策，会对新创企业团队的风格形成产生重要影响。他们的知识、技术和经验是初创阶段最有价值的资源。

（1）教育水平。大学教育可以提高研究能力、洞察力、创造力等创业能力。

（2）创业经验。熟悉创业过程，能够避免一些重大的错误。

（3）产业经验。熟悉相关产业的关系网络、市场和管理技能，有助于业务运营。

（4）关系网络。成熟的社会和职业关系网络，有助于筹集资本，获取关键资源。

2. 核心员工

（1）招募时间。新创企业何时招募核心员工，要根据具体情况而定。创始人先工作一段时间，直到商业计划完成和新创企业具有雏形后再招募员工。

（2）招募需求。设计技能目录清单，明确描述最需要的技能，识别招募需求。

（3）制度留人。区分核心员工和离不开的通用人才，让核心员工跟着企业成长。高成长企业如果薪水和奖金不高，可以通过期权或股权留人。

3. 外部董事

董事会是由股东选举产生的最高决策机构，包括内部董事和外部董事。新创企业要善于发挥外部董事的积极作用。

（1）提供指导。新创企业邀请行业专家加盟董事会，参加讨论重大决策，可以为创业者提供有益的指导和支持。

（2）提高资信。新创企业利用外部董事较高知名度和地位，提高资信。

当新创企业资金有限，无法提供董事津贴时，可以邀请投资者来担任企业"观察员"。

4. 专业顾问

专业顾问是新创企业经营过程中可以向其咨询并能得到建议的专家小组。它能为企业提供指导、提高资信。顾问不同于董事会，不承担法定责任，只提供不具约束性的建议。寻找顾问的原则有：

（1）实质性。顾问不是用来炫耀的。顾问如果不能在企业发展中发挥重要作用，就没有必要聘请。

（2）互补性。顾问成员在经验和技能方面相互协调、彼此补充。

（3）保密性。顾问成员应签署保密协议。

5. 融资伙伴

融资伙伴（贷款者和投资者）与新创企业存在既得利益关系。他们通常会全力以赴帮助投资企业，提供有用的指导和资信，承担财务监管作用，并提供财务方面的建议。融资伙伴还可以带来以下价值：

（1）识别和招募核心人员。

（2）提供洞察力和见解，完善商业模式。

（3）可以帮助建立商业合作关系，引荐其他资本。

第三节 创业团队管理

一、团队激励

创始人在创业活动中始终要考虑，如何科学、合理地激励创业团队。这也是团队成员极为关心的敏感话题。团队激励直接关系到创业活动的持久性。

（一）绩效评价

1. 评价方法

考虑创业团队激励和制定相应报酬时，需要对团队成员的贡献大小进行衡量。但是由于创业活动存在较大不确定性，新创企业往往难以对团队成员的贡献进行定量和准确的评价。

成熟企业常用的平衡计分卡、关键绩效指标（KPI）等绩效管理方法，可能不适用于新创企业的绩效评价。创业团队应结合创新核算要求，参照目标管理，探索建立简单、便捷的评价办法。

2. 评价因素

团队成员的贡献因人而异，主要体现在把握创业机会和推进贡献等方面，可以重点考虑以下方面因素：

（1）创业思路。

（2）创业计划及其探索。

（3）敬业精神和冒险精神。

（4）工作技能、经验、业绩记录和社会关系。

（5）岗位职责与执行力。

（二）激励制度

激励制度变革与创新贯穿创业活动全过程，关系到能否吸引、留住高素质的团队成员。薪酬制度应该能够激发并促进管理团队的积极性，使他们更好地把握创业机会。创业团队激励既要考虑经济报酬，更要考虑非经济激励。

1. 经济报酬

经济报酬主要考虑薪酬、补贴、股票和期权等。下面主要介绍薪酬和股权。

（1）薪酬。薪酬属于短期激励，安排需要体现公平性。从外部来看，薪酬要高于行业平均水平。从内部来看，薪酬要体现岗位价值，区分核心员工与非核心员工。

> **延伸阅读2：** "冰山式"薪酬制度

（2）股权。股权属于长期激励，安排上杜绝股权平分。股权分配需要遵循：谁更重要，谁就拿更多的股份。在产品驱动型的企业，工程师或产品经理应该多拿股份；在业务驱动型的企业，销售合伙人就应该多拿股份。股权激励需要把握时机和数量。如果实施过早，兑现遥遥无期，没有效果；如果激励股份太少，起不到留人作用。企业一般为创业员工预留10%左右的股份。

> **延伸阅读3：** 你愿意让你的员工持股吗？

2. 非经济激励

（1）精神激励。创业者应发挥特长，向团队成员描述美好的公司愿景和伟大使命，激发创业团队的活力。

（2）岗位激励。企业应适度超前设置职位，充分挖掘团队成员的潜力，提升其工作技能。对于优秀员工，企业应及时给予声誉激励。

（三）文化建设

1. 企业家精神

成功的创始人，善于将企业家精神植入创业团队之中，凝聚成集体精神，通过分享认知和合作行动，创造性地识别、开发和利用创业机会，进而推动创业活动。

（1）集体创新。创新是企业家精神的内核。具有集体创新意识的创业团队能够积极参与到共同分析创业机会、共同探讨创业资源获取、共同研究化解企业成长危机的创造性方案中，寻求快速成长。

（2）分享认知。创业团队共同分享认知，可以有效提高对创业机会的认知水平。

（3）共担风险。创业团队面对的不确定性风险可以由团队成员共同感知，从而缓解个体成员承担风险的精神压力，减少经济损失。

（4）协作进取。团队成员采用协作方式，可以更好地实现自我价值。

2. 团队文化

团队文化是团队成员在相互合作的过程中，为完成团队共同目标而形成的集体意识。团队文化构成团队建设的主要内容。

（1）团队精神。团队精神是团队成员共同认同的一种集体意识，显现团队成员的工作状态和士气，体现了共同价值观和理想信念。团队精神的实质是一种力量，带来员工在行动上的默契与互补。

（2）团队情绪。当新创企业遇到困难与挫折时，优秀的团队能够紧密协作并愿意为企业排忧解难。成员之间相互信任，关系和谐，参与愿望强烈，充满工作热情与活力。

（3）团队效率。团队效率体现在成员积极向上，营造终身学习的氛围；团队不墨守成规，能够创造性地解决问题，具备快速响应能力，能及时应对创业活动面对的不确定性。

二、冲突管理

创业团队在创业活动中,总会发生各种各样的矛盾,由此引发冲突。过多的冲突会破坏组织功能,严重影响创业活动。过少的冲突则会使组织僵化,缺少创新活力。不同的冲突对新创企业的发展影响也不同。

(一) 冲突分析

1. 冲突原因

发生冲突的原因很多,主要包括:

(1) 成员个性差异。

(2) 信息沟通不畅。

(3) 利益分配不均。

(4) 价值理念不同。新创企业核心价值观往往来自创始人对价值主张的升华,其他成员不一定完全认同核心价值观。在新成员加盟环节,企业就要注意筛选和淘汰。

2. 常见冲突

(1) 认知性冲突。团队成员对生产经营过程中出现的问题观点和看法不一致。一般情况下,认知性冲突有助于改善团队决策质量和提高组织绩效。

(2) 情感性冲突。实践表明,情感性冲突大都是负面的,会影响成员参与度,影响团队效率,从而降低团队绩效。

(二) 冲突处理

根据托马斯-基尔曼模型,按武断程度和合作程度可以画出一个矩阵(见图13-3)。从这个模型可以看出,团队冲突有五种处理方式:

图 13-3 托马斯-基尔曼模型

1. 竞争(武断、不合作)

冲突双方都采取武断行为,站在各自的立场上互不相让,"要么你们对了,要么我们对了",一定要分出个胜负、是非、曲直来。

2. 回避(不武断、不合作)

冲突双方既不采取合作性行为,也不采取武断性行为。"你不找我,我不找你",双方回避这件事。回避是日常工作中最常用的一种解决冲突的方式。但采用回避的方式,会有更多的工作被耽误,更多的问题被积压,更多的矛盾被激发,往往解决不了问题,甚至会有发生更大问题的隐患。

3. 迁就(不武断、合作)

团队冲突的双方有一方高度合作、不武断,即只考虑对方的要求和利益,不考虑或牺牲自己的要求和利益。而另一方往往是高度武断的、不合作的。

4. 妥协(部分武断、部分合作)

冲突双方都有部分合作,又都有一些武断。这种情形下双方"你让三分,我让三分",让出一部分要求和利益,但同时又保存了一部分要求和利益。

妥协是解决冲突时常用的方式。通过妥协可以降低成本,达成一种新的规则。

5. 合作(武断、合作)

团队冲突双方高度合作,且高度武断。就是说冲突双方充分权衡各自的要求和利益,并最终达成共识。

合作是一种理想的解决冲突的方法,双方彼此尊重对方的意愿,同时不放弃自己的利益,最后可以达到双赢的结果,但不容易实现。合作是最该提倡的方式,合作包括团队合作、上下级合作、与客户合作等。

> **测试:** 托马斯-基尔曼冲突处理方式测试

本章小结

创业团队是指在创业初期,由一群才能互补、责任共担、愿为共同的创业目标而奋斗的人所组成的特殊群体,包括目标、人员、定位、职权和计划五大要素。创业团队不同于一般团队,具有更加明确的组织目标、更高的自主管理要求。创业团队形成包含关系、要素和价值三种驱动模式,创业团队可分为星状、网状和虚拟网状三种类型。

团队组建需要遵循:互补性与相似性结合、精简高效和动态开放原则。英国的贝尔宾将创业团队角色配置细分为 3 大类、9 种,分别是:谋略导向的智多星、专家和监控者,行动导向的鞭策者、执行者和完成者,人际导向的外交官、协调者和团队工作者。创始人需要高度重视联合创始人、核心员工、外部董事、专业顾问和融资伙伴等重要团队资源的凝聚。

创业团队激励既包括薪金、补贴、股票和期权等经济报酬,也包括精神、岗位等非经济激励。创始人善于将企业家精神植入创业团队之中,通过分享认知和合作行动,推进创业活动。托马斯-基尔曼模型给出团队冲突处理的五种方式,分别为竞争、回避、迁就、妥协和合作。

复习思考

1. 简答题

(1)简述创业团队类型。

(2)简述创业团队组建原则。

（3）简述英国贝尔宾提出的创业团队角色配置。

（4）简述冲突处理的托马斯-基尔曼模型。

2. 自测题

请扫描二维码，进入本章知识点的测试。

3. 案例题

字节跳动的超高人效法则

历数中国互联网圈的并购事件，创始人出走的案例并不少见。如优酷网、土豆网合并后，土豆网创始人王微宣布辞职，此后土豆网高管几乎全部离职。相对于大平台的受限空间，对于创业团队的创始人来说，继续留任的价值和意义甚微，不如潇洒放下，以洒脱姿态从头再来。

然而在字节跳动的身上，我们似乎看到了不一样的画风——张楠、阳陆育、朱骏等一批优秀的被收购团队创始人，仍然冲锋在字节跳动的一线，成为字节跳动开疆拓土的新功臣。

那么字节跳动的用人之道是什么呢？

一、公司也是一种产品

张一鸣（字节跳动的创始人）认为，创业者在启动创业的时候，其实同时在做两个产品。

一个是提供给用户的产品，另一个是提供给员工的产品，就是公司本身。而公司的首席执行官就是这两个产品的产品经理，他负责连接两端，一端是业务，另一端是员工。

其实，在经济学原理下，"员工为公司贡献生产要素，公司向员工支付工资和奖金"这件事情和"公司向客户提供产品和服务，客户向公司支付产品和服务费用"在本质上几乎是一样的，都是为双方利益最大化进行的等价交换。"利益最大化"是我们做一切决策的关键指标，这里我们引入经济学上的一个概念——ROI（return on investment）来帮助我们理解。ROI一般翻译为"投资回报率"，指代我们从一项投资中可以获得的总经济回报。

而对于首席执行官来说，如何设计好"公司"这个产品，就是让公司和员工同时拥有最高的 ROI，让彼此对 ROI 感到满意。

二、如何最大化员工的 ROI？

张一鸣把字节跳动的人才机制拆解为三点：第一，回报。包括长短期的经济回报。第二，成长。在这个平台能获得多少成长。第三，心情。和团队、领导能否愉快共事，通勤成本是否影响心情等。

比如人力部门建议给员工提供班车，张一鸣说不用，直接给员工每个月发 1 500 元的房租补贴，让员工在公司附近租房，节约交通成本。

字节跳动里有一个专门研究提高会议效率问题的部门——飞阅会。飞阅会开会的第一步不是所有人讲 PPT，而是把准备好的材料提前发给大家，大家看一遍之后，通过飞书（字节内部沟通软件）直接插入各自的问题和建议。10 分钟后，大家开始就插入的问题和建议开始讨论，有效提高了会议效率。还有一个改进是"时空异步"。一场会议并不是每个人都会发言，所以飞阅会也建立了一种机制，如果某个人只和会议中的某个议题有关，那么他就不需要来参加会议，讨论到这个环节的时候，把他连线进来就可以。

字节跳动的企业文化里有一条:打造"坦诚清晰"的企业文化,可以理解为"敢当面表达真实想法,反对向上管理,坦诚直接"。缺乏坦诚指的不仅是恶意欺诈,也包括不能真实地表达想法。换句话说,虽然你没说谎,但你没有坦诚表达看法,这也是低效沟通的表现。

有些时候,对员工来说关键的事情,不仅仅是公司发的工资高不高,也包括公司对每个人的工作贡献有没有公正的评价,在方方面面的流程上有没有做到公平合理。

在薪酬公平性方面,张一鸣认为,公司要按照岗位级别定月薪。岗位级别代表着稳定的月薪,如果你有突出贡献,公司可以用奖金来体现。此外,让人力部门人员而非业务主管来定薪酬,人力部门人员在定薪酬时也不用参考这个人的历史薪酬。人力部门人员会根据岗位级别,综合人才市场上的供求关系,给出一个最终的薪酬水平。

在期权问题上,创业公司招人的时候,由于吸引力不够,常常会给一些期权,但问题在于公司规模越来越大,期权池越来越小,这个时候被稀释的期权就很难吸引到顶级的人才了。怎么解决这个问题?张一鸣给出的方法很简单,对于早期的人,多发奖金,用高薪替代期权。字节跳动之所以能够留住那些优秀的创业团队核心人员,原因在于公司真正做到了按绩效付酬,公平对待员工贡献大小。

三、如何最大化公司的 ROI?

如何减少公司的总投入? 张一鸣也给出了公司招人的三个标准:超强学习能力、视野开阔、心智成熟。

对于张一鸣来讲,他要招的是市场上顶级的人才,这些人必须要用市场最高水平的薪酬来获取,包括给员工的工资、奖金和期权,这些成本相对来说都是很高的。

但与此同时,这样的人招进公司后:

公司的管理成本降低了。优秀的员工一说就灵,而且学习能力很强,公司花在每位员工身上的培训时间和金钱降低了。

领导花在员工上的心理性投入也降低了。员工目标清晰、各司其职,都不掉链子,领导也不用担心员工受不了压力。

回头来看,超强学习能力、视野开阔、心智成熟,张一鸣其实是通过这三个关键特质,精准地降低了除薪酬之外的其他成本,来有效维持公司总投入。

综合来看,张一鸣为优秀人才配置了顶级的公司待遇、公平透明的工作机制、行业顶级的人才、完善的行政支持、庞大的产品流量、高自由度的产品空间,方方面面都让顶级人才无法拒绝。留在这里对他们而言,ROI 已经是最大的,那么他们还有什么理由一定要出去自己创业呢?

本案例根据互联网资料改编而成。

结合案例,请分析:
(1) 为什么说公司也是一种产品?
(2) 字节跳动如何做到留住核心人才?

第十四章　资源整合

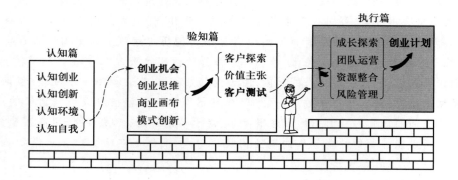

学习目标：

1. 了解创业资源及其特征。

2. 掌握创业资源整合策略。

3. 掌握创业融资及其过程。

核心观点

1. 创业资源需要遵循低成本原则。

2. 通过创造性拼凑整合资源。

3. 创业者要重视杠杆资源。

4. 创业融资并不是越多越好。

导入案例：风靡欧美的希音

希音(SHEIN)是一家注册在南京的跨境 B2C 快时尚品牌,创办于 2008 年,提出了"人人尽享时尚之美"的品牌使命。它通过自建独立站、独立 App 以及亚马逊等平台,把中国设计、制造的自有品牌服装,卖到了欧美市场,被誉为在线 ZARA,其用户遍布全球 220 多个国家和地区。它的营业收入从 2016 年的 10 亿元提高到 2020 年的约 700 亿元,年复合增长率约为 180%,被认为是估值排名全球第三的独角兽公司。2021 年 5 月,它取代亚马逊,成为美国 iOS 和安卓平台下载量最多的购物应用。受新冠肺炎疫情影响,它在美国快时尚领域的市场份额从 2020 年 1 月的 7% 跃升至 2021 年 6 月的近 30%。Z 世代和千禧一代等年轻女性群体是它的主要客户,吸引她们的主要是"多快好省"的时尚服饰产品。希音崛起的一个主要因素在于其强大的资源整合能力。它整合了上下游各种资源,打造了全产业链模式:集商品设计、仓储供应链、互联网研发、销售客服以及线上运营为一体。

一、销售端,借力 KOL、KOC 等资源进行商业推广

早在 2011 年,希音就开始利用网红 KOL(关键意见领袖)在社交网站上做推广、为站点引流。当时,欧美市场正处于网红 KOL 发展的高峰期,它在 Facebook、Instagram、Twitter 等主流平台全部布局,并且与网红 KOL 深度合作,为品牌带货。此后,它又推出联盟营销策略。联盟客户是规模较小、影响力较大的 KOC(关键意见消费者)。她们大多是在校园有一定影响力的大学生、有一定粉丝的博主。成为联盟客户之后,她们不仅可以享受折扣,还可以获得一定比例的佣金,其主要任务是通过在 Instagram、Youtube 以及 TikTok 等平台上发帖,为品牌带来可观的流量。它没有试图入驻传统的百货渠道或者开设直营旗舰店,而是通过短暂地分布于巴黎、里昂、伦敦等城市的快闪店,来营造品牌的独特感。

二、供应端,与大量中国厂商紧密合作打造智能柔性供应链体系

上新快是希音的一大竞争优势。只有上新数足够多,才能不断吸引用户,才能配得上"人人尽享时尚之美"的品牌使命。据统计,2019 年,ZARA 日均上新 80 款,年均上新 2.5 万款;而希音则做到了日均上新 600 款,年均上新 20 万款。2020 年 10 月,希音日均上新 2 000 款;2022 年 3 月,希音日均上新 6 000 款。

希音如何做到如此高的上新率?除了极致营销外,更关键的是供应链的成功。它同广州市番禺区南村镇一带数千家经验丰富、工艺成熟的中小企业建立半市场、半组织的合作关系,把小单快反模式发挥到极致,构建了智能柔性供应链体系。它直击合作伙伴痛点,掌握供应链话语权,通过高效供应链整合能力解决规模化管理难题。比如针对员工按件计酬、经营不稳定的问题,它为中小厂商提供了充足的订单、较短的到账时间以及相关扶持政策;针对规模化难度高的问题,它通过自身的数字化管理系统为中小厂商赋能,甚至代表它们和原材料厂商谈判。

本案例根据网络资料整理。

第一节　创业资源管理

一、创业资源概述

(一)创业资源定义与特征

1. 定义

创业资源是新创企业在创业的过程中所投入和利用的各种资源。

创业资源不仅仅是指企业所拥有的各种形态的资产,还包括对企业经营活动的成效有直接或间接影响、对企业的存在和发展能起保障和推动作用的所有事物和关系。

2. 特征

创业资源具有以下特征:

(1)时效性。创业资源只有在恰当的时机才可以被利用,受时间影响最大的就是环境资源、信息资源。依靠时效性资源创办的企业,虽然可以在成立较短的时间内聚集人气和资金,但受时效的限制,容易被后来者赶超。曾经红极一时的网易博客现在已乏人问津。所以企业在积累到一定财富的时候,应该注重时效性的作用,尝试开创新的项目。

(2)广泛性。创业资源非常广泛,有无形的环境资源、信息资源,有形的场地资源、人力资源。创业者要善于从生活中发现资源,垃圾是放错地方的资源。资源虽然广泛但也有质量之分。创业者应该冷静分析,研究新创企业的具体现状及市场行情,再选择合适的、高质量的,并能带来更大收入的创业资源。

(3)整合性。创业资源可塑性很强,不同的资源之间需要相互整合,才能形成企业的核心竞争力,才能使企业获得市场独占性和长期生命力。企业可以通过整合人力资源、技术资源和硬件资源,得到产品,再通过信息资源或者社会资源让产品流向市场,实现价值创造。

(二)创业资源分类

创业资源按照对新创企业成长的作用,可分为要素资源和环境资源。

1. 要素资源

要素资源是指直接参与日常生产经营活动的资源。主要有以下六类:

(1)场地资源。场地资源是新创企业办公的物理空间及其内外设施,属于基础资源。

(2)财务资源。财务资源是新创企业所拥有的资本,以及在筹集和使用资本的过程中所形成的独有的不易被模仿的财务专用性资产。

(3)人力资源。人力资源关系到新创企业的兴衰,包括内部人才和外部智囊团队。很多投资人看重的是创业团队,而非项目本身。

(4)管理资源。管理资源是新创企业开展经营活动时所形成的一系列制度、流程和方法,蕴含着商业模式的内在逻辑和精髓。

(5)技术资源。技术资源有助于降低新创企业的运营成本,核心技术有助于形成核心竞争力。技术资源包含两个层面的资源:一是与解决实际问题有关的知识;二是为解决这些实际问题而使用的设备、工具等知识。

(6)信息资源。信息资源是新创企业生产及管理过程中所涉及的一切文件、资料、图表和数据等信息。大数据时代的到来,信息的沉淀与积累,信息资源的开发与运用,往往给新创企业带来新的发展空间。

2. 环境资源

环境资源虽然不直接参与生产经营,但是,这些资源的存在可以极大地提高新创企业运营的有效性。主要有以下四类:

(1)政策资源。政策资源是国家与地方政府发布的支持、促进企业发展的法律法规、政府政策、管理规定。宏观政策有助于营造良好的创业氛围,降低创业运营成本。

(2)文化资源。文化资源是企业内部员工之间、企业之间相互学习和交流的文化氛围,相互合作和支持的文化氛围,以及相互追赶和超越的文化氛围等。新创企业倡导执行文化,有助于形成高执行力团队。

(3)产业资源。产业资源包含创业活动所属产业的各种资源要素,包括有形资源和无形资源。新创企业需要实时掌握产业发展趋势,敏锐地把握行业机会窗口。

(4)社会资源。社会资源通常被理解为社会关系资源,源于创业者长期积累的人脉和社会关系。包括:① 社会网络,如创业者的亲朋好友,为创业者提供财务、信息和其他类型非物质支持;② 支持性网络,如银行、政府、投资机构;③ 公司间网络,包括与新创企业相关联的各种合作公司。

(三) 关键资源

关键资源是指给予创业者力量从而使其敢于迈出创业第一步的资源,是帮助创业者成功撬动他人资源的资源。这种资源既可能是物质性的,也可能是非物质性的。

1. 判别标准

关键资源能为新创企业带来持续竞争力。其判别标准为:有价值(V)、稀缺(R)、不可模仿(I)、不可替代(N)。

2. 关键资源识别

(1) 环境关键资源。政策资源、产业资源由于缺少独特性,很难成为关键资源。文化资源通常具有关键资源的特征,可以为企业带来竞争优势。社会资源往往是很多创业者容易忽视的。

(2) 要素关键资源。场地资源对于一家企业的发展非常重要。财务资源通常情况下不是关键资源。

对创业者来说,容易产生杠杆效应的关键资源,主要包括人力资源和社会资源等非物质资源。

(四) 创业资源获取

1. 制约因素

(1) 初始资源薄弱。一般情况下,新创企业自有资源相对较少。从经营层面来看,所属行业、商业模式往往都有竞争对手。在资源获取时,难以获得现有资源拥有者的信任和支持。

(2) 网络资源有限。创业者初次创业时,由于过往阅历、经历等因素限制,积累的社会网络、支持性网络和公司间网络有限。特别是大学生创业,网络资源更加匮乏。

(3) 创业者的特质。创业者的个人资源、个性禀赋,如教育、经验、声誉和行业经验,影响着资源获取。研究表明,具有较强创业者特质的创业者更容易获取创业资源。

(4) 项目的吸引力。亲朋好友对创业活动的支持程度与项目是否"靠谱"密切相关。风险投资者决定是否投资,很大程度上取决于项目的吸引力、产品和服务是否有价值和市场潜力。

2. 遵循低风险原则

(1) 资源最小化。创业资源要进行阶段性投入,须做到两点:一是追求节约;二是逐步投入。

(2) 轻资产运营。轻资产运营可以保持灵活性。一是快速响应;二是及时调整。

(3) 使用自有资源。尽可能使用自有资源,提高资源保障可靠性。商业模式精益求精,减少资源需求总量。

(4) 确立低风险目标。这么做有两个目的:一是降低沉没成本;二是控制运营成本。

3. 获取渠道

创业者在识别和认知资源基础上，千方百计筹集创业活动所需资源，其获取渠道可分两种。

（1）利用内部资源。内部资源也称自有资源，具有保障程度高、不确定性小的特点。创业初期，创业者首先考虑用好自有资源。自有资源不仅仅包括自己和家庭的资源，也包括亲戚、朋友和同学等的资源。它具体包括自有资金、自有技术、自有场所和社会网络。

（2）获取外部资源。外部资源通常需要借助市场途径来实现，如融资、购买、联盟和并购等方式。

有些资源可以在内部资源和外部资源之间转换，创业者应根据资源的获取效率和使用成本来权衡利弊。

二、创业资源整合

成功的创业者善于利用关键资源的杠杆效应，利用他人或者其他企业的资源来完成自己创业的目的。创业资源整合包括创造性拼凑、获取杠杆资源、步步为营等策略。

（一）创造性拼凑

为了解决新问题，把握新机会，新创企业要整合手边的现有资源，用活资源。

1. 拼凑要素

（1）现有资源。创业者拥有一批零碎的资源，包括廉价或免费的资源，可能是物质、技能、理念等。比如，第二章导入案例中贝利的旧报纸。

（2）新的用途。创业者为了其他目的，整合和重新利用资源。比如，制作特殊日子的纪念品。

（3）将就使用。创业者的行为准则是经常利用手边的资源将就使用。

2. 拼凑方法

（1）全面拼凑。创业者在人力资源、技术资源、制度规范和顾客市场等诸多方面长期使用拼凑方法，在企业现金流步入稳定后依然不停止拼凑的行为。创业初期，创业员工往往身兼数职、一人多岗，有助于加速人才锻炼与成长。

（2）选择性拼凑。创业者在拼凑行为上有一定的选择性，有所为、有所不为。在应用领域，他们往往只选择在一到两个领域内进行拼凑。在应用时间上，他们只在早期创业资源紧缺的情况下采用拼凑，随着企业的发展逐渐减少拼凑，甚至到最后完全放弃。比如，改革开放初期，许多民营企业依靠国有企业淘汰的二手设备起家，完成原始积累后，才逐步更新装备。滴滴出行在创业之初，先委托第三方开发打车软件，在招聘到技术总监后，再自主开发迭代软件平台，优化功能。

（二）获取杠杆资源

1. 杠杆资源与闲置资源

杠杆资源是指个体或企业通过资源的杠杆作用，为寻求发展机会、获得增长而利用的外部资源。大多数创业者面临资源短缺的挑战。因此，创业者要想摆脱资源约束的困境,就要想办法获取杠杆资源,比如人力资源、信息资源、技术资源、财务资源和管理资源。

杠杆资源最大价值源于对闲置资源的合理使用。罗宾·蔡斯在《共享经济:重构未来商业新模式》提出:共享经济源于社会上存在诸多闲置资源。创业者如果能找到合适的杠杆来撬动这些闲置资源,如有形资产、技术、网络、设备、数据、经验和流程等,就能降低创业成本,获得"轻资产"创业的机会。

2. 获取途径

杠杆资源获取途径往往受创业者认知的影响,常见方式有以下三种:

(1)挖掘直接资源。创业者通过团队、家族、企业联盟和关系网络等,多渠道寻找杠杆资源。

(2)拓展间接资源。创业之初,通过聘用创业顾问、创业导师等方式,可以获得相关领域专业指导,并扩充该领域的信息资源和人力资源。

(3)利用互补资源。互补资源有助于提高杠杆资源利用效率和效果。通过把不同类型的资源以不同的方式进行整合,就产生了杠杆资源。互补资源常用于多边商业模式中。以商业银行的银行卡为例,商业银行发卡规模有助于吸引商家与其合作。同时,合作商家规模和优惠活动有助于拓展发卡业务。

3. 常见杠杆资源

(1)有形杠杆资源。创业者通过有形资源获得更多的有形资源。利用有形杠杆资源经常需要与资源所有者进行直接交易或签订商务合约。比如,创业者利用掌握的资产,通过抵押融资,购买或租赁更多的资源。

(2)无形杠杆资源。创业者通过个人网络关系和声誉等无形资源,与外部资源所有者建立联系,获得外部资源。特别是,社会网络是异质的、有价值的资源,创业者可以将其作为获得其他资源的重要杠杆。

(3)股权杠杆资源。股权不仅可以融资、吸引人才,也可以整合上下游资源,建立战略合作关系。一个好的创业项目中,股权是新创企业最大的资源。创业者需要特别注意,能够用资金解决问题,千万不要动用股权资源。

(三)步步为营

在缺乏资源的情况下,创业者可以分多个阶段投入创业资源,并在每个阶段或决策点投入最少的创业资源,步步为营、稳扎稳打,推进创业活动。杰弗里·康沃尔的《步步为营:白手起家之道》一书,全面阐述了新创企业由于受到可用资源的限制,如何通过寻找创业资源的方式来开发机会,获得成长。

1. 基本假设

(1)创业资源是稀缺的。

(2)创业资源难以获取。创业者想从外部获得创业资源存在诸多困难。如难以取得银行信任,难以获得创业贷款。

2. 操作技巧

（1）控制需求总量。在商业模式设计环节，减少对创业资源的需求。在创业活动推进时，要控制欲望、杜绝浪费。

（2）延迟使用资源。从时间维度上来看，尽可能延迟资源使用。

（3）熟知资源结构。创业者要熟知创业资源分布及其构成。比如，从成本结构来看，人力资源是创业活动中最大的成本。

（4）节约可用资源。资源节约战略和技术涵盖了新创企业所有的职能，如市场营销、人力资源、存货管理、生产管理、现金流管理和行政管理等。

> **延伸阅读1：**中国式共享经济怎么了？

第二节　创业融资筹划

▲ 一、创业融资概述

（一）定义

创业融资是指创业者采用专业手段向投资人展示自己的企业，以期获得更多的资金资源。

新创企业必须筹集足够数量的资金，支持创业活动的开展。在某种意义上来说，创业融资关系到新创企业的生死存亡。创业者在自有资金不足的情况下，必须引进外部资金。在创业初期，创业融资是创始人的重要工作。

（二）融资渠道

（1）内源融资。新创企业内源融资主要包括：一是股东借款；二是未分配利润；三是商业性赊欠等。

（2）外源融资。新创企业外源融资主要包括：一是直接融资，如股权融资、债券融资；二是间接融资，如银行借款、民间借款等。

> **延伸阅读2：**创业融资的渠道有哪些

▲ 二、常见直接融资

下面介绍常见直接融资来源及其特征，有助于创业者根据自身需求选择合适的融资方式。

（一）天使投资

1. 来源

"天使"最早是指19世纪纽约百老汇戏剧的投资人。当时,投资戏剧风险很大,出资人往往是基于对艺术的支持,而不是为了获得超额利润而投资。因此,这些出资人被尊称为"天使"。至今这种投资仍然拥有慈善的光环。

当前,天使投资特指新创企业的第一批投资人在产品或服务形成之前注入资金,而此时企业尚处于不成熟的种子期。

2. 分类

（1）从背景来划分可以分为管理型投资者、辅助型投资者和获利型投资者。

（2）从项目的投资量来划分可以分为三类:一是"支票天使",相对缺乏企业经验;二是"增值天使",较有经验并参与被投资企业的运作,投资额也较大;三是"超级天使",往往是具有成功经验的企业家。

3. 与创业投资对比

（1）投资者不同。天使投资一般以个体形式存在。

（2）投资金额不同。天使投资的金额相对较少。

（3）投资审查程序不同。天使投资人一般不严格审查,不参与管理。

（4）投资阶段不同。天使投资比较偏早期、种子期。

（二）创业投资

创业投资也称风险投资（VC）,是指由专业投资者提供的,投资于极具增长潜力的新创企业的权益资本。创业投资者参与新创企业管理。

> **延伸阅读3**：买下中国半个互联网行业的创投人

1. 特点

（1）投资管理的专业性。采用专业人士、专业业务、专业运作模式。

（2）投资对象的高成长性。创业投资者长期跟踪、寻找高成长性的新创企业。

（3）投资服务的高参与性。创业投资者不仅提供资本支持,而且提供创业管理服务,但不介入日常的经营管理。

（4）投资方式的权益性。一旦企业渡过创业期,创业投资者就退出。这样,创业投资者一方面获得资本增值,另一方面可着手进行新一轮投资。

（5）高风险和高收益性。投资项目的高风险与高收益都比较明显。

2. 与其他资本对比

（1）与产业资本相比。产业资本以产品经营为主要方式;创业投资主要从事股权资本运作。

（2）与天使投资相比。天使投资是非组织化的,以个体为主进行投资;创业投资是组织化的资本。

（3）与私募投资相比。私募投资侧重于成长期企业的投资;创业投资侧重于企业发展的早期。

3. 运行阶段

创业投资运行，一般包括募集、投资、管理、退出四个阶段。

（1）募集阶段。该阶段解决"钱从哪儿来"的问题。融资渠道，通常包括基金、大企业、高净值人士、银行、信托、资管等。在募集阶段，最重要的问题是如何安排投资者和管理者的权利、义务及利益分配。

（2）投资阶段。该阶段解决"钱往哪儿去"的问题。专业的风险投资机构通过项目初步筛选、尽职调查、估值、谈判、条款设计、投资结构安排等一系列程序，把风险资本投向那些具有巨大增长潜力的新创企业。

（3）管理阶段。该阶段解决"价值增值"的问题。属于投后管理，简单来说，就是"留住人，守住财"。

（4）退出阶段。该阶段解决退出机制、退出方式等问题。

（三）众筹

通过互联网方式发布筹款项目并募集资金。

1. 主体

众筹涉及主体包括筹资者（发起人）、支持者和平台。

（1）筹资者，是指有创新能力但缺乏资金的人。

（2）支持者，是指对筹资者的故事和回报感兴趣的，有能力支持的人。

（3）平台，是指连接筹资者和支持者的互联网终端。

2. 形式

（1）股权众筹。支持者对项目或公司进行投资，获得其一定比例的股权。

（2）产品众筹。支持者将资金投给筹资者用以开发某种产品（或服务），筹资者按照约定将开发的产品（或服务）无偿或低于成本的方式提供给支持者。

3. 基本规则

（1）在设定时间内，筹款达到或者超过目标金额，项目即成功。筹资者可获得资金。

（2）筹资项目完成后，支持者将得到筹资者预先承诺的回报。回报方式可以是股权，也可以是实物或服务。

（3）如果项目筹资失败，平台退还全部资金。

三、间接融资

1. 融资障碍

对于新创企业而言，间接融资往往面临着如下困境：

（1）融资难。创业者往往难以找到融资渠道筹措创业活动所需的资金。当前，各级政府出台创业促进政策，提高创业者融资的便利性、可获得性。

（2）融资贵。融资成本与融资渠道密不可分，不同融资渠道的成本差别很大。以银行融资为例，融资成本从低到高依次为：国有银行、股份制银行、城商行、农商行和村镇银行。新创企业如果无法获得银行融资而转向民间融资，则成本更高。

2. 影响因素

新创企业"融资难、融资贵"是一个世界性难题。影响间接融资的主要因素在于：

（1）经营不确定。由于高度不确定的环境，创业初期，创业的产品和服务存在不确定性，客户需求存在不确定性，市场前景存在不确定性，新创企业利润存在不确定性。因此，难以符合商业银行对客户风险管理的要求，就无法得到低成本的融资服务。

（2）信息不对称。创业初期，新创企业的经营和财务信息不公开，同时，存在财务管理不规范、内控制度薄弱等问题，与商业银行存在严重的信息不对称。

四、创业融资过程

创业融资过程包括融资前的准备、测算融资需求、确定融资方式、设定融资期限和融资谈判五个阶段。

（一）融资前的准备

1. 建立个人信用

创业者良好的个人信用，有助于自身便捷筹集创业启动资金。大数据时代，创业者不但要注重征信系统的信用，也要注重社交、网络等软信息领域的信用。金融机构普遍采用"白名单、黑名单"制度来筛选客户。

2. 积累人脉

创业者要积极参加与创业活动相关的各类活动，注重积累行业、运营、外部协作、银行、投资机构等方面的人脉。

（二）测算融资需求

1. 需求估算

（1）流动资金。创业者需要准确估算新创企业流动资金需求，包括存货、员工薪酬、广告费用等。

（2）固定资产投入。创业者需要合理筹划固定资产投入规模，包括场地租赁或购买、设施设备购置等。

（3）开发投入。创业者需要有计划地安排发展空间和储备，谋划后续产品研发及其投入。

2. 融资理念

融资额并不是越多越好。融资额越大，投资人的期望越高。这种预期会传染到董事会决策甚至运营中，会产生负面影响。

（三）确定融资方式

新创企业在不同发展阶段，适用的融资方式不同（见表14-1）。

1. 探索期

探索期具有高风险、回报不确定的特点。探索期适合内源融资，以创业者个人储蓄和亲朋好友借款为主。

2. 风险期

风险期具有高风险、高收益的特点。企业在风险期找到独特的商业模式后,适合寻找创业投资平台,洽谈股权融资。

3. 稳定期

稳定期具有低风险、可预测回报的特点。企业渡过风险期后,适合与商业银行洽谈债权融资。

表 14-1　新创企业类型和融资方式

阶段	风险收益	经营特征	融资方式
探索期	高风险、不确定回报	弱小的现金流 中低速成长 未经证明的管理层	个人储蓄 亲朋好友借款
风险期	高风险、高收益预期	独特的商业模式 高成长 利基市场 得到证明的管理层	股权融资
稳定期	低风险、可预测回报	强大的现金流 优秀的管理层 良好的资产负债表	债权融资

(四) 设定融资期限

新创企业根据资金需求性质,可以选择短期融资或长期融资。

创业者需要高度重视资产与负债相匹配,预防融资期限错配。现实中,新创企业"短借长投"的现象非常普遍。如果过度依赖短期借款来满足长期投资的需求,新创企业将面临较大的现金流压力,存在资金链断裂的风险,从而导致创业失败。

(五) 融资谈判

在融资谈判中,创业者与投资人就以下方面等诸多细节,洽谈融资具体条款。

1. 企业估值

估值是融资最关键的条款,使得企业估值位于合理化区间。建议"少量多次"进行融资,留出企业估值成长空间。

2. 团队激励

创业团队需要与投资人达成股权激励、期权激励等长期激励约定,保持创业团队活力。

3. 对赌协议

对赌协议(valuation adjustment mechanism, VAM),直译意思是"估值调整机制"。通过对赌协议的设计,可以有效保护投资者利益。投资者与创业者达成对赌协议是对于未来不确定的情况进行一种约定。创业者切忌盲目乐观。

4. 竞业禁止

投资人为防止离职员工帮助竞争对手或者自主创业,成为新创企业的竞争对手,一般要求核心员工签署竞业禁止约定。

5. 股份回购

投资者为了规避投资风险,会要求创业者在特定条件下回购股份。回购条款往往背离风险共担原则。

投资者基于风险规避的想法,往往提出一系列苛刻的条款要求。创业者需要从有利于新创企业长期发展视角,遵循风险共担、利益共享原则,与投资人达成共识。

本章小结

创业资源是新创企业在创业过程中所投入和利用的各种资源,具有时效性、广泛性和整合性的特点。按照资源对新创企业成长的作用,可分为要素资源和环境资源。要素资源主要包括场地资源、财务资源、人力资源、管理资源、技术资源和信息资源等,环境资源主要包括政策资源、文化资源、产业资源和社会资源。关键资源能为新创企业带来持续竞争力,判别标准为:有价值、稀缺、不可模仿、不可替代。创业者通过资源最小化、轻资产运营和自有资源使用,实现创业资源低风险的目标。创业资源整合策略包括创造性拼凑、获取杠杆资源、步步为营等。

创业融资关系到新创企业的生死存亡。在创业初期,创业融资是创业者的重要工作。由于存在经营不确定和信息不对称,新创企业普遍存在"融资难、融资贵"的现象。创业融资过程包括融资前准备、测算融资需求、确定融资方式、设定融资期限、融资谈判五个阶段。创业者需要根据企业自身发展阶段,选择恰当的融资方式。创业直接融资主要有天使投资、创业投资和众筹等方式。创业者需要熟悉不同的特点和要求选择融资对象。

复习思考

1. 简答题

(1)简述创业资源。

(2)简述关键资源及其判别标准。

(3)简述创业融资过程。

2. 自测题

请扫描二维码,进入本章知识点的测试。

3. 案例题

腾讯系校友创业图谱

根据腾讯官方数据,截至 2018 年 11 月,腾讯在职员工数达到 48 695 人,而腾讯工号已突破了 10 万这一数字。这意味着,腾讯这个离职率常年在 10% 以下的企业,经过 20 年时间,离职员工数和在职员工数,终于接近了1∶1。5万多名曾经的腾讯员工在离职后去了哪里? 没了大平台光环后的他们还继续"牛"吗? 腾讯的出身是否会使他们更光鲜靓丽?

南极圈(腾讯离职员工社群)和天眼查一起联合发布了《腾讯系校友创业图谱》,穷尽其中1 372位腾讯系校友(即腾讯离职员工)创业项目作为样本,从区域分布、赛道选择、商业角色、资本关系网、知识产权以及2018年最新融资情况、上市公司等多个维度进行数据分析,试图揭秘腾讯系校友真实的生存状态。

一、区域分布

从区域分布来看,深圳和北京成为近80%的腾讯系校友创业的首选城市,分别诞生了433个和414个创业项目,这与两地作为一南一北两大一线城市的经济实力、优惠政策、创业环境等因素有明显关系。尤其深圳作为腾讯的总部所在地,拔得头筹并不令人意外。反而在老一线城市"北上广深"队列中的广州,创业项目数略显"掉队",这与广州近年来GDP增速放缓有一定关系,创业氛围远不及深圳、北京浓厚。选择在东部城市创业的项目高达88%以上,西部地区的初创项目(90个)竟然比中部地区(50个)多,成都成为西部最闪耀的创业城市。

二、行业分布

腾讯系校友创业项目集中在软件和信息技术服务、科技推广和应用服务业两类,项目数均突破400个。具体来说,这些项目选择的创业赛道,主要是互联网金融、游戏、企业服务、文娱传媒、生活服务、教育培训、社交社区、电商八大类。这些领域也是腾讯一直在涉及并战略布局的重要领域,其中金融、游戏两个领域,深受腾讯系校友创业者的喜爱。

三、商业角色分布

在考察的所有创业项目中,腾讯系校友出任CEO(首席执行官)的数量最多,紧随其后是CTO(首席技术官),而担任COO(首席运营官)和CMO(首席市场官)的腾讯系校友共有86位。这些数字表明,腾讯的履历,赋能了每一位"老企鹅人",即使离开腾讯他们同样可以独当一面。

四、创业融资

从天眼查平台显示的新成立公司数量来看,腾讯系校友创业公司数量井喷集中在2014—2016年,这与全国范围内的创业趋势是一致的。2016年数量开始减少,2017—2018年新设立的公司不足130家。

从融资轮次来看,"漏斗效应"凸显,从天使轮、A轮到B轮、C轮、D轮、E轮递减。A轮企业和天使轮企业的数量差距并不大,而到了能够进入C轮的企业,数据则呈指数级减少,C轮以后的企业数量仅占上一轮的30%不到。越强的越少,越少的越强,创业的残酷性在这一串小小的数字中体现得淋漓尽致。从公开披露融资金额的企业数量分布图来看,腾讯系校友融资规模以千万级和亿级居多,还有包括快手、G7、小红书等9家公司拿到了10亿元以上的资本注入,估值水涨船高,成为所在行业的独角兽。

五、知识产权

腾讯系校友创业过程中也非常注重"软实力"——知识产权。据天眼查数据显示,被考察的腾讯系校友创业公司总共有73 283件的知识产权积累,包括专利、商标、作品著作权、软件著作权四个维度,而腾讯在 20 年的历程中积累了 49 365 件。或许,重视知识产权,就是所有校友从腾讯这所"大学"毕业前学会的一门重要基础课吧。

本案例根据见实《离职的腾讯 5 万名员工创办了 1 372 家公司,如今他们都咋样了?》改编而成。

结合案例,请分析:

(1)腾讯系校友创业者拥有的资源有哪些?

(2)你认为,最重要的资源是什么? 如何积累、获取和运用这些资源?

第十五章 风险管理

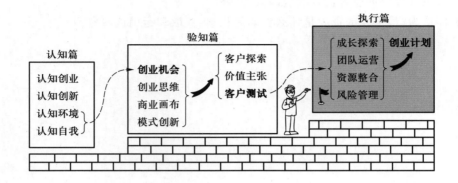

学习目标:

1. 熟悉创业风险类型。

2. 掌握创业风险防范方法。

3. 了解创业风险来源。

核心观点

1. 创业风险来自不确定性。

2. 创业风险可以预测。

3. 创业风险需要主动防范。

导入案例:苏宁陷入危机

从 20 世纪 90 年代靠空调零售起家,到全国连锁上万家门店、一度称霸电器行业,苏宁曾有过辉煌。但在互联网电商冲击和盲目扩张等因素影响下,苏宁逐渐走向下坡路。

一、苏宁的危机

由于 2019 年到 2021 年连续 3 年亏损,苏宁易购股票被戴上了"ST"的帽子。2022 年一季度公司净利润为-10.29 亿元,同比下降 325.55%,继续保持亏损。

二、苏宁的扩张

自苏宁创办以来,张近东执掌长达 30 余年,苏宁从一家空调专营门市部发展到综合电器连锁店,再到拥抱互联网、建立线上零售平台,直至拥有线上线下各种类型的零售渠道。

近年来,除了零售主业外,苏宁的投资版图更是遍布地产、物流、体育、电竞等行业。

2012年,苏宁开始疯狂撒钱,先后以6 600万美元价格收购母婴用品商城红孩子,以2.5亿美元投资视频平台PPTV,2016年,苏宁易购42.5亿元收购天天快递,并豪掷7.21亿美元买断英超转播权。

为打通足球体育全产业链条,苏宁还接手了江苏舜天足球俱乐部,以2.7亿美元买下了国际米兰足球俱乐部,并耗巨资拿下各类顶级赛事版权。

为弥补新零售短板,物流、线下、线上都是重要战场:2015年,苏宁和阿里巴巴战略合作并换股,苏宁在天猫开店;2019年,苏宁又以27亿元收购万达百货、以95亿元收购万达商业股份、以48亿元买下家乐福中国80%股权。2017年,苏宁还通过子公司南京润恒,向中国恒大投资200亿元,这项举措最终给苏宁资金链的断裂埋下了致命伏笔。

粗略估计,上述这些投资规模高达500多亿元,如果加上连年购买高昂的足球赛事转播权和运营投入,这一数字将上升到700多亿元。但回头来看,这些大手笔投资,除了换来不少流量、支撑了苏宁电商一段时间的发展之外,几乎没有成功的。PPTV陷入亏损深渊;天天快递两年亏掉30亿元。2019年亏损的苏宁小店、Laox被剥离出上市体系。家乐福在被收购之后短暂回暖,接着又连续关店。

苏宁的资金和债务危机似乎是在2020年下半年"突然"发生,多元化的投资未能见效,再加上零售主业的疲软,苏宁一步步陷入资金链紧张的境地。2021年苏宁公告本应于2020年9月兑付的债权本金42亿元的"16苏宁02"债券再延期两年。

"未来是美好的,但市场一天都不会等你,只有抓住新的趋势把自己做大,才有机会。否则,最后很可能是别人把你买掉。"张近东2012年的这句话一语成谶。2021年7月新一轮重组后,张近东及其一致行动人持有苏宁股权降至20.35%,市值约合40亿元,不足当年收购天天快递的价格。

本案例根据"互联网思维"微信公众号内容整理而成。

第一节　创业风险识别

新创企业面临着诸多不确定性,总体来说,创业活动成功率低、失败率高,创业风险大、新创企业抗风险能力低。研究表明,高新技术企业失败率甚至超过70%。

一、风险与创业风险

(一) 风险

1. 定义

风险是指在一定环境、一定时间内,影响决策目标实现的不确定性,或是某种损失发生的可能性。风险是不愿发生的事件,是发生不确定性的客观体现。

广义的风险强调风险表现为不确定性,说明风险产生的结果可能带来损失、可能获利,也可能既没有损失也没有获利。

狭义的风险强调风险表现为损失的不确定性,说明风险只能表现为损失,没有从风险获利的可能性。

2. 基本特征

(1)风险不同于不确定性。风险可以简单理解为起作用的不确定性。

(2)风险是客观存在的。

(3)风险是可以预测的。

(二)创业风险

1. 定义

创业风险是指在创业过程中,创业环境的不确定性、创业机会与新创企业的复杂性、创业者与创业团队的能力及实力的有限性,导致创业活动偏离预期目标的可能性及后果。

2. 构成

风险因素、风险事件和风险损失构成了创业风险的三要素,如图 15-1 所示。

(1)风险因素。风险因素包含有形风险因素和无形风险因素。有形风险因素也称实质风险因素,指某一目标本身所具有的足以引起风险事件发生、增加损失机会或加重损失程度的因素。比如,创业价值假设涉及每一个方面,一旦不成立,直接导致创业失败。无形风险因素是与人的心理或行为有关的风险因素,通常包括道德风险因素和心理风险因素,比如金融类创业活动中员工的道德风险。

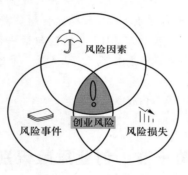

图 15-1 风险三要素

(2)风险事件。风险事件是指造成事故和损失的直接原因和条件。风险一般只是一种潜在的危险,而风险事件的发生使潜在危险转化为现实的损失。比如,特斯拉电动汽车存在自燃风险,2019 年 4 月 21 日晚上,上海某小区地下车库发生特斯拉电动汽车爆燃事件,直接导致多部车辆被烧毁。

(3)风险损失。风险损失是指风险事件给创业者和新创企业带来的经济损失,包括直接损失和间接损失。如上述特斯拉电动汽车爆燃事件,直接损失体现在烧毁的车辆和损毁的地下车库基础设施等。间接损失体现在对特斯拉品牌形象的影响,带来市场价值的减少。

3. 来源

创业者在不确定环境下,基于对市场机会的认知,针对特定目标客户群体设计价值主张,开启创业之旅。在诸多创业探索环节中,存在认知缺口。主要风险来源有以下五个。

(1)客户概况的认知缺口。客户概况包括客户工作、客户痛点和客户收益。其认知缺口体现在:一是对客户工作理解比较肤浅,停留在概念层面。创业者对最重要的工作应多问几次"为什么"。二是对客户痛点、收益探索不够清晰、具体。创业者需要调查客户痛点、收益的衡量标准。

（2）价值主张的设计缺口。价值主张包含产品和服务、痛点缓解方案和收益创造方案。其设计缺口体现在：一是产品服务脱离特定客户群体。创业者需要针对特定客户群体专门设计产品服务；二是尝试解决客户的所有痛点。产品服务设计应该聚焦解决客户的极端痛点，创造惊喜的收益。

（3）核心资源的支持缺口。创业者提供产品服务时，需要关键任务、核心资源和重要伙伴三个环节资源的支持。常见资源支持缺口体现在：一是资金资源的融资缺口。创业初期，创业项目面临诸多不确定性，难以取得金融机构的间接融资，难以获得投资机构的直接融资。二是技术资源的信任缺口。创业活动中，核心竞争力往往来自专利、专有技术等的开发与应用。创业失败会影响技术团队的学术和声誉。

（4）商业模式的竞争缺口。创业者往往基于客户概况探索设计价值主张，寻求产品与市场契合，往往忽视市场竞争环境对于商业模式的影响。比如，客户转换成本是多少？商业模式是否有可拓展性？商业模式的竞争保护水平如何？

（5）项目运营的管理缺口。创业项目进入运营阶段，管理缺口体现在：一是基础管理薄弱。特别是技术见长的创业者，不一定具备管理运营新创企业的能力和经验。二是战略规划不足。创业机会源于创业者信念飞跃带来商业的新点子，但是创业者往往缺乏战略运营的技能，难以拓展商业价值应用空间。

> **延伸阅读 1**：从电影《火锅英雄》看创业风险

二、创业风险类型

创业风险类型划分标准有很多，每种分类都有助于创业者准确把握创业风险的关键特征，便于创业风险管理。不同划分标准之间存在交叉分类的情形。

（一）按照风险来源的客观性划分

创业风险可分为主观风险和客观风险。

1. 主观风险

主观风险是指创业者心理素质、理念等主观方面的局限性，导致创业失败的可能性。比如，传统创业者习惯于以产品开发思维来推进创业活动，增加了创业成本和风险。

2. 客观风险

客观风险是指外部市场演进、政策变化、竞争对手发展等客观因素，导致创业失败的可能性。比如，行业整顿带给创业活动的风险。

（二）按照风险影响范围划分

创业风险可分为系统风险和非系统风险。

1. 系统风险

系统风险也称为市场风险，或称为不可分散风险，指由多种因素的影响和变化，导致风险累积,给投资者带来损失的可能性。系统风险诱因大多发生在新创企业外部,创业者作为市场主体,能够发挥一定的作用,但是,无法控制环境变化。比如,P2P乱象给投资者带来损失,导致社会群体性不稳定,引发对该行业严格的整顿治理。

2. 非系统风险

非系统风险也称非市场风险或可分散风险,源于新创企业自身商业活动和财务活动引发的风险。比如,新创企业可以多元化组合,来分散风险。

(三)按照风险可控程度划分

创业风险可分为可控风险和不可控风险。

1. 可控风险

可控风险是指在一定程度上,可以控制或部分控制的风险,如财务风险、团队风险等。

2. 不可控风险

不可控风险是指风险的产生与形成不受创业者控制的风险,如宏观经济环境的变化、行业法律法规的变化等。

(四)按照是否涉及法律问题划分

创业风险可分为法律风险和非法律风险。下面重点分析法律风险。

法律风险是指创业者在创业过程中,由于未能按照法律法规或合同约定行使权利、履行义务,或者由于外部法律的变化新创企业不能做出有效应对,从而产生承担法律后果的可能性。

1. 法律风险细分

从来源来看,法律风险可以细分为外部法律风险和内部法律风险。

(1)外部法律风险,指外部市场环境、法律环境、政策环境等因素引发的法律风险。

(2)内部法律风险,指新创企业内部经营、管理、决策等行为引发的法律风险。

2. 注意事项

创业者防范法律风险,应该注意:

(1)培育法律风险防范理念。创业者需要在遵循现有法律法规条件下,开展创业活动。注意关注敏感领域法律法规的变化趋势,创新商业模式。

(2)建立健全内部管理制度。创业者要高度重视公司章程对新创企业内部行为的约束作用,进而通过建章立制,建立科学有效的内部治理结构。

(3)聘请专业顾问。企业聘请专业法律顾问,参与重大决策、重大合同的审核,降低法律风险。

第二节 创业风险管理

一、创业风险管理基本流程

创业风险管理基本流程包括风险认知、风险评估和风险应对三个阶段(见图15-2)。

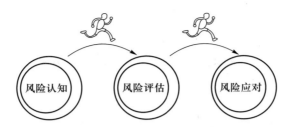

图 15-2　创业风险管理基本流程

（一）风险认知

风险认知是指在风险事件发生之前,创业者运用各种方法系统地、连续地认识所面临的风险,分析潜在原因。

1. 风险认知过程

风险认知过程包括感知风险和分析风险两个环节。

（1）感知风险。了解客观存在的各类风险是风险认知的基础。创业者要深入调查,敏锐洞察潜在的风险点。

（2）分析风险。分析引起风险事件的潜在因素是分析认知的关键,能为拟定风险处理预案和风险管理服务。

2. 常用方法

（1）流程分析法。创业者按照工艺流程,对每个环节逐一调查分析,找出风险隐患。

（2）调查列举法。企业组建风险专家小组,逐一列出创业项目和新创企业运营可能存在的风险,并分类分析。

（3）财务模拟法。新创企业进行财务沙盘模拟,针对资产负债表、利润表、损益表等进行财务风险分析,找出潜在风险。

（4）决策树分析法。创业者利用决策树对存在的风险隐患,按照发生概率进行模拟决策分析,判断各种风险事件导致风险损失情况。

（二）风险评估

风险评估指在风险事件发生之后,量化评估该事件对创业者和新创企业造成的影响和损失。常见评估方法有:

1. 风险因素分析法

企业对可能导致风险事件发生的因素进行评价分析,确定风险发生的概率。基本思路是:调查风险源→识别风险转化条件→评估条件是否具备→估算风险事件的后果→风险评价。

2. 内部控制评价法

创业团队和投资人评价新创企业内部控制体系是否真实、有效。

3. 定性风险评价法

企业通过观察、调查与分析,借助会计人员、会计师事务所的专业、经验标准和判断对审计风险进行定性评价。

2

18

（三）风险应对

风险应对指在确定新创企业存在风险隐患、分析风险发生概率及其影响程度基础上，制定规避、降低、分担或者接受风险的相应计划。

1. 规避风险

企业应通过积极举措，避免或消除风险事件的影响。常见规避风险的办法有：

（1）制度约束。企业通过公司政策和标准，阻止高风险的经营活动、交易行为等发生。比如，商业银行通过信贷制度，严防信贷业务员的道德风险。

（2）模式创新。企业通过重新定义目标，调整战略及政策，停止特殊的经营活动。

（3）业务整顿。企业通过撤出现有市场或区域，或者通过出售、清算、剥离高风险产品组合或业务，规避风险。

2. 降低风险

企业利用政策或措施将风险降低到可接受的水平。降低风险的办法有：

（1）组合管理。企业将金融资产、实物资产和信息资产分散配置，降低损失的风险。

（2）流程控制。企业借助内部流程或行动，将内部引发风险事件的可能性降到可接受程度。

3. 分担风险

企业将部分或全部风险转移给资金雄厚的第三方机构。分担风险的办法有：

（1）保险。企业通过向保险机构投保，转移风险。比如，台风是沿海养殖业最大的风险，通过农业保险转移风险。

（2）再保险。企业与其他保险机构签订再保险合同，分担风险。比如，台州小微企业信保基金通过与浙江省担保集团签订再保险合同，分担小微企业担保风险。

（3）转移风险。企业通过结盟或合资，投资新市场或新产品，获取回报。

4. 接受风险

它指维持现有的风险水平。接受风险的办法有：

（1）维持现状。不采取任何行动，将风险保持在现有水平。

（2）重新定价。根据市场许可，对产品或服务进行重新定价，补偿风险成本。

（3）优化组合。通过合理设计组合工具，抵消风险。

> **延伸阅读2**：海南发展银行的关闭始末

二、常见创业风险管理

下面从创业管理风险、创业市场风险、创业资金风险、创业技术风险分别分析，如何进行创业风险管理和防范。

（一）创业管理风险

创业风险管理指创业过程中，由管理不善而导致创业失败所带来的风险。主要有以下四类。

1. 创业团队风险

（1）风险认知。创业过程中，由创始人或创业团队的素质、能力、观念、理念等方面不足而带来的风险。

（2）风险评估。创业团队没有共同的愿景和目标，难以形成和谐的团队关系，或者团队角色配置不合理。

（3）风险应对。企业构建互补性创业团队，比如，由技术专家、管理专家、财务专家和营销专家的有机组合，形成整体优势。一是协作测试，评估团队成员协作能力；二是合理安排股权结构，既要防止平均主义，又要防止权力分散；三是例外管理，对团队成员具有潜在破坏力的动机要有足够的警觉；四是动态发展，从动态发展视角，正确处理创业团队变更。

> **延伸阅读3**：真功夫的"功夫"不足

2. 决策风险

（1）风险认知。创业过程中，由决策失败而导致的风险。

（2）风险评估。美国兰德公司估计，世界上85%的企业倒闭源于企业家决策失误。

（3）风险应对。一是提高领导者素质。二是实行团队民主决策，避免个人决策风险。

3. 组织和人力资源风险

（1）风险认知。由新创企业的组织结构不合理、用人不当导致的风险。

（2）风险评估。随着新创企业的快速发展，组织结构、用人机制需要动态调整，否则，新创企业存在潜在风险。比如，任人唯亲、激励不足导致人才流失。

（3）风险应对。可以实行相关检验：一是市场优势检验，确保细分市场的竞争能力；二是管理优势检验，判断组织结构是否有助于组织价值；三是可行性检验，确保项目实施成功率；四是责任检验，确认职责体系、风控制度是否健全；五是权变检验，检查项目方案是否具有灵活性。

4. 关键员工离职风险

（1）风险认知。关键员工是指拥有专门技术、掌握核心业务、控制关键资源、具有特殊经营才能及对企业发展具有深远影响的员工。关键员工一般占企业总人数的20%～30%，对企业核心竞争力的提升起着关键作用。

（2）风险评估。关键员工的离职会带来以下影响：一是削弱核心竞争力；二是重新招聘增加运营成本；三是影响企业正常运转。

（3）风险应对。一是识别关键员工，从待遇、成就感、公平感、地位、信心、沟通、关心、认同等维度评估关键员工风险；二是实施关键员工差别激励制度；三是健全契约约束，实施竞业禁止。

（二）创业市场风险

创业过程中，由市场的不确定性而导致创业失败的可能性，称为创业市场风险。

1. 风险认知

创业市场风险体现在：

（1）市场容量。创业之初，对于新创企业推出的新技术、新产品，消费者的需求存在不确定性。市场容量不足，市场价值就无法实现。

（2）市场战略。企业在价格定位、客户选择、上市时机、市场区域规划等方面出现失误，就会带来市场开拓困难。例如，产品服务价格超出市场的承受能力，技术产品的商业化、产业化就很难实现。

（3）营销战略。新创企业打开市场需要一定的时间和过程。如果企业财力有限，市场推广时间会更长。

2. 风险评估

（1）营销理念。企业如果沿用成熟企业的思维方式和营销模式，不能根据市场变化调整营销模式，就容易导致经营失败。特别需要注意防止被虚荣指标误导。

（2）市场推广。新创企业如果盲目依赖广告，则可能仅获得短期效果。

（3）危机管理。新创企业缺乏危机意识，对突发事件处理不当。

3. 风险应对

针对创业市场风险，可以从以下三个方面来进行适当防范：

（1）精益探索。新创企业要遵循精益创业思想，"小步快跑"多维度地进行市场假设检验。比如，需要准确评估广告投入与产出，识别广告投入渠道的可持续性。

（2）市场监测。新创企业应定期开展市场分析，保持对关键市场信息的敏感度，结合市场变化，实时调整市场营销策略。

（3）善借外力。新创企业可借助行业强势企业，建立战略合作关系。如新创企业开启电子商务业务，要善于"抱大腿、傍大款"，寻求成熟电子商务平台的合作和资源支持。

（三）创业资金风险

资金供求情况、宏观经济环境的变化，给企业筹资带来不确定性。创业资金风险是指由资金不能及时供应而导致创业失败的可能性。

1. 风险认知

（1）投资利润率和融资成本的不确定性。

（2）经营活动的失败。

（3）负债结构不合理。

》 延伸阅读 4：从 OfO 资金链断裂看创业资金风险

2. 风险评估

创业资金风险对于新创企业是致命的。新创企业往往热衷于项目开发，资金链过于紧张。一旦现金流出现问题，则会危及整个企业。现金流不足的原因有：

（1）经营活动导致现金流不足。销售收入不稳定，员工成本过高。

（2）投资活动导致现金流不足。投资回收与投资支出不匹配。

（3）融资活动导致现金流不足。融资渠道单一，融资计划没有远见。

（4）管理活动导致现金流不足。内控体系不健全，盲目投资。

3. 风险应对

创业资金风险的防范措施：

（1）步步为营。一是追求节约,控制资金需求总量;二是逐步投入,延迟使用资金资源。

（2）筹资管理。一是适度负债,保持合理的负债率;二是制定负债财务计划;三是建立有效的防范机制。

（3）现金流管理。一是开源节流,拓展业务规模;二是完善内控体系,依照会计准则管理现金流;三是变短期激励为长期激励,减少短期现金流压力。

（四）创业技术风险

创业技术优势往往带来新创企业的核心竞争力。在创业活动中,技术需要附着在产品或服务上,最终得到目标客户的认可,才能产生价值,这个转化过程存在的风险称为创业技术风险。

1. 风险认知

（1）技术本身是否具备比较优势？

（2）技术优势能否带来产品或服务的竞争力？

（3）产品或服务优势是否能够带来顾客价值？

2. 风险评估

（1）技术障碍。创新技术从研究开发到产业化过程,经历小试、中试、小批量、大批量生产等环节。如果存在技术障碍则会导致失败。

（2）技术革新。技术前景、技术寿命存在不确定性。

（3）市场效果。一项高新技术产品,如果没有达到预期效果,则难以获得消费者认同。

3. 风险应对

针对创业技术风险进行的防范措施,可以从以下几个方面考量：

（1）把握技术发展趋势。企业建立技术发展趋势的检测系统,实时追踪技术发展状况,判断未来趋势,监测竞争对手研发进展、产品的商品化进展,关注市场对相关技术的反应。

（2）重视知识管理。企业主动运用专利申请、技术标准申请等,开展保护性措施。

（3）加强战略合作。企业在合适时机,选择战略合作伙伴分担风险。

本章小结

创业风险是指在创业过程中,创业环境的不确定性、创业机会与新创企业的复杂性、创业者与创业团队的能力及实力的有限性,导致创业活动偏离预期目标的可能性及后果。它包含风险因素、风险事件和风险损失三大要素。新创企业主要风险来源有:客户概况的认知缺口、价值主张的设计缺口、核心资源的支持缺口、商业模式的竞争缺口和项目运营的管理缺口。

创业风险类型划分标准很多。每种分类都有助于创业者准确把握创业风险的关键特征,便于创业风险管理。创业者要通过培育法律风险防范理念、建立健全内部管理制度和聘请专业顾问等举措来防范法律风险。

风险认知、风险评估和风险应对是创业风险管理基本流程的三个阶段。根据风险概率和影响程度,创业者选择制定规避、降低、分担或者接受风险的措施应对风险。新创企业要做好创业管理风险、创业市场风险、创业资金风险、创业技术风险等管理和防范工作。

复习思考

1. 简答题

（1）简述新创企业主要风险来源。

（2）简述创业风险三大要素。

（3）简述创业风险管理基本流程。

（4）简述创业者如何防范法律风险。

2. 自测题

请扫描二维码,进入本章知识点的测试。

3. 案例题

复盘创业失败

本文是一位"90后"创业者创业失败后的心路历程。尽管获得过几千万元的风险投资,在创业两年后,他最终关闭了辛辛苦苦创立的公司。

一、创业:为何从被投资人追捧,到裁员自救?

1. 开发最小可行版本:验证需求

2011年夏天,他创办了第一家公司,对创业产生了热爱。后来到腾讯工作,他更加坚定对创业的信念:做出改变世界的产品。2017年年初他便认定AR(增强现实)将成为未来的主流。他观察到美国一款AR相机App很有趣,便利用周末两天开发出一个样品,放到市场上验证,样品获得了超预期的自然增长和付费率,于是他准备开始创业。

2. 一天拿到天使轮:备受资本、市场和用户追捧

2017年3月,他拿着样品找到德迅投资,当天便得到了天使轮的投资意向。在主打可爱、美丽风格的相机App中,他开发的App超能界以主打搞笑、帅气的动漫特效风格,差异化切入AR赛道,迅速在动漫爱好者群体中传开,有的"00后"甚至希望加入公司一起"改变世界"。2017年7月,与启明创投合作,超能界加快了迭代。凭着良好的用户口碑,超能界获得多项推荐和评奖。并得到了用户的好评和鼓励。

3. 勉强撑到A轮:产品遇天花板,花光积蓄发工资

到达10万日活跃用户数量(daily active user,DAU)后,超能界便遇到了增长瓶颈。由于团队技术能力的制约,许多在当时属于创新性的需求无法实现。不够精致的操作界面与特效,一成不变的拍摄玩法,只能吸引到低龄用户,无法扩大受众群体。公司也面临较大的资金挑战。

4. 倒在B轮前:追求高估值,走向万劫不复

以抖音为首的短视频社区备受资本青睐,于是,公司修改了产品策略:不做游戏化社交,做动漫界的短视频社区。公司于2018年5月底开发出社区形态的App,命名为闪光,并迅速

组建了短视频运营部门,补贴关键意见领袖,引导用户生产原创内容。

社区的建立使 DAU 终于突破瓶颈,用户留存有了质的飞跃。2018 年 8 月,公司大力做市场推广,同时开启 B 轮融资。为了拿到顶级风险投资机构的投资,同时让数据保持"长期好看",公司冒险地追加了几百万元推广费,这加剧了公司的资金压力,引发了连锁反应:

第一,服务器瘫痪。用户量突飞猛进,服务器不间断地宕机,最长曾达到 24 小时。前端展示卡顿,最基础的浏览视频需求都无法满足,技术部的能力缺陷暴露得淋漓尽致。

第二,社区调性严重失控。大量不同类型的用户同时涌入,导致用户原创内容(视频、评论)违背了原有的调性。社区广场上的低俗内容屡禁不止,原有的核心用户("00 后")因此大量流失。

第三,融资失败。团队的技术缺陷、融资预期过高、管理策略失误等原因,导致了数据的下滑,也使得风险投资机构停止跟进,公司面临倒闭。

5. 最后半年的自救:裁员,转型,造血

2018 年 11 月开始,公司实行裁员和搬迁,团队从 30 人缩减到 10 人,办公室从几百平方米的高档写字楼搬到几十平方米的众创空间。做小程序、外包等项目都无法有效扭转局面,最后的自救行动宣告失败。

二、创业复盘

1. 对产品与运营的复盘

(1)产品定位需差异化。公司最初定位动漫视频社交,但融资过程中,迷失了初心,把产品改成风险投资机构熟悉的短视频社区,最终失去特色。

(2)产品形态无贵贱,如果是工具,就要做好这个工具,把核心功能打磨到极致。

(3)做社区需要慢慢养成,欲速则不达。社区的调性和氛围不是一朝一夕可以养成的。在社区建设初期要严格控制用户质量,过早推广会导致非目标用户流入,从而摧毁社区。

(4)重视数据。越早建立多维度的数据报表分析系统,能越早减少决策失误。数据不会告诉你怎样做会成功,但会告诉你如何避免失败。

2. 对融资的复盘

不要太在意估值、出让比例,以及风险投资者是谁。别轻易相信风险投资者的口头承诺,哪怕签了投资框架协议,它也不一定作数。只有签了股权购买协议才是保障。

3. 对团队的复盘

CEO 不要凡事亲力亲为,要懂得放权。培养每个部门的负责人,他们能独当一面,CEO 才能做好该做的事。认真挑选公司的前 10 位员工,早期员工决定了公司的文化和凝聚力。管理需奖惩分明。适当的奖励能激发团队的热情,包括给予奖金、礼物和荣誉感;及时的惩罚,能避免团队一再无视错误、给公司带来巨大损失。

本案例根据 36 氪网络资源整理而成。

结合案例,请分析:

(1)案例中创业企业的风险有哪些?

(2)针对案例中的风险,你觉得应该如何应对?

第十六章　创业计划

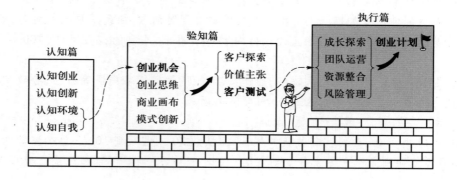

学习目标：

1. 了解创业计划编制基础。

2. 掌握创业计划构成及其要点。

3. 掌握创业计划优化要点。

核心观点

1. 创业计划是创业者从调查阶段向执行阶段推进的线路图。

2. 创业计划是组织创业资源的依据。

3. 创业计划需要动态更新。

导入案例：格莱珉模式

1983 年,穆罕默德·尤努斯在孟加拉国创立提供小额贷款的格莱珉银行。格莱珉银行模式还被复制到了全球 100 多个国家和地区,全世界有超过 1 亿穷人从中受益。

一、商业模式

1. 目标客户

格莱珉银行的客户理念是:拥抱金融界难以接触者。重点对象是最贫困的妇女,她们没有在任何银行开过户,没有信用记录。格莱珉银行将此类客户视为会员并开展服务。

2. 产品和服务

(1) 贷款。格莱珉银行规定会员每次融资的上限(比如,格莱珉银行在中国上限为 2 万元）。贷款利率与市场利率基本接轨。

（2）存款。格莱珉银行鼓励会员每周偿还小额贷款的同时，存入金额更小的存款，增强家庭保障。贷款利率略高于银行存款利率。

（3）入股。格莱珉银行还鼓励贷款者购买 1 股格莱珉股份（大约 1.5 美元，每人仅限购买 1 股），成为股东，享受股东权益。

3. 贷款流程

（1）"互助小组+贷款中心"。格莱珉银行要求每位申请人都必须加入由相似目的、相同背景申请人组成的互助小组（每组 5 人），若干个互助小组成为一个贷款中心。

（2）"顺序放贷+分期还款"。小组内采用"2—2—1"顺序放贷，即最初只有 2 名会员可以获得贷款，根据他们的偿还情况，另 2 名成员再获得贷款，组长最后得到贷款。等额本金，每周还款。

（3）"每周会议+公开账本"。贷款中心每周召开会议，便于会员交流信息、分享经验。在例会上公开发放贷款，每组公开账本。

二、商业模式评价

格莱珉银行模式，既是金融创新的成功，又是重构社群的成功。

1. 重构金融信任机制

格莱珉银行通过公开账本，确保数据的准确性以及不可篡改性。通过每周会议，有效建立起会员之间的信任关系。

2. 重构会员社交网络

格莱珉银行周例会是会员主要的社交平台，达成的行为准则都涉及自身家庭和成员健康发展，相当于乡村的精神文明公约。

本案例根据格莱珉中国相关资料和网络资料整理。

第一节　创业计划概述

◤ 一、基本概念

创业者通过价值主张和商业模式画布探索，形成创业基本假设，进而通过客户测试，获得学习和认知。创业计划是创业者从调查阶段向执行阶段推进的线路图。

> **延伸阅读 1：想要创业必须迈出的七大步**

（一）定义

创业计划是创业者完成前期客户探索、客户检验后，转入运营新创业务的书面摘要。它分析和描述创办一个新创企业所面临的内外部环境条件和要素特点，为业务的发展提供指示图和衡量标准。创业计划通常结合了市场营销、财务、生产、人力资源等综合计划。

创业者通过撰写计划,对新创企业进行自我评估,对前期调查阶段进行总结和升华,对创业前景有更加清晰的认识,并且期望通过计划获得风险投资基金的青睐。一份优秀的创业计划往往达到事半功倍的效果。

(二)特征

创业计划是创业团队前期探索智慧结晶的阶段性成果,应该具备以下四个特征。

1. 简洁明了

创业计划的阅读者都是拒绝浪费时间的重要人物,因此创业计划的表述要简洁明了。许多创业者把所有关于创业的梦想、希望、对利润的预期都塞进创业计划,形成一份冗长的文件。商业计划专家格雷格·古德曼(Greg Goodman)认为,创业计划中的过度细节,如月度数据或更详细的数据预测,不仅会给创业者带来负担,也会给投资者带来不切实际的期望。创业者只要写清楚业务基础和发展路径,以及团队将如何前进。

2. 内容完备

简洁明了并不意味着内容稀少,创业计划需要完整概述企业的重要特性。古德曼认为,创业计划相当于创业活动的路线图。创业者通过关注重要的节点,找到运营的主要路径,指导自己的行动。

3. 彰显特色

每一个创业项目都是独一无二的。创业者可以借鉴成熟的创业计划样板,但是无法复制他们的创业计划。撰写创业计划时,创业者要直接面向特定的阅读者,对阅读者负责,对自己负责,对潜在的机会负责,高标准、高质量地制作。创业计划要充分体现项目的独特性,让阅读者感兴趣,让其产生读下去的欲望。

4. 富有激情

创业计划努力营造一个激动人心的氛围,描绘企业发展趋势和前景,描述企业未来的打算及创业机会。

二、编制基础

(一)商业模式清晰

创业者基于充分的客户探索,使商业画布的内在逻辑清晰可见。

1. 目标客户:有效认知

创业者针对每一个目标客户群体,展开充分的探索活动,可视化列出客户的主要工作、严重痛点和基本收益。创业团队对不同客户群体的市场开发价值进行清晰的比较,明确市场开发战略及其优先次序。

2. 价值主张:理性定位

创业者主张的产品或服务价值,能够有效覆盖客户的痛点,并为客户创造期望的基本收益。痛点缓解方案和收益创造方案能够起到预期效果。

3. 盈利模式:持续稳定

客户愿意为价值主张付费,产生的收入远远大于产品(或服务)制造(或提供)的所有成本。新创企业需拥有足够的目标客户群体,满足其运营的要求。

(二)通过多重检验

1. 问题与方案契合

创业团队基于对目标客户的工作、痛点及收益的了解,设计出一个能覆盖工作、痛点及收益的价值主张。该价值主张经得起逻辑上的推演和检验。

2. 产品与市场契合

创业团队通过开发最小可行产品,反复试验、多次迭代,证明产品与服务真正受到市场欢迎,痛点缓解方案及收益创造方案能够为客户创造价值。

3. 商业模式契合

创业团队在价值主张与商业模式上反复模拟、推演,通过小规模试验,确认收入大于成本。此商业模式具有可持续、可复制性。

4. 增长假设检验

上述三个阶段的契合检验完成了创业活动价值假设的检验。创业者还需要从市场结构和增长引擎来检验创业活动的增长假设。从市场结构来看,创业者选择现有市场、细分市场还是新市场?新创企业需要权衡市场类型和产品服务的独特性,选择恰当、有效的增长引擎。创业团队主张的产品或服务适合于粘着式、付费式还是病毒式增长引擎?不同增长引擎决定不同营销战略,带来不同的市场效果。

三、用途

制作创业计划是承前启后的关键性工作,意味着创业活动由调查阶段进入执行阶段。创业团队通过总结与提炼前期的客户探索、客户检验,形成系统、清晰的运作框架。创业计划的主要用途有内部达成共识、外部对接资源和参加创业比赛。

(一)内部达成共识

从内部来看,创业计划有助于创始人和团队成员对商业模式形成共识。

1. 创业团队达成默契

创意源于创始人的信念飞跃。通过前期探索,创业团队达成默契,全面理解价值主张如何支持商业模式,如何为目标客户创造价值,如何创造新创企业竞争优势。

2. 创业员工高度认同

创业计划能帮助所有创业员工了解谁是目标客户,价值主张正在解决哪些客户工作、痛点和收益。

(1)营销团队。创业计划能帮助营销队伍准确认知客户工作、痛点和收益。营销团队精心制作市场营销方案,从产品广告到包装设计,聚焦于价值主张解决的极端痛点和重要收益。

(2)销售团队。创业计划能帮助销售团队了解市场细分、目标客户。销售团队在介绍产品时应突出价值主张的哪些属性可以减轻客户痛点和创造收益。

3. 项目执行基本依据

创业计划全方位描述创业整体设想,有助于脚踏实地地执行商业计划,它可以作为创业项目分配资源、设定目标优先级的依据,作为展开及执行子计划的最高指导原则,作为未来检视执行成效及进行方向的依据。

（二）外部对接资源

从外部来看,创业活动需要取得投资者、合作伙伴的认可和支持。

1. 吸引投资

投资者是新创企业潜在的股东。创业计划是创业者与投资者之间沟通的基础材料。创业者向投资者陈述发现的创业机会及可行性,包括创业机会是什么、创业机会如何创造价值、创业机会具有的巨大发展空间,以吸引投资者投资。

2. 寻求合作伙伴

创业活动需要核心资源和重要合作者的支持。创业者应尽早使合作伙伴认可自己的价值主张,并取得他们的支持。创业计划是有力的说服依据。

（三）参加创业比赛

当前,社会掀起了大学生创新创业比赛的高潮。各高校均把创新创业比赛作为重要赛事,加速创业项目的孵化。原则上,创业计划可用于各类创业比赛,但无论是社会创业者,还是校园创业者,都不能本末倒置,为比赛而比赛,闭门造车制作创业计划。

第二节　创业计划撰写

一、创业计划构成

创业计划分析和描述创办一家新企业所需要的各种因素。完整的创业计划包括封面、扉页、执行概要、企业介绍、产品/服务描述、市场分析、营销策略、生产计划、团队与组织结构、财务预测、投资分析、风险控制和附录。

（一）封面

1. 目标

封面是创业计划的脸面或名片,需要单独一页。封面要根据阅读对象适当设计,简洁大方,不宜过于花哨,可以把产品和服务的标志性成果或规划图案作为背景,体现项目主题。

2. 主要内容

封面应该包括以下主要内容:

（1）常规性信息。包括编号、保密等级、标题、落款、时间等。

（2）关键性信息。一是经营范围描述,用一句话描述新创企业的愿景和业务性质;二是资金筹集,要有所需资金数量和方案;三是重要信息,即能够吸引阅读者兴趣的其他必要信息。

（二）扉页

1. 目标

扉页也叫保密页。创业计划是创业者前期探索智慧的结晶,需要明确提出创业者拥有创业机会的权利。

2. 主要内容

扉页一般包括以下内容:

（1）保密要求。创业计划内容涉及新创企业的商业机密,要求阅读者做出保密承诺,妥善保管,未经同意不得递交第三方。

（2）联系方式。创业者提供详细的联系方式,便于阅读者(投资者、合作者)进一步调查和联络。

（三）执行概要

1. 目标

执行概要应对新创企业的总体情况做出简短、清楚、具有说服力的概括。

这是创业计划的重中之重。执行概要通常在完成全部计划后撰写,需要创业者深思熟虑、反复斟酌、仔细撰写,传递丰富的项目信息。

2. 要求

（1）简明扼要。本部分陈述目标客户存在的严重痛点,产品和服务解决了什么问题、创造了什么价值,项目优势在哪里,项目如何盈利等关键问题。执行概要应突出项目优势,特别是详细说明自身的特色以及企业获得成功的市场因素。篇幅一般控制在2页以内。

（2）富有激情。执行概要是一种简短而富有激情的陈述,相当于对创业计划进行"电梯"检验。它要求创始人在很短时间内激起别人的兴趣,并促使他们有浓厚兴趣获得更多详细的信息。

3. 主要内容

主要内容包括:宗旨愿景、产品和服务、目标市场、市场定位、竞争优势、创业团队、财务预测、投资分析、风险控制和退出机制等。撰写时避免面面俱到,宜详略结合、突出重点。

（四）企业介绍

1. 目标

创业介绍的目标是让投资者对新创企业的基本情况、经营理念有全面了解,并让投资者相信新创企业能为客户带来利益,具有竞争优势。

2. 主要内容

（1）基本情况。本部分简要介绍企业名称、法律形式、法人代表、注册资本、主要股东、股份比例,重点介绍企业未来3~5年的发展方向、发展战略和要实现的目标。

（2）经营理念。一是战略理念,包括企业的价值观、使命、信念、行为准则或公司宗旨、基本经营方针等;二是战略定位,包括目标客户定位、业务范围定位、行业定位、价值链定位和市场区域定位;三是战略目标,包括市场与产品构成目标、组织构建目标、企业规模以及设备投资目标、业绩目标。

（3）竞争优势。一是发展模式。市场如何逐步扩大？业务发展路径是什么？二是竞争战略。企业采取何种方式与竞争对手展开竞争？是成本领先战略还是差异化战略？三是核心竞争力。企业是否具备某种优势？这种优势是竞争对手无法短期内模仿，还是对企业获取有利竞争地位起到决定性的作用？如具备什么技术、模式、专利、品牌或可以设置哪些进入障碍等。企业如何获取和维持这种优势？

（五）产品/服务描述

1. 目标

产品/服务描述的目标是让投资者相信新创企业提出了独特的价值主张。

本部分介绍产品/服务的性能和用途，尤其是产品的新颖性、先进性和独特性，客户概况和价值主张。建议结合画布来概括。

2. 重点内容

（1）纵向对比。介绍产品/服务的概念、性能、核心技术、市场前景、成本等。

（2）横向对比。介绍产品/服务与现有市场里类似的产品/服务相比的优势和劣势，目标客户为什么会选择企业的产品/服务。

（六）市场分析

1. 目标

市场分析的目标是让投资者相信商业模式具有足够的市场空间和发展潜力，会获得一定的回报。

本部分对宏观环境、行业环境和目标市场进行分析，最终的落脚点都应该是某个特定市场。

2. 重点内容

（1）市场机会。一是创意，源自对生活与工作的深度体验；二是商机，源于某种未被充分满足的需求；三是首创说明，阐明以往需求未被满足的背景成因（为何别人没有看见商机或无法满足需求）；四是提出令人信服的盈利模式和商业逻辑。

（2）市场前景。一是市场估算，提出需求的量化与精算模型；二是发展空间，说明满足需求的方案能够被大范围复制和接受。

3. 常用工具

（1）PEST 分析。

（2）波特五力模型。

（七）营销策略

1. 目标

营销策略的目标是让投资者相信新创企业产品/服务能够有效向目标客户传递信息和价值，并维持良好的客户关系。

2. 重点内容

（1）目标市场。根据客户需求的某些特征或变量对客户群进行分类。选择企业打算进入的细分市场，去满足这些细分市场客户的需求。

（2）市场定位。创业者根据竞争者的现有产品在市场上所处的地位和客户对产品某些属性的重视程度，塑造出本企业产品与众不同的个性或形象并传递给目标客户，使该产品在细分市场上占有强有力的竞争位置。

（3）品牌策划。创业者通过对品牌要素的设计和组合，为品牌塑造个性，使其人格化和富有生命力，进而通过适当的手段传播出去，达到被客户广泛认可的目的。

3. 4P 原则

（1）产品策略。设计产品组合（即产品种类、花色、规格等）和产品包装（品牌名称、标志、图案、颜色、材料、标签等）。

（2）价格策略。分析成本构成、竞争者价格、消费者购买力，制定产品价格组合。

（3）渠道策略。选择将产品打入市场的渠道，制定采用这些渠道的策略和方法，估计采用这些渠道的成本。

（4）促销策略。选择广告方式、公关方式、人员推销方式、销售促进手段。

（八）生产计划

1. 目标

生产计划的目标是让投资者相信新创企业的产品/服务存在技术上的可行性、生产上的可靠性。

2. 主要内容

（1）技术研发。展示技术研发能力，规划产品研发、工艺研发进程。

（2）原材料供应。分析原材料需求，选择供应商，制定原材料供应的保障措施。

（3）生产条件。分析生产所必备的条件，检查现有生产条件，制定完善生产条件的策略和计划，即生产场所、设备、设施、工具、人员等通过何种方式落实。

（4）效益分析。估算生产能力、产量产值、生产成本等。

（九）团队与组织结构

1. 目标

团队与组织结构的目标是让投资者相信创业团队具有互补性和高执行力。

2. 主要内容

（1）团队协作。一是分析创业团队在学历、专业、专长、经历、行业经验、行业认识水平、创业者特质等方面的互补性；二是确定部门分工协作方式，描述部门的职能及其所扮演的角色，画出新创企业的整体组织结构图。

（2）执行能力。一是业务流程清晰。说明主要业务流程有哪些。二是绩效管理。说明各个部门内部的岗位职责、绩效标准，以及拟采取的主要激励手段，如员工薪酬、福利、股权、个人发展等制度。

（十）财务预测

1. 目标

财务预测的目标是让投资者相信新创企业的商业模式可以获得预期财务效果。

2．主要内容

（1）经营业绩。即预测未来的销售量、销售额、利润、成本及费用支出等。

（2）财务报表。创业者在经营预测的基础上，编制未来 3～5 年的利润表、资产负债表和现金流量表。

（3）财务分析。创业者给出关键财务指标数据，如销售利润率、资产负债率、投资回报率、盈亏平衡点等。

（十一）投资分析

1．目标

投资分析的目标是让投资者相信新创企业能够合理筹集运用资金、具有投资价值，提出融资需求及其退出方式。

2．主要内容

（1）资金来源与运用。一是资金来源。论证资金来源渠道是否可行。二是资金运用。论证资金运用是否科学合理、具有可持续性。

（2）投资收益与风险。一是投资收益。对投资收益进行估算，解释这种估算的合理性。二是风险管理。说明资金使用的项目、额度预算以及资金使用的控制和监督机制。

（3）融资需求与说明。说明投资方向和融资的额度、方式与条件，融资后的股权结构，选择投资回报的方式和预计回报的额度。

（4）退出渠道与方式。一是退出方式。是上市融资后退出，还是资本积累到一定程度后退出？是一次性退出，还是分步退出？二是退出时间。不能太早，也不能太迟。

（十二）风险控制

1．目标

风险控制的目标是让投资者相信新创企业具备风险预见和防控能力。

2．主要内容

（1）风险分析。分析可能遇到的投资风险，说明事先有何预防措施。

（2）风险识别。分析创业过程中可能出现的风险种类和风险产生的原因，各类风险出现的可能性和出现后造成的影响有多大。

（3）风险应对。制定防范各类风险的措施和风险出现后的应对措施。

（十三）附录

1．目标

附录的目标是让投资者获得关于价值主张和商业模式可行性的更多有力证据，提高创业计划的真实性。

2．主要内容

附录通常包括一些补充材料附件，这些内容在正文中没有必要详细展示，正文只要标出参考附件名称即可。

（1）客户概况、价值主张和商业模式测试的具体报告。

（2）重点是客户、分销商和分包商的反馈。

（3）相关合同和协议等。

二、撰写规范与优化技巧

（一）撰写规范

1. 文本要求

（1）主题明确,结构合理。创业计划必须有一个框架结构,使读者能够很容易找到特别感兴趣的主题,灵活地选择想要细读的部分。

（2）内容充实,重点突出。创业计划尽可能采用简单的说明、草图和照片,让读者轻松阅读。如果创业计划中必须包括产品的技术细节和生产流程,建议把它们放在附录中。

（3）论据充分,论证严谨。创业者通过市场调研、客户测试等方式,认知客户概况,识别目标市场,增强产品或服务的市场竞争力。销售潜力、收入估计、增长潜力都不能夸大。最好的、最差的、最有可能的方案都要有规划。

（4）方法科学,分析规范。创业者遵循精益创业思想,科学设计实验,规范表述。比如,一般投资人对互联网创业项目,关注要点有:用户数、日新增、访问量（PV）、独立访客（UV）、日活跃用户数（DAU）、留存率、用户停留时长、使用频率、竞品情况,以及未来发展方向与空间等。

（5）文字通顺,表述准确。应用第三人称编写计划。撰写过程尽量客观,避免主观。创业计划尽量使用客观语气来描述,让读者有机会仔细地权衡论据是否有说服力。

（6）排版规范,装帧整齐。封面、目录、执行概要、附录、例证、图表等排版规范、整洁。

2. 重点突出,图文并茂

（1）摘要部分要提纲挈领。

（2）图标胜于文字。

（3）标题重点胜于段落文字。

（4）首尾一致,互相呼应。

3. 逻辑清晰,纲举目张

（1）创业计划应该结构严谨、层次分明,具有逻辑性。

（2）环境分析必须为战略决策和策略决策提供依据,防止堆砌资料、硬凑篇幅。

（3）战略决策尽可能有数据支撑,而非想当然。

（4）战术决策及职能管理必须以企业战略为导向,防止脱节。

（5）应清楚分析关键人物的才能,证明如何形成高效的创业团队。团队分工协作必须互相配合,沟通顺畅。

（6）创业计划应突出关键风险,体现创业者分析潜在问题和提出应变对策的能力。

（二）优化技巧

1. 常用检测方法

美国市场营销专家布鲁斯·贾德森（Bruce Judson）提出了一系列检测方法,可优化创业计划。常见的检测方法有:

（1）"电梯"检测。创业团队要在电梯上下一层楼的时间里，用简短的语言告诉投资人商业模式如何盈利。比如，华盖资本要求创业者做到"1 句话、3 个词、10 个字"。

（2）"最多三件事"检测。创业团队需自问：决定团队成功的三件事是什么？我们具备吗？如果没有，如何获得？

（3）"我是客户"检测。创业团队需把自己放到潜在客户的位置，自问：我会为产品/服务买单吗？如果是，为什么？

（4）"市场领导权"检测。此种方法需要避免的思维陷阱是认为"市场巨大，我们只需要一小部分就能成功"。创业团队需要定义清楚市场，在明确的细分市场提出独特的价值主张。

（5）"成本翻番"检测。如果成本翻番，这还是一个好的创业计划吗？如果收益只有预期一半，成本又翻番，这还是一个好的创意吗？

（6）"依赖性"检测。单一客户不能占据企业 1/3 以上的销售额。创业团队需要自问：现有业务是否严重依赖单一客户？如果是，如何减轻依赖性？

（7）"多收入来源"检测。新创企业主要收入来源有哪些？如果比较单一，如何增加其他渠道？

（8）"脆弱性"检测。创业团队自问：最坏的情况是什么？什么事情会让企业瞬间倒闭？

2. 常见错误

在创业计划编制过程中，创业者往往出现如下常见错误，需要注意避免和防范。

（1）过于乐观。创业者对产品和服务的前景过于乐观，财务预期过高，令人产生怀疑。

（2）证据不足。数据没有说服力，如缺乏第一手调查资料。

（3）忽视市场。技术见长的创业者重点解释产品和服务本身，忽略产品和服务与客户的关系，忽视竞品威胁。

（4）角度偏差。创业计划应站在创业者自身角度，而不是投资者角度撰写创业计划。

> **延伸阅读 2**：创业计划的十个常见错误

本章小结

创业计划是创业者从调查阶段向执行阶段推进的线路图，分析和描述创办一家新创企业所面临的内外部环境条件和要素特点，为业务的发展提供指示图和衡量标准。创业计划要做到简洁明了、内容完备、彰显特色和富有激情。创业计划编制前，创业者通过客户探索、价值主张设计，使商业模式逻辑基本清晰，并通过客户检验，完成商业模式价值假设和增长假设的检验。创业计划主要用于内部达成共识、外部对接资源。

完整的创业计划包括封面、扉页、执行概要、企业介绍、产品/服务描述、市场分析、营销策略、生产计划、团队与组织结构、财务预测、投资分析、风险控制和附录。封面是创业计划的脸面或名片。执行概要是创业计划的重中之重，需要创业者深思熟虑、反复斟酌、仔细撰写，传递丰富的项目信息。创业计划撰写要做到：主题明确，结构合理；内容充实，重点突出；论据充分，论证严谨；方法科学，分析规范。

复习思考

1. 简答题

（1）简述创业计划编制基础条件。

（2）简述执行概要及其要点。

（3）简述创业计划撰写要求。

2. 自测题

请扫描二维码,进入本章知识点的测试。

3. 案例题

滴血能成金？

34 岁的伊丽莎白·霍姆斯发明了滴血检测 200 多项人体生理指标的医疗技术,公司市值一度达到 600 亿美金。但神话终止于 2018 年,美国媒体的一组报道戳穿了她的商业骗局。所谓的滴血检测技术,是一场彻头彻尾的科技骗局！这一场骗局到底是如何形成的?

一、创意来源

霍姆斯小时候天不怕地不怕,就怕打针,那是她最恐怖的记忆。她后来在硅谷起家的医疗科技创业项目就基于免受针扎疼痛的设想。

2002 年,18 岁的霍姆斯被斯坦福大学工程学院录取。

2003 年霍姆斯目睹了非典肆虐时血液检测手段的落后。后来,她提交了一份专利申请,是一种可以穿戴在胳膊上、释放药物的贴片。

2004 年,20 岁的霍姆斯辍学,用父母为她存的教育基金创办了一家公司,公司的名字叫 Theranos,是英语的治疗（therapy）和诊断（diagnosis）组合出来的一个词。公司主要业务是微量血液检测——用微型的针管做无痛抽血,然后通过无线技术传输血液分析数据,告诉医生对症施药的剂量大小。

二、价值主张：一滴血的生意

霍姆斯做的东西,解释起来很简单：轻轻扎一下手指头,用一两滴血就能测出人体几百项生理指标。关键是,它还很便宜,随时随地可以测。这就是霍姆斯的创业项目。

霍姆斯的启动资金来源于父母为她存的教育基金,第一份 600 万美元融资的资金来自一位风险投资人邻居。霍姆斯带着一份只有 26 页的商业计划书,成功融到了 600 万美元。

之后的融资过程中,霍姆斯在展示 PPT 时表示只需要一两滴血,就能做 300 多项检测,包括血糖、电解质、肾功能,甚至癌症的筛查,吸引了美国最大的连锁药店沃尔格林（Walgreens）的目光,并获得了 5 000 万美元的设备采购大单。沃尔格林还给 Theranos 贷款 2 500 万美元,要在全国的药店网点全面铺开 Theranos 的血液检测设备。紧接着,沃尔格林在门店专门辟出来一块地方,作为健康中心,预留给 Theranos。沃尔格林希望这种血液检测设备入驻门店之后,可以吸引更多的客流,让药店的生意更好。

2005 年年底,美国前国务卿乔治·舒尔茨加入了 Theranos 的董事会,还利用自己胡佛研究院成员的身份,帮她引来了一众大人物加入公司董事会,包括前国务卿基辛格等。

媒体把 Theranos 的血液检测过程,描述成"只需要几滴血,就能得到比传统化验更便宜、更快、更准的检测结果"。所有美国人都相信记者的描述:"这个姑娘,就是下一个史蒂夫·乔布斯,就是下一个比尔·盖茨"。

一时间,投资人络绎不绝。公司高峰时拥有约 800 名员工,2014 年公司估值达到 90 亿美元。

三、幻想的破灭

血糖检测仪抽血只能测血糖。如果想测量更多的指标,仪器就会更大、更笨重。为了应付投资者,霍姆斯花 3 000 美元从别的公司买了一个用来滴胶水的机械手臂,用来把血样分配到不同的检测用的小盒中,然后在这个机械手外面套一个壳子——新的分析仪就完成了,从外头看起来就像一台计算机的主机,体积很小,勉强能做十几项检测项目。

但这台分析仪只能测几项血液指标,离承诺的 300 项差得实在有点远。于是,霍姆斯偷偷地准备好了"B 计划"——花 10 万美元买了 6 台西门子的全自动生化分析仪设备。然而,血样是从药店快递回实验室的,全程没有任何血液保鲜措施,实验室拿着变质的血样进行化验,血量不够,就兑水稀释。兑一次不够,就兑两次,很难做出真实有效的检测。

艾伦曾是 Theranos 的员工,因为不愿再当霍姆斯的帮凶欺骗世人从公司辞职。他把关于这家公司的种种内幕告诉了公司死对头的老板理查德。理查德联系了《华尔街日报》王牌记者卡瑞尤。

2015 年 10 月 15 日,《华尔街日报》头版发表卡瑞尤的文章:《一家明星创业公司的挣扎》,爆出了 Theranos 的黑幕。之后《财富》《福布斯》《纽约客》等媒体开始跟进报道。《财富》杂志将她评为"世上最让人失望的领导者"。2018 年 6 月,联邦检察官以 9 项电汇欺诈罪和 2 项串谋欺诈行为起诉了霍姆斯。2018 年 9 月,Theranos 宣布正式解散,剩余的现金和资产用于还债。

一代硅谷创业神话,就此落幕。

本案例根据微信公众号"远读重洋"文章《深度:女版"乔布斯"覆灭记!硅谷美女 CEO 被曝百亿美元大骗局》改编而成。

结合案例,请分析:

(1)简述霍姆斯的创业项目。

(2)霍姆斯的创业项目为何能得到那么多投资者的青睐?

主要参考文献

［1］埃里克·莱斯．精益创业［M］.吴彤,译．北京:中信出版社,2012.

［2］布鲁斯·R.巴林杰,R.杜安·爱尔兰．创业管理:成功创建新企业［M］.薛志红,张帆,等,译．北京:机械工业出版社,2017.

［3］陈劲,郑刚．创新管理:赢得持续竞争优势［M］.3版．北京:北京大学出版社,2016.

［4］陈忠卫．创业团队企业家精神的动态性研究［M］.北京:人民出版社,2007.

［5］谌飞龙．创业营销:创业项目包装与推介［M］.北京:机械工业出版社,2017.

［6］蒂莫西·克拉克,亚历山大·奥斯特瓦德,伊夫·皮尼厄．商业模式新生代(个人篇):一张画布重塑你的职业生涯［M］.毕崇毅,译．北京:机械工业出版社,2012.

［7］蒂莫西·克拉克,亚历山大·奥斯特瓦德,伊夫·皮尼厄．商业模式新生代(团队篇)［M］.毕崇毅,译．北京:机械工业出版社,2018.

［8］黄明睿,张进．创新与创业基础［M］.北京:高等教育出版社,2018.

［9］李家华．创业基础［M］.2版．北京:清华大学出版社,2015.

［10］李肖鸣,孙逸,宋柏红．大学生创业基础［M］.3版．北京:清华大学出版社,2016.

［11］刘志阳．创业画布:创业者需要跨越的12个陷阱［M］.北京:机械工业出版社,2018.

［12］梅强．创业管理［M］.北京:经济科学出版社,2011.

［13］Steven Gary Blank.四步创业法［M］.七印部落,译．武汉:华中科技大学出版社,2012.

［14］史蒂夫·布兰克,鲍勃·多夫．创业者手册:教你如何构建伟大的企业［M］.新华都商学院,译．北京:机械工业出版社,2013.

［15］亚历山大·奥斯特瓦德,伊夫·皮尼厄,格雷格·贝尔纳达,等．价值主张设计［M］.余锋,曾建新,李芳芳,译．北京:机械工业出版社,2015.

［16］杨莹．创业基础:法商结合的视角［M］.北京:高等教育出版社,2018.

［17］姚裕群,刘家珉．职业生涯规划与发展［M］.3版．北京:首都经济贸易大学出版社,2009.

［18］中国科技咨询协会创业导师工作委员会．创业之旅:大学生创新创业体验实务［M］.北京:中国传媒大学出版社,2017.

［19］周航．重新理解创业［M］.北京:中信出版集团,2018.

［20］朱恒源,余佳．创业八讲［M］.北京:机械工业出版社,2016.

［21］朱燕空．创业学什么:人生方向设计、思维与方法论［M］.北京:国家行政学院出版社,2016.

读者意见反馈

为收集对教材的意见建议，进一步完善教材编写并做好服务工作，读者可将对本教材的意见建议通过如下渠道反馈至我社。

咨询电话　400-810-0598

反馈邮箱　gjdzfwb@ pub. hep. cn

通信地址　北京市朝阳区惠新东街 4 号富盛大厦 1 座
　　　　　　高等教育出版社总编辑办公室

邮政编码　100029